서울 영락교회 당회에 보내는 공개서한

공공의적, 이런 장로들

추양(秋陽) 한경직 목사의 장탄식

신영오

소금골 출판사

책으로 묶으면서

지난 40여 년(1977.03.25 ~ 2017.06.10) 동안 서울영락교회 당회에 보낸 공개서한을 나중 것부터 처음에 두고 정리합니다. 우리의 기억이 현재에서 출발함으로 거슬러 내려가면서 뿌리를 캐는 방식을 택했습니다.

이 글들은 계속 이어져야할 자기반성의 기록입니다.

2019년 3월 1일
불초죄인 신 영 오 (연세대학교 명예교수)

공공의적, 이런 장로들
추양(秋陽) 한경직 목사의 장탄식

Letters to Presbyterail Committee of Youngnak Church
Public enemies, some presbyters
A deep long sigh of Kyung-Chik Han, Rev.
Young-Oh Shin

ⓒ Publisher Sogeumgol 2019
23 Daeheung-ro 24-gil Mapo-gu, Seoul 04122 Korea

ⓒ 소금골 출판사
서울 특별시 마포구 대흥로24길 23 04122

영락교회
서울 특별시 중구 수표로 33 04552

Youngnak Presbyterain Church
33 Supyoro, Jung-Gu Seoul, 04552
Korea

979-11-88579-39-6

서울 영락교회 당회에 보내는 공개서한
공공의적, 이런 장로들
추양(秋陽) 한경직 목사의 장탄식

신영오

소금골 출판사

차 례

77 번째 공개서한(2017.06.10) 쫓겨나는 목사의 거듭된 거짓말-공공의 적(公共의 敵) _10
76 번째 공개서한(2016.10.31) 원로(元老)를 멸시천대(蔑視賤待)하는 장로(長老, 堂會員) _13
75 번째공개서한(2016.09.04) 장로(長老)(영락교회)의 회개와 당회복음화(堂會福音化) _16
74 번째 공개서한(2015.07.31) 식민지노예근성(植民地奴隷根性)이 살아있는 교회 _19
73 번째 공개서한(2015.07.20) 적그리스도의 활동기지(活動基地) _23
72 번째 공개서한(2015.05.15) 이철신 목사의 고소 고발장 _27
71 번째 공개서한(2015.04.24) 창립70주년 영락교회(서울)의 암흑시기 _31
70 번째 공개서한(2015.04.10) 영락교회 창립70주년-아골 골짝 라오디게아교회 _35
69 번째 공개서한(2014.08.06) 세상은 영락교회의 소금과 빛 _39
68 번째 공개서한(2014.08.05) 수군수군 쉬쉬하는 교회 _42
67 번째 공개서한(2014.07.31) 추양(秋陽)의 성경(聖經)과 이철신 목사의 성경 _45
66 번째 공개서한(2014.05.31) 허비되고 있는 귀중한 예배시간 _48
65 번째 공개서한(2014.03.06) 이철신 목사와 바예수 _52
64 번째 공개서한(2014.02.18) 헌금도둑질과 담임 목사 _55
63 번째 공개서한(2013.06.09) 사탄(마귀)이 깜짝 놀랄 거짓말쟁이 _58
62 번째 공개서한(2013.03.03) 장로(당회원)의 종류(種類)와 책무(責務) _61
61 번째 공개서한(2013.01.27) 사이비 목사의 까닭 모를 적개심 _65
60 번째 공개서한(2013.01.20) 사이비 목사의 사이비 설교 _69
59 번째 공개서한(2013.01.06) 저주(천벌)받을 목사 청빙하고 망해버린 우리 영락교회 _72
58 번째 공개서한(2012.08.15) 저주(천벌)받을 목사와 그 패거리들의 욕심과 교만 _75
57 공개서한(2012.05.27) 저주받을 목사와 그 패거리들의 노름판 _79

56 번째 공개서한(2011.12.31 작성), (2012.03.31 발송) 사죄(謝罪)와 감사(感謝) _82

55 번째 공개서한(2010.03.23) 갈리고 찢긴 우리 영락교회 _85

54 번째 공개서한(2010.03.01) 뒤죽박죽 우리 영락교회 _91

53 번째 공개서한(2009.03.21) 아버지 장로와 아들 장로가 맞고소하는 우리 영락교회 당회원들에게 _98

52 번째 공개서한(2009.01.16) 영락교회 당회의 자성을 촉구함-4. 이철신 목사와 영락교회 _105

51 번째 공개서한(2009.01.08) 영락교회 당회의 자성을 촉구함-3. 임영수 목사의 성품과 영락교회 당회 _109

50 번째 공개서한(2009.01.07) 영락교회 당회의 자성을 촉구함-2. 김윤국 목사의 초빙과 사임 _111

49 번째 공개서한(2008.12.29) 영락교회 당회의 자성(自省)을 촉구함-1. 박조준 목사와 영락교회 당회 _113

48 번째 공개서한(2001.09.05) 이철신 목사의 정체를 밝히며 사퇴를 거듭 촉구함 _119

47 번째 공개서한(2000.11.22) 이철신 목사의 사퇴를 거듭 촉구함 _123

46 번째 공개서한(2000.09.19) 엉터리 목사와 사악한 장로들 _125

45 번째 공개서한(2000.05.25) 한경직 목사님을 추모함 _127

44 번째 공개서한(2000.03.03) 이철신 목사가 약속한 회답을 기다리며 그의 사퇴를 거듭 촉구함 _129

43 번째 공개서한(1999.10.22) 이철신 목사의 회답을 기다리며 그의 사퇴를 촉구함 _131

42 번째 공개서한(1999.02.19) 사이비임을 공표한 이철신 목사 _132

41 번째 공개서한(1999.02.12) 영락교회왕국의 왕노릇하는 이철신 목사 _134

40 번째 공개서한(1999.02.05) 영락교회 당회의 집단 범죄 조직화와 이철신 목사 _137

39 번째 공개서한(1999.01.29) 이철신 목사의 낭비벽과 게으름을 다시 논함 _140

38 번째 공개서한(1999.01.22) 목회자의 기본이 결여된 이철신 목사의 즉각 사퇴를 촉구함 _143

37 번째 공개서한(1998.12.22) 증오심으로 일그러진 우리 교회 당회의 회개를 촉구함 _146

36 번째 공개서한(1998.09.09) 이철신 목사의 답변을 기다리며 _148

35 번째 공개서한(1998.01.11) 영락교회 당회의 회개를 거듭 촉구하며 이철신 목사의 즉각 사임

을 권면함 _153

34 번째 공개서한(1997.08.05) 영락교회 당회의 회개를 촉구함 _157

33 번째 공개서한(1997.03.03) 담임 목사의 사퇴를 거듭 촉구함 _160

32 번째 공개서한(1996.10.02) 담임 목사의 사퇴를 촉구함 _162

31 번째 공개서한(1995.10.25) 베다니에서 삼풍까지(영락교회 50년) _166

30 번째 공개서한(1993.10.15) 영락교회의 존재 의미 _173

29 번째 공개서한(1993.10.05) 한국 교계의 독버섯 영락교회 _180

28 번째 공개서한(1993.09.25) 영락교회에 아부하는 사람들 _185

27 번째 공개서한(1993.09.15) 삯꾼 목사들 _190

26 번째 공개서한(1993.09.05) 담임 목사의 사치와 허세 _194

25 번째 공개서한(1993.08.25) 영락교회 당회의 비밀주의-은폐 날조행위 _199

24 번째 공개서한(1993.08.15) 교역자의 음성수입-돈 봉투(촌지) _204

23 번째 공개서한(1993.08.05) 영락교회의 인권유린-남존여비 _209

22 번째 공개서한(1993.07.25) 부동산 소유욕과 공원묘지 조성 _213

21 번째 공개서한(1993.07.15) 부동산 투기 _217

20 번째 공개서한(1993.07.06) 영락교회의 몰역사성과 한탕주의 _220

19 공개서한(1993.06.25) 영락교회의 물량주의 _226

18 번째 공개서한(1993.06.15) 영락교회의 집단이기주의 _231

17 번째 공개서한(1993.06.05) 영락교회의 황금만능주의와 배금주의 _236

16 번째 공개서한(1993.05.25) 한국 교계의 불량배 영락교회 _241

15 번째 공개서한(1993.02.02) 영락교회의 여러 다른 문제점들 _245

14 번째 공개서한(1992.02.02) 영락교회 당회에 보내는 공개서한 _251

13 번째 공개서한(1990.09.09) 영락교회 당회에 보내는 공개서한 _257

12 번째 공개서한(1989.08.21) 영락교회 당회에 보내는 공개서한 _262

11 번째 공개서한(1989.07.28) 목사의 은퇴 _267

10 번째 공개서한(1989.07.17) 은퇴한 목회자와의 약속 _271

9 번째 공개서한(1988.02.22) 당회원들의 자격 _275

8 번째 공개서한(1987.11.11) 담임 목사의 사임에 관하여 _279

7 번째 공개서한(1986.02.02) 영락교회 당회에 보낸 공개서한에 대한 응답을 촉구하는 여섯 번째 공개서한 _284

6 번째 공개서한(1984.02.02) 영락교회 당회에 보낸 공개서한에 대한 응답을 촉구하는 다섯 번째 공개서한 _295

5 번째 공개서한(1983.09.17) 영락교회 당회에 보낸 공개서한에 대한 응답을 촉구하는 네 번째 공개서한 _399

4 번째 공개서한(1983.06.11) 영락교회 당회에 보낸 공개서한에 대한 응답을 촉구하는 세 번째 공개서한 _302

3 번째 공개서한(1983.05.12) 영락교회 당회에 보낸 공개서한에 대한 응답을 촉구하는 두 번째 공개서한 _306

2 번째 공개서한(1983.02.02) 영락교회 당회에 보낸 공개서한에 대한 응답을 촉구하는 첫 번째 공개서한 _309

1 번째 공개서한(1982.02.02) 현재 우리 교회가 당면하고 있는 몇 가지 문제에 관하여 당회에 보내는 공개서한 _314

* **첨부1** 임시 제직회 발언 (영락교회 35주년 기념사업) 1977년 3월 25일 _325
* **첨부2** 영락 35주년 기념사업 위원장, 부위원장, 당회장에게 보낸 의견서 1997 년 2월 _333
* **참고1** _341
* **참고2** 영락교회 역대 담임 목사 _343
* **후기** _344

77 번째 공개서한 (2017.06.10)

쫓겨나는 목사의 거듭된 거짓말
-공공의 적(公共의 敵)

믿음 안에서 한 가족인 당회원 여러분

 이철신 목사는 1998년 1월 18일부터 2018년 1월 18일까지 부임 20주년이 된 것을 기해서 조기 은퇴하겠다고 작년(2016년) 11월 주일에 발표했습니다. 그러나 그는 1998년이 아닌 1997년 12월 07일에 이미 담임목사로 부임해서 교회로부터 사례금을 받기 시작했고(사진으로 보는 감사의 70년 비전의 100년, 대한예수교장로회 영락교회, 2015.12.05. pp596)[참고:1] 그보다 더 놀라운 것은 그가 1997년 11월 15일(토)에 우리 교회 목사 사택에 서둘러 입주했으며 그러고 난 뒤 인천제일교회에 사직서를 제출했고(11월 16일, 주일) 인천노회로부터는 이듬해 01월 05일(1998년)에야 사임 허락을 받았다는 사실입니다.
 그가 조기 은퇴 조건으로 교회에 무엇을 요구하고 있는지 이런저런 소문들이 여러 가지로 많은 것을 당회원들은 누구보다 잘 알 것입니다. 떠돌고 있는 그런 말들의 진위를 가려내어 혼란을 잠재우고 교회를 평온하게 만드는 것이 당사자는 물론이려니와 당회와 당회원들의 책무입니다.
 가장 염려스러운 것 중 하나가 20년을 시무했으니 원로목사로 추대해 달라고 요구하고 있다는 소문입니다. 그렇게 하지 않으면 지금까지 서너 번 그랬던 것처럼 또다시 사퇴를 번복할수도 있다는 억측도 있습니다. 이철신 목사가 왜 조기 은퇴하며, 은퇴 조건은 무엇입니까?

 영락교회를 잘 아는 목사들이 더러 이철신 목사 청빙 당시의 영락교회 장로들을 돌대가리라고 놀려대면서 허수아비 같은 거수기들이라고 비아냥대기도 했는데 사실 그랬습니다. 그 후 몇몇 장로들이 자기들의 지난날을 후회하며 이철신 목사를 배척하면서 교회에서 쫓아내려고 공개적으로 행동에 나선 것이 그가 부임 후 6여년이 지난 2014년 7월 1일 자로 작성 배포한 문서입니다("왜! 이철신 목사는 영락교회 담임목사로 부적격 한가?" 2004년 7월 1일 영락교회 서명(署名)한 장로 일동).참고: 2 이를 전후한 시기에 이철신 목사 퇴진에 관한 여러 번의 당회 논의가 있었고 그중에는 이철신 목사를 포함해서 당회원 전원이 사퇴하는 것으로 결의한 회의록도 있습니다. 극히 소수의 장로들의 반대로 흐지부지되고만 어처구니없는 이 기록이 아직 살아있을 것입니다.

 온갖 불법적인 수단과 방법을 다 동원해서 쫓겨나지 않으려고 안간힘을 쓰고 있는 것을 보며 참다못해 안수집사들의 모임인 〈영락교회 바로 세우기회〉가 2 번에 걸쳐 이철신 목사의 즉각 사퇴를 촉구하는 신문광고를 냈습니다[크리스천신문 2006년 4월 3일(월), 동 2006년 4월 17일(월) 전면광고].참고: 3

 그는 쫓겨나지 않으려고 발버둥 치며 절대로 해서는 안 되는 일을 여러 차례 감행하면서 교인을 속이고 선동하는 일에 매달렸는데 여기에 당회가 느닷없이 동참해서 말 그대로 돌대가리와 허수아비 역할을 했습니다. 급기야 이철신 목사가 법정에 나서서 자기가 사이비 목사라는 사실을 스스로 폭로할 수밖에 없었습니다. 역설적이게도 이철신 목사를 편들어 준다고 한 여러분의 행동이 그의 가면을 벗기는 성과를 낳은 것입니다(2011고단456 명예훼손 등).참고: 4

 이렇게 되자 파렴치하게도 이철신 목사는 영락교회의 우월적인 지위를 이용해서 우리 교회가 속한 대한예수교장로회총회 서울노회에 또 허위 고소 고발해서 자기가 원하는 판결을 얻어냈던 것입니다. 그 판결을 빌미로 경비용역을 조직폭력배로 삼아 예배드리는 것까지 막고 있는 것입니다.^{참고:11} 그래도 회개를 촉구하는 활동이 그치지 않으니까 다시 또 고소 고발 했는데 이번에는 참으로 감사하게도 시무장로는 말할 것도 없고 은퇴 장로 중 어느 한 사람도 거기에 가담하지 않았습니다. 장로들이 정신 좀 차린 것 같습니다. "헌금도둑에 이어 예배방해까지 이철신 목사 회개하시오!"가 몇 가지 시위 문구중 하나인 것을 여러분이 잘 보았을 것입니다. 그런데 서울중앙지방검찰청은 이철신 목사의 고소 고발을 기각했습니다. 이에 분을 삭이지 못해 재정신청 했는데 서울고등법원 결정 역시 기각이었습니다(2015초제1963 재정신청, 2015.7.23. 결정).^{참고: 5} 그가 헌금도둑이요 예배방해자라는 성경에 근거한 주장을 국법에 비추어 보아서도 그렇다고 최종적으로 확인해 준 것입니다.

근속 20년이라고 해서 아무나 원로 목사로 추대되는 것이 아닙니다. 공동의회의 투표가 있습니다(대한예수교장로회총회 헌법. 제2편 정치, 제27조 7항). 이는 비록 20년이라는 자격(資格)은 지녔지만 그 명예를 부여할 만한 적격(適格)을 갖추었는지를 가려내야 한다는 규정입니다. 이철신 목사는 불법 취임 이전부터 저지르고 있는 엄청난 해악에도 불구하고 우리 교회가 보여준 인내와 베풀어준 너그러움을 곰곰이 되새기며 더 말 없게 당장 짐을 싸야 합니다.

여름이 다 가기 전에 응답해 주시기 바랍니다.

우리 주님의 크신 은총이 항상 충만하시옵소서.

2017.06.10.
불초죄인 신 영 오 드림

76 번째 공개서한(2016.10.31)

원로(元老)를 멸시천대(蔑視賤待)하는 장로(長老, 堂會員)

믿음 안에서 한 형제자매인 여러분

교회에는 당회원인 시무 은퇴 원로 장로와 목사들도 마땅히 존경해야 할 어른들이 많이 계십니다. 여러분의 부모와 나이 많은 형제는 모두 여러분이 정성을 다해 높여드리고 여러분이 귀중히 여겨야 할 분들입니다. 그리스도 안에서는 믿는 이들이 모두 한 가족이므로 여러분의 나이로 보아 형으로 모셔야 할 어른이 있으며 아버지와 할아버지로 여겨야 할 원로가 많이 계신데 장로가 된 여러분은 이 모든 이들을 섬기는 하나님의 일군으로 택함을 받은 특별한 존재들입니다. 여러분은 모든 사람을 섬기기로 하나님에게 서원하고 낮은 데로 내려와 스스로 비참한 종이 된 존재임을 항상 마음 속 깊이 기억해야 합니다.

원로들 앞에서 나이 어린 사람들이 오만불손하게 구는 공동체는 부패한 것이라고 성경은 엄하게 경계합니다. 십계명은 인간관계에 대해 무엇보다 부모를 공경하라고 우선적으로 힘주어 말씀하고 있습니다. 그와 함께 믿음 안에서 부모와 똑같이 나이 많은 분들을 받들어 섬기라고 가르치십니다.

장로라는 용어는 직분의 명칭일뿐 계급이 아닙니다. 그런데 우리 영락교회에서는 장로가 되면 자기가 교회에서 최고의 위치에 오른 어른이라고 착각하고 진정한 원로인 형들보다도 아버지보다도 더 많고 큰 대접을 받아야 할 존재라는 망상에 빠져있습니다. 이런 생각과 말과 행동을 거침없이 나타내는 사람이 곧 패륜아이며 이런 사람들의 집단은 패역한 것입니다. 영락교회 당회원인 장로와 목사들이 개별적으로 또한 집단적으로 이런 일을 하고 있습니다. 그 부패한 양상이 극에 달했습니다.

여러분이 무슨 특권으로 장로휴게실을 따로 만들어 독점하고 있습니까? 거기에 각자 사물함locker을 설비해 놓고 그 안에 성경찬송을 넣어 두고는 맨손으로 교회에 나왔다 가도록 누가 그렇게 했으며 누가 이처럼 교회를 개인적인 편리를 위한 장소로 장로들에게만 허락해 주었습니까? 누가 교회당 안에서 윗자리인 맨 앞에 때로는 장로석이라고 팻말까지 세워 놓고 형님들과 부모님들은 아무 데나 앉던지 서던지 되는대로 하라며 뒷자리로 몰아내게 결정해 놓았습니까? 원로들의 눈에는 새파랗게 젊은이들이 장로가 되었다고 어깨에 힘주고 으스대며 옆을 지나 앞 자리를 향해 걸어 들어가는 모습이 꼴불견이라는 것을 알고 있습니까? 시작하기 바로 직전 전면에 있는 옆문을 통해 휴게실에 모여 있던 장로들이 마치 무대에 오르듯 활개 치며 줄지어 입장해서 별도로 마련해 놓은 지정석에 앉는 등 참 우스꽝스러운 볼거리를 누가 연출해 냈습니까? 그런 광경이 역겨워서 참석을 하지 않고 교회조차 나오지 않는 교인들이 많다는 사실을 여러분도 너무 잘 알고 있지 않습니까? 교인을 쫓아내고 있는 사람들이 바로 영락교회 장로들입니다. 영락교회 안에 원로들을 위한 경로실은 어디에 있습니까? 교회 마당 안으로 들어오는 원로들을 편한 장소로 모시고 교회당에서는 반갑게 먼저 앞자리로 안내해 드린 후 뒤로 빠져야 비로소 장로의 책무를 제대로 수행한 것입니다.

가족은 밥상공동체입니다. 그런데 교회식당에는 장로(목사 장로)들만 앉아 먹는 방이 따로 있고 거기에는 특식도 제공됩니다. 왜들 그러십니까? 간혹 그 방에 특별히 따로 주문한 음식이 배달되기도 하는데 칸막이를 걷어내고 밥상에 함께 어울려 음식을 먹는 것이 그토록 자존심 상하는 일입니까? 그 방 밖에 계시는 부모형제자매가 여러분 눈에는 안 보입니까?

　이철신 목사는 자기가 원수시하며 미워하는 사람에게서는 인사도 받지 않고 반가워서 손을 내밀어 악수를 청하면 손등으로 밀치고 피해갑니다. 부목사 한 사람은 악수를 거절하다가 옷자락이 잡힌 것을 가지고 폭행당했다고 주장하며 이철신 담임 목사와 짜고 악수를 청한 교인을 고소했으며 참고:11 시무장로 중에도 악수를 거절하는 사람이 있고 장로에게 고분고분하게 말하지 않는다고 나무라는 사람도 있는데 예부터 이런 이들을 속칭하여 망종 후레자식이라고 일러 왔습니다. 밖에서 보기에도 윤리 도덕적으로 부패 타락하여 단단히 망조가 든 한국교회(개신교)의 개혁과 갱신은 하나하나의 교회가 먼저 시작해야 가능합니다. 영락교회가 이런 교회가 되기 위해 장로가 앞장서서 신앙생활을 복원하는 것이 시대적 소명임을 잊지 마시기 바랍니다. 사람을 차별하지 않고 가장 귀하게 대하고 섬기는 장로의 착한 언어 행실이 바로 예수 그리스도의 말씀에 순종하는 개혁의 첫걸음이며 선교입니다.

　어느 날 엉뚱하게 부임하여 주인 행세를 하고 있는 이철신 목사와 더불어 기나긴 세월 동안 말할 수 없이 지저분하게 어질러 놓은 이 교회를 이제 어떻게 정돈하시렵니까? 장로 여러분의 책임 있는 답변을 고대하고 있습니다.

　여러분에게 주님의 평강이 충만하시기를 기원합니다.
　2016.10.31

75 번째공개서한(2016.09.04)

장로(長老)(영락교회)의 회개와
당회복음화(堂會福音化)

믿음 안에서 한 형제자매인 여러분

　박조준 목사 시절(1973~1984) 우리 영락교회를 강남으로 몽땅 옮긴다고 하면서 교회 헌금을 써서 목사 개인 이름으로 사용이 불가능한 2만여 평의 땅을 매입한 것을 재판 걸어 찾아왔는데 그 토지가 두고두고 문제입니다. 박 목사는 그곳에 자주 가서 1만 5천여 명이 함께 예배드릴 수 있는 세계에서 제일 큰 장로교회를 세우게 해 달라고 기도를 하곤 했고 설교 시간에는 그렇게 될 것을 믿음의 눈으로 확실히 보고 있다고 큰 소리로 외치고 또 외쳤습니다. 그의 믿음은 거짓이었고 그는 사기꾼인데 그렇게 되도록 도와준 것이 영락교회의 몇몇 장로와 그들이 장악하고 있던 당회입니다.
　박 목사는 그 사실을 뒤늦게나마 깨닫게 되었고 영락교회 장로들과 당회에 대한 원망과 미움이 하도 사무쳐서 한국에서는 도저히 살 수가 없다고 판단하고 미국으로 이민할 계획을 진행하던 중에 법망에 걸려 출국이 금지되어 한국에 주저앉을 수밖에 없었는데 호구지책으로 세운 교회가 무장로교회(無長老敎會) 아닙니까? 이런대도 사실을 감추고 군사독재정권이 자기를 모함했다고 꾸며대면서 독재정권에 협조하지 않은 탓으로 핍박을 받았다고 헛소리를 하고 있는 것입니다. 교회가 부정한 정권에 협조하지 않은 자기를 보호해 주지 않은 양 영락교회를 은근히 비방하며 나다니고 있습니다.

　영락교회 장로들은 한 사람씩 살펴보면 모두가 사회적인 명망이 있고 자기 전문 분야에서도 성공한 이들입니다. 그래서 교회의 일도 맡겨 볼 만하다고 평가를 받는 인물인데도 일단 장로가 되고 난 후에는 획 달라지는 것을 거의 예외 없이 관찰할 수가 있습니다. 장로가 옛날 무슨 벼슬아치나 된 듯이 안하무인인 경우가 허다하며 특히 당회원으로서 무책임하기가 그지없습니다.

　자기 교회의 담임 목사가 한국기독교선교100주년(1984) 기념행사를 거행하는 바로 그 해에 범죄행위로 경찰서에 잡혀 들어가고 재판을 받아 처벌을 받는 지경이 되었는데도 당회가 입 다물고 모른 체했고 그 이전에 그런 불상사가 발생하도록 국법을 어기고 교회헌법을 도외시하면서 목사가 제멋대로 놀아나는데도 아무런 제재나 한마디 충고조차 하지 않았습니다. 영락교회 문제는 바로 영락교회 당회의 문제라고 이구동성으로 손가락질을 하는데도 무감각합니다. 오히려 장로들이 앞장서서 교회법과 국법을 어기면서 목사를 부추기고 있는 것이 예전보다 더 심합니다.

　장로들도 성경을 바로 읽으십시오. 그래서 성경에 없는 구절까지 갖다 대면서 법정에서 거짓 증언하는 소위 목사라는 사람의 후안무치한 행동을 문책할 수 있어야 합니다.^{참고: 4} 성경에 무식한 목사를 책망하고 올바로 가르칠 수 있어야 한다는 말씀입니다. 장로들은 교회 헌법을 읽고 이해하고 준행하시기 바랍니다. 교회법에도 없는 치리를 함부로 하거나 상식에서 벗어난 처사를 부끄러운 줄도 모르고 감행하지 마십시오. 또한 일반 사회의 시민으로서 나라의 법을 잘 지키는 사람이어야 합니다. 수준 이하의 언행을 일삼는 사람이 있다면 그가 목사이거나 아니거나를 막론하고 꾸짖고 문책할 수 있는 사람이 장로이어야 합니다. 물론 모든 일에 솔선수범하는 것은 기본입니다.

　장로가 되었다고 주일 점심시간에 떼를 지어 교회 밖으로 몰려다니며 희희낙락하는 모습은 보기 민망합니다. 그러지 말고 교인들과 어울리십시오. 장로실(은퇴 시무)에 들어앉아 출입문을 걸어 잠그고 대형 TV를 시청하며 저들끼리만 다과를 즐기며 휴식을 취하는 행동일랑 그만하시기 바랍니다. 방을 비우시고 각 부서나 친교실로 나오십시오.

무엇보다 여러분에게 필요한 것은 신앙적인 소신을 가지고 당회에서 발언을 하는 책임감입니다. 개인적으로 그토록 영리한 이들이 모여 결정한 것이 유치원생들보다도 못해서야 되겠습니까? 교회헌금을 개인의 명예를 위해 소송 비용에 쓰는 몰상식한 일, 교인을 선동해서 나라의 법을 어기도록 부추기는 어리석은 일 등 등 헤아리기 어려울 정도로 무례하고 무책임한 일이 다반사로 제기되는 당회에서 단 한 사람만이라도 교회법과 국법에 어긋나며 성경말씀에도 부합하지 않는다고 손을 들어 말한다면 아무리 대다수가 찬성한다고 해도 성사될 수가 없어야 제대로 된 당회가 아니겠습니까?

장로들은 박조준 목사 시절 저지른 무책임했던 일에 대해 회개해야 합니다. 김윤국 목사에게 가한 무례하고 악독한 처사에 대해서, 임영수 목사의 심령에 던진 폭행과 폭언에 대해 회개하고 사과해야 합니다. 그리고 가면을 쓰고 교회에 들어앉아 사탄의 일을 하고 있는 이철신 목사를 회개시켜야 합니다.

여러분에게 주님께서 주시는 평강이 풍성하시기를 기도합니다.
2016.09.04

74 번째 공개서한(2015.07.31)

식민지노예근성(植民地奴隷根性)이 살아있는 교회

믿음 안에서 한 형제자매인 여러분

광복70주년(1945년 8월 15일)과 영락교회 창립70주년(1945년 12월 2일)은 몇 달간의 시차를 두고 겹칩니다. 그런 까닭으로 금년은 매우 뜻깊은 해입니다. 내한민국의 과거를 되짚어 보며 장래를 내다보는 계획이 중요한 것 못지않게 교회의 과거를 성찰하며 앞에 닥칠 일들에 대해 준비하는 과정 또한 필요합니다.

대한민국헌법에는 우리나라의 정체성이 명시되어 있습니다. 대한민국이 존재하는 이유는 굳건한 인권을 토대로 한 자유 평등 평화 그리고 반드시 성취해야 할 행복으로 요약할 수 있습니다. 여기에는 대한민국 국민뿐만 아니고 세계 인류의 안녕과 행복도 함축되어 있는데 자세히 살펴보면 기독교의 정치사상이 세속적인 용어와 표현으로 구체화되어 있습니다.

해방 직후 월남하여 영락교회를 세우신 추양(秋陽 한경직 목사 아호)은 한국이 기독교 국가가 되기를 염원하면서 기도하고 노력한 분으로 역사에 뚜렷이 기록되어 있습니다. 그에 따라 우리 영락교회가 민족복음화(民族福音化) 군복음화(軍福音化) 운동과 함께 세계를 향한 선교사업(宣敎事業)을 펼치게 되었던 일은 누구보다 여러분이 잘 알고 있을 것입니다.

그간 수많은 우여곡절과 간난신고를 거치면서 몇 차례 개정되기도 했지만 그 기본 정신은 엄연히 살아있어 자유민주공화국의 기초가 되고 있는 것이 대한민국헌법입니다. 그런데 참으로 통탄스러운 것은 국가사회는 헌법정신을 실현하고 있는데 비해 정작 한국기독교(개신교) 중에서 특히 우리 영락교회는 세속적인 기준에도 훨씬 미치지 못하고 오히려 해방 이전의 식민지 시대의 의식구조로 뒷걸음친 상태에 있다는 사실입니다.

해방 후 얼마 되지 않아 터진 한국전쟁으로 폐허가 되어 세계에서 가장 가난한 부류 중 하나였던 이 나라가 군사정권의 개발독재(開發獨裁) 하에서 국민의 기본권이 억압당하며 민주라는 낱말조차 금기시되던 시기에 편승(便乘)해 담임 목사 한 사람에게 모든 권한이 주어지는 반민주적인 교회성장독재구조(敎會成長獨裁構造)가 형성되면서 기독교 역사상 유례를 찾아볼 수 없을 정도로 교인수가 늘어난 것은 조국 민주독립의 큰 지주가 되었던 한국 개신교가 목사 개인과 교인집단의 탐욕을 성취하기 위한 비민주적인 독재체제로 변질한 덕택이기도 했습니다. 문제점을 제기하는 교회와 교인은 불순분자로 낙인이 찍혔고 교회 안팎으로부터 정치적 탄압의 표적이 되었습니다.

급격한 양적 교회 성장은 필연적으로 내적인 빈곤을 초래하면서 기독교 정체성의 약화 내지는 상실로 이어졌습니다. 개발독재의 구호는 "우리도 한 번 잘 살아 보세"였습니다. 교회는 여기에 대응해서 "우리도 이제는 올바로 살아보세"가 아니라 "우리도 한 번 잘 살아 보세" 그대로 이었습니다. 행복을 찾아 헤매는 사람들에게 참 행복인 팔복(八福) 대신 지극히 세속적인 오복(五福)을 설교로 포장하여 솔깃한 말로 예수 믿으면 복을 받아 잘 살게 된다고 혹세무민(惑世誣民)하며 사람과 헌금을 모아들이면서 크고 많은 것을 자랑하는 것에서부터 한국 교회의 세속화와 부패가 가속화하게 되었습니다. 교회라는 간판을 내걸고 목사가 점쟁이 무당노릇을 하고 있는 것입니다. 이런 잘못된 풍조에 끼어들어 개인의 명리(名利)를 취하고 있는 적그리스도 중 하나가 바로 이철신 목사입니다. 여러분께서는 그에게서 산상수훈(山上垂訓)이나 팔복(八福)에 대한 설교를 단 한 번도 들어

본 적이 없을 것입니다.

일본제국주의 밑에서 수탈당하고 억눌려 살던 어간에 비굴하게 거기에 빌붙어 자기 개인의 안녕과 영달만을 꾀하며 외래침략세력의 명령이 무엇이건 그대로 묵종(黙從)했던 식민지노예근성이 해방70주년을 맞는 창립70주년 영락교회 안에서 살아 움직이고 있습니다. 목사에게는 무조건 순종하라고 말하며 가르치고 실천하는 이들은 식민지노예근성대로 살라고 강요하는 것이며 그들은 매국노(賣國奴)의 심성을 숨기고 있는 사람들입니다. 지금 주님의 은총 속에서 살고 있는 형제들의 기본 인권을 억압하며 말살하는 곳이 바로 영락교회입니다. 이 교회는 외세인 적그리스도의 식민지가 되어 있습니다.

한국교회(개신교)가 신앙생활의 규범인 팔복(八福)을 저버리며 세속적인 오복(五福)을 추구한 결과 초래된 교회 정체성의 타락과 부패는 기독교인이 아닌 세상 사람들이 더 잘 보고 있습니다. 자정능력(自淨能力)이 전혀 없어 보이는 한국교회를 대하며 불안을 느끼는 이유는 한국교회가 바로 서야 나라의 올바른 존립과 존속이 가능하다고 평가하며 기대하고 있기 때문입니다.

무신론 공산독재정권을 피해 남으로 내려와 세운 역사적인 영락교회가 무신론자임을 공언하고 있는 목사에게 계속 교권을 넘겨놓고 있는 현실을 마주하며 당회원 여러분에게 이 교회의 존재 의미를 묻고자 합니다.

한국교회는 조국의 광복을 염원하는 애국자들의 공동체였고 해방 이후에는 자유민주공화국 수립의 주역이었으며 그중 한 사람이 추양이었습니다. 그는 기회 있을 적마다 신앙과 나라 사랑은 하나라고 일깨워 주곤 했습니다(느헤미아 1:1~10, 로마서 9:3). 추양이 건국초기에 "대한민국(大韓民國)아 깨여라"라고 열변을 토했을 때에는 모든 사람이 옷깃을 여미고 경청했습니다(建國과 基督敎, 서울保隣院 간행,1949). 그런데 오늘 만일 어느 목사가 추양이 하신대로 따라 이렇게 외친다면 당장 교회를 향한 손가락질과 함께 "교회야 깨여라"고 되받아치며 실망과 분노로 가득 차서 질책하는 함성 속에 깊이 파묻히고 말 것입니다. 진실로 영락교회는 깨어야 합니다.

여러분의 응답을 기다리며 예수 그리스도가 주시는 평강을 기원합니다.
2015.07.31

73 번째 공개서한(2015.07.20)

적그리스도의 활동기지(活動基地)

믿음 안에서 한 형제자매인 여러분
 이제는 이철신 목사가 사이비 목사요 적그리스도임을 공개적으로 자인하고 주장한 사실을 여러분께서도 분명히 알게 된 줄 생각합니다.
 근래 한국교회(개신교)에 대해 여기에 차마 옮겨놓기 부끄러운 낱말들을 새로 지어내기까지 하면서 총동원하여 비난하는 목소리가 점점 높아지고 있고 특히 목사들에 대한 비판이 전 언론매체를 통해 연일 확산되고 있는 부끄러운 현실을 여러분이라고 해서 모르고 있진 않을 것입니다.
 이철신 목사는 자기가 손해 보고 있다고 여겨 모욕과 명예훼손의 명목을 붙여 고소 고발하는 일을 지속하고 있습니다. 여기에 소요되는 교회의 인적 물적 자원의 낭비는 이루다 말할 수 없을 것입니다. 그런데 그리스도인이 당하는 모욕과 명예훼손에 대해서는 벌써 오래 전에 이미 하나님께서 확실하게 판결해 주셨습니다. 곧 기독교의 대강령이요 기독교 윤리의 근본이라고 일반인에게도 널리 알려져 있는 산상보훈(山上寶訓) 혹은 산상수훈(山上垂訓) 서두에 기록된 팔복(八福) 가운데서 예수님은 분명히 말씀하셨습니다.
 "나로 말미암아 너희를 욕하고 박해하고 거짓으로 너희를 거슬러 모든 악한 말을 할 때에는 너희에게 복이 있나니 기뻐하고 즐거워하라 하늘에서 너희의 상이 큼이라 너희 전에 있던 선지자들도 이같이 박해하였느니라"(마태복음 5:11~12).

이철신 목사는 기뻐하고 즐거워하는 대신 선하고 유익한 권면의 말조차 듣기 싫어서 살인과 같은 미움으로 불타는 살기등등한 마음을 주체하지 못하고 그리스도인이라면 해서는 안 되는 일을 감행하고 있습니다.

이철신 목사는 엄중한 복음의 말씀이 적혀있는 성경전서(聖經全書)에 명시된 계명을 무시하고 사람들이 만든 이른바 육법전서(六法全書)가 더 권위가 있다는 태도를 계속 유지하고 있습니다. 시대와 상황에 따라 변하는 법은 세상 사람들조차 "귀에 걸면 귀걸이요 코에 달면 코걸이"라고 하면서, 세상법정의 판결은 "무전유죄유전무죄(無錢有罪有錢無罪)"라고도 말하는 필요악(必要惡)일 뿐입니다(이사야 59:4).

이철신 목사의 고소 고발 행위와 그 내용은 세상을 향해 보여주고 있는 한국교회(개신교)의 썩고 또 썩은 실상을 그와 함께 영락교회가 앞장서서 극명하게 과시하고 있는 것과 다름 없습니다. 그의 탐욕은 차차 구체적으로 밝혀질 그대로 거의 잡범(雜犯) 수준의 말과 행동에 표출되어 있습니다.

사람과 사람 사이의 약속과 의리를 저버리면 몹쓸 인간이 됩니다. 이렇게 하는 사람 중에는 속물(俗物)이라고 손가락질 받는 부류가 있는데 세상에서 돈과 명예를 제일(第一)로 치는 사람입니다. 돈과 명예를 위해 무슨 일이나 저지르는 사람을 비난하는 용어입니다. 그에게는 윤리 의식도 없고 지켜야 할 의리도 없고 도덕심도 없습니다. 오직 돈과 명예뿐입니다. 그런데 이철신 목사는 허무한 뜬구름 같은 지극히 세속적인 명예를 위해 마귀조차 무서워 떠는(야고보서 2:19) 하나님을 겁도 없이 배척하고 있습니다. 이 사실을 고소 고발장에 거듭해서 적어내고 법정에서 직접 공언한 이철신 목사는 사람들이 속물 중 속물이라고 여기지 않을 수 없는 존재임을 드러냈습니다. 이런 목사가 활개치고 있는 한국교회(개신교)를 세상 사람들이 다 잘 보고 있습니다. 이 같은 사이비 목사가 버티고 앉아서 왕성한 활동을 펼치고 있는 대형교회들을 향한 손가락질을 짐짓 못 본 체하고 태연한 척 가면을 쓰고 머리를 쳐들고 있는 대표적인 실례가 바로 창립70주년을 맞는 우리 영락교회(서울)일 것입니다. 그 탈을 벗고 교회와 이철신 목사가 철저하게 근본적으로 속히 회개해야 한다는 지적에 대해 당회의 책임 있는 답변을 요청합니다.^{참고: 4, 참고: 7}

가장 존경받아야 할 목사들에게서 속물근성(俗物根性)과 졸부근성(猝富根性)을 너무 많이 그리고 자주 보게 되기 때문에 세상 사람들이 목사들과 기독교(改新敎)를 싸잡아 속물들의 집단으로 변해서 망조(亡兆)가 들었다고 흉보는 것입니다. 그런 속물들이 교회 헌금을 써서 호화 사치 생활하며 뽐내고 다니는 것을 쉽게 볼 수 있습니다. 두 내외가 사는 목사 사택이 왜 그리 넓은 최고가 아파트이며 아직 그 나이에 왜 손수 운전하지 않고 기사가 딸린 고급 승용차를 타고 아주 짧은 거리인데도 세계적으로 도시 대중 교통 체계가 가장 잘 되어있다는 서울 한가운데서 꼭 그래야만 하는지 이상해합니다. 이런 것들이 모두 하나님께 드린 귀중한 헌금이라는 사실을 세상이 알고 있습니다. 헌금을 아끼지 않고 마구 쓰면서 자기과시를 하고 있는 사람을 성경은 도둑이라고 꾸짖습니다. 자기 것이 아니기 때문에 그렇게 하는 것은 더더욱 그렇습니다(말라기 3:8). 그러지 말라는 엄중한 성경말씀에도 아랑곳하지 않고 자기의 명예가 훼손당했다고 고소 고발하면서 자기 돈이 아닌 헌금을 한정 없이 쓰고 있는 것이야말로 세상의 속물들도 감히 생각지 못 하는 못된 짓입니다. 특히 목사는 돈에 맛 들이면 안 됩니다(디모데전서 6:10). 한동안 뜸했었는데 피택된 장로들의 가정을 목사 부부만 단둘이 심방해서 예배드리고 금품을 수수하고 있다는 악성 유언비어가 다시 나돌고 있습니다.

성경말씀 대신 세상 재판관에게 매달려 있는 이철신 목사는 전지전능하신 하나님을 무능한 거짓말쟁이로 여기고 있습니다. 그는 결국 지금 이 순간에도 의심 없이 굳게 믿으며 온갖 환란과 고난 핍박 가운데 있는 성도들을 비웃으면서 기독교의 역사를 이어온 수많은 순교자를 조롱의 대상으로 삼고 있는 것입니다. 당회원 여러분은 왜 예수를 믿습니까?

주님의 크신 은총이 항상 여러분에게 충만하시기를 기원합니다.
2015.07.20

72 번째 공개서한(2015.05.15)

이철신 목사의 고소 고발장

믿음 안에서 한 형제자매인 여러분

교황은 인간이지만 절대로 잘못을 저지를 수가 없는 존재이기 때문에 교황의 잘못을 거론하는 것은 교황이 곧 교회이므로 교회에 대한 신성모독이었습니다. 하나님의 대리권자인 교황은 반드시 종교재판을 열어 그런 사람을 파문(출교)했고 뒤이어서 세속적인 권력을 빌어 산채로 불에 태워 죽인 것이 종교개혁 이전의 암흑시대이었습니다. 이런 악마와 같은 논리를 고수하며 극악한 처치를 하던 교황이기에 개혁자들은 그를 적그리스도, 이단, 사단이라고 규정했던 것입니다.

그 암흑시대에는 신앙 양심에 따른 말과 행동의 자유가 억압당하고 박탈당하는 시기였습니다. 거의 모든 사람이 문맹이었고 따라서 교황을 비롯한 소위 성직자들이 교인들을 속이고 이용하기가 쉬웠습니다. 성경은 교회에만 있었고 그나마 일반 민중은 읽지도 못하는 라틴어로 쓰인 것 뿐이었습니다.

이철신 목사의 고소 고발장은 중세 암흑시기에 교황이 구사했을 법한 문구로 채워져 있습니다. "영락교회의 담임목사가 이단 내지 사교집단을 칭하는 사이비 목사라고 하는 것은 결국 사이비 목사가 맡고 있는 영락교회가 사이비 교회라고 하는 것으로 진정인(이철신)이 담당하는 교회 즉 영락교회에 대한 사회적, 종교적 평가에 대한 커다란 명예와 신용 상에 훼손을 가하는 허위사실이라고 아니할 수 없습니다." "교회 명예를 실추시킨 고의성과 악의적인 범죄행위에 대하여 수사기관에서는 법에 따라 엄정하게 조사하여 위법행위에 상응하는 법집행을 하여 주시기 바랍니다." 자기가 곧 영락교회라고 주장하고 있는 것입니다. "영락교회는 우리나라뿐만 아니라 세계기독교계를 대표하는 교회로서 화평 화목한 교회입니다."라는 주장도 하였습니다. 참고: 4. 참고: 5, 참고: 7

이철신 목사는 위에 인용한 구절을 반복하면서 판사에게 진정서와 탄원서를 내었습니다. 그러면서도 피고소인이 구체적으로 사실에 입각한 주장 곧 이철신 목사의 이단성과 사이비성 그래서 그가 사이비 목사라는 수십 가지에 달하는 엄연한 증거에 대해서는 단 한 마디로도 반박하거나 변명하지 못 하고 있으며 차량 현수막에 쓰인 사이비 목사 거짓말쟁이 패륜아, 고소고발 소송비용 100% 주님께 바친 교회헌금, 헌금도둑, 도둑질 엄금, 등에 대해서도 마찬가지 입니다(2011고단 456). 참고: 4 사실을 허위라고 주장하며 고소하는 것은 무고죄에 해당합니다. 만일 피고인이 맞고소했다면 엄중한 처벌을 받게 되는 무거운 범죄입니다. 그는 "영락교회 뿐만 아니라 기독교 전체에 대하여 망신을 주고 있습니다." 라는 주장도 하였고 시위를 만류하기 위해 여러 사람들 특히 여러 명의 장로들이 피고소인을 만나 대화를 하였다고 하면서 그 이름을 일일이 고소장에 적어 놓기도 했는데 만일 재판이 계속되었더라면 그들이 하나하나 법정에 불려나와 이철신 목사의 주장이 거짓임을 확실히 밝혔을 것입니다.

또한 "그 외 다수의 안수집사, 권사, 성도들이 신영오 씨의 그러한 간판을 철거하라고 차를 발로차고 현수막을 파손하는 일이 있었다고 들었습니다." 라는 구절은 이철신 목사가 정당한 시위를 폭언과 폭력을 써서 불법적으로 저지하고 있는 사태를 잘 알고 있다는 뜻입니다. 이철신 목사는 폭력행사를 방조하고 있습니다. 급기야 지금까지도 여전히 폭력을 행사하며 시위 차량을 가로막고 현수막을 잡아 뜯어 내리는 등 행패를 부리고 있는 사람과 단짝을 이루어 바로 작년(2014년) 9월경에 또 다시 고소 고발하였습니다(서울중부경찰서 제2014-01692호^{참고: 8}, 서울중앙지방검찰청 사건번호 2014년 제94313호^{참고: 7}).

　재판 막바지에 이르게 되자 이철신 목사는 "신영오 씨는 진정인(이철신)의 전임목사인 박조준 목사, 김윤국 목사와 임영수 목사에 대해서도 악의적인 유언비어를 유포하여 핍박하며 괴롭히는 등 명예를 훼손하였습니다.^{참고: 4}"라고 주장하였는데 이야말로 이철신 목사가 퍼뜨리고 있는 악성 유언비어임을 여러분도 알고 있고 당사자들도 물론 더 잘 알고 있을 것입니다. 그 분들을 재판정에 불러내어 이철신 목사의 거짓됨을 허심탄회하게 증언하도록 할 수도 있었을 것입니다.

　이철신 목사는 두(2) 번이나 법원의 출석 명령을 거부하며 범법행위를 하였습니다. 그는 "따라서 어느 모로 보나 3만5천여 성도를 대표하는 본인이 법정에 출석할 형편이 아니라는 점을 이해하여 주시기 바랍니다."가 재판장에게 제출한 진정서입니다. 그런데 끌려나가던지 고소를 취하하던지 두 가지 중에서 하나를 선택할 지경에 몰리자 기어이 피고인을 엄하게 처벌하도록 만들어야겠다는 증오심에 찬 결의를 가지고 법정에 출석하면서 제출한 자료에는 "지난번에는 교단 지인들이 타 교단에서 안수받은 신영오 목사와 사회법정에서 교리 논쟁 등은 바람직하지 아니하다는 여론과 증인의 해외선교출장 등 때문에 증인으로 참석하지 못했음을 죄송하다는 말씀을 드립니다. 증인은 그간 검찰과 법원에 진술서와 진정서 및 보충자료 등을 여러 차례 제출하며 동 사건을 철저히 조사 엄한 법집행을 하여 주실 것을 간곡히 말씀드렸으며, 오는 9월 1일 오후 4시 공판에는 증인으로 꼭 참석하겠습니다."라고 하였습니다.

　이철신 목사가 탐욕에 사로잡힌 우상숭배자라는 어김없는 사실은 그의 반복된 고소장 문구에서 곧 찾아볼 수 있습니다. "그래서 저(이철신)는 신영오 씨에 대해 그간 많은 기도와 고민도 하였습니다." "마지막 방법인 법적 조치"라는 표현 등입니다. 그의 기도가 응답받지 못한 것은 그의 탐욕 때문이라고 성경은 밝히 말씀하십니다(야고보서 4:3, 5:16). 자기의 기도를 들어주시지 않으시니까 하나님에게 등을 돌리고 세상 법정의 판사에게 매달리고 있는 이철신 목사는 구하는 것은 다 이루어 주시마고 약속하신 하나님을 거짓말쟁이로 만들고 세상이 하나님을 모독하도록 한 것입니다 (요한복음 15:7, 요한일서 5:10, 로마서 2:24). 이철신 목사가 사이비 목사요 적그리스도라는 표현 외에 또 어떻게 달리 지칭해야 할 것인지 여러분의 고견을 듣고자 합니다.

여러분의 응답을 기다립니다.

하나님의 크신 은총을 기원합니다.
2015.05.15

71 번째 공개서한(2015.04.24)

창립70주년 영락교회(서울)의 암흑시기

믿음 안에서 한 형제자매인 여러분

 이철신 목사는 자신이 영락교회의 소유주라고 착각하고 있는 과대망상을 노골적으로 표출하며 고소 고발의 근거로 삼았습니다. 자기의 명예는 곧 영락교회의 명예요 자기가 시무하고 있는 영락교회는 세계기독교계를 대표하는 교회라고 내내 자랑하면서(진술서 2010년 10월 일, 2011고단 456 명예훼손 등 서울중앙지방법원 형사9단독[참고:4]) 그 허황된 주장을 뒷받침할 목적으로 같은 내용의 진술서와 진정서 등을 연달아 작성하여 법원에 제출했던 것입니다(2010. 09. 09 법원접수, 2010. 10. 24 법원접수, 2010. 11. 13 법원접수, 2011. 03. 14 법원접수 등[참고:4]).

 당회원들은 당회에서 소송 비용을 교회 헌금으로 지출하고 손해배상까지 청구하는 결정을 하였으니까 고소 고발 내용을 숙지하고 있을 것입니다. 이철신 목사는 자기와 관계가 없을뿐더러 알지도 못하는 이유를 들어 고발장을 작성했습니다. 박조준 목사 때에 있었던 교회 일에 대해 그가 무엇을 알고 있겠습니까? 당회원들조차 모르고 있는 사건들에 대해 대체 그가 무엇을 안다고 고발장에 썼는지 해명해야 합니다. 김윤국 목사 때에 관해서도 마찬가지로 그는 사정을 알 수 있는 사람이 아닙니다. 임영수 목사와 당회원들 간의 갈등에 대해 그가 무엇을 알고 있으며 피고소인이 무엇

을 하였기에 고발장에 적었는지 이철신 목사는 설명해야 합니다(2011고단 456 명예훼손 등).참고: 4

피고소인이 고발당하기 이전의 시위 구호는 이철신 목사가 고소장에 적은 대로 "사이비 목사 거짓말쟁이 패륜아 이철신 목사 물러가라! 대한예수교장로회 영락교회", "이철신 목사의 마구잡이 고소 고발 소송비용 100% 주님께 바친 교회헌금!", "( )목사의 마구잡이 고소 고발 소송비용 100% 주님께 바친 교회헌금", "헌금 도둑 도둑질?!!!", "사이비 목사의 마구잡이 고소 고발 엄청난 소송비용 100% 주님께 드린 교회 헌금!!!", 그리고 "헌금 도둑질 엄금!" 등입니다. 그 이후에는 위 기록된 구호들에 대한 차량시위 중지 요청이 법원에 받아들여져서 가처분판결통지서를 받은 즉시 문구를 고쳐 "…목사의 마구잡이 고소 고발 엄청난 소송비용 100% 주님께 드린 교회헌금 !!!", 그리고 "헌금 도둑질 엄금!"으로서 이철신 목사가 법원에 제출한 진정서(2011. 03. 14 법원접수참고: 8) 내용 그대로입니다.

문구나 글자 하나라도 법원에 요청한 것과 다르면 사용 금지할 수가 없다는 것은 법의 엄중함을 아는 이들에게는 상식입니다. 구호는 얼마든지 바꿀 수 있는 것이며 자유민주국가에서 확실한 사실에 입각한 구호를 들고 합법적으로 시위하는 것을 막을 수 있는 법은 존재하지 않습니다.

명예훼손이라는 것은 인격을 가진 사람 개인에게 적용되는 것이며 이 경우 훼손당한 당사자는 반드시 법정에 나가서 고발 사실을 확인하고 처벌을 요구해야만 합니다. 만일 피해 당사자가 법정에 불출석하면 그 사건은 없던 일로 되고 마는 사안입니다. 그런데 이철신 목사는 두 번이나 소환명령에 응하지 않았습니다. 그러면서 여러분이 잘 아시는 대로 교인들을 모두 불학무식하고 어리석은 사람들로 취급하여 담임목사 법정 불출석 권유 서명운동을 벌였던 것입니다.

신영오 공판 서명운동(2011. 5)의 내용은 바로 "영락교회 담임목사의 법정 증인 불출석 권유 및 신영오 씨의 명예훼손과 모욕 행위에 대해 엄정한 법집행을 청원하며 서명에 동참합니다." 영락교회 신영오대책특별위원회였습니다.참고: 9 이철신 목사 자신은 국가 사법부의 법정 출석 명령을 어기면서 불출석 하고 신영오 씨에 대해서는 엄정한 법집행을 청원하는 가증스런 이중성으로 교인들을 속이고 선동하여 끌어드리며 농락하였던 것입니다. 이렇게 이철신 목사에게 악용된 서명교인이 일만 오십일(10,051) 인이었고 이로써 영락교회는 떼를 지어 국법을 어기는 집단임을 세상에 알린 것이었습니다(2011고단 4546 명예훼손 등).참고: 4

이철신 목사는 영락교회 교인들이 공동의회 등의 적절한 절차를 밟아 청빙한 사람이 아닙니다. 그는 1997년 11월 15일(토)에 사람들의 시선이 뜸한 주말을 틈타 시무하던 인천제일교회를 짐 싸들고 몰래 빠져나와 영락교회 목사 사택에 가만히 들어온 거짓 형제이며 우리의 가진 자유를 엿보고 우리 영락교인을 노예로 삼고 있는 사람입니다(유다서 1:4, 갈라디아서 2:4). 거짓 사도요 궤휼의 역군이 그리스도의 사도로 행세하며 흑암의 세력인 사단이 자기를 광명의 천사로 가장하는 것이 이상한 일이 아니라고 성경은 일러 주십니다(고린도후서 11:4~15). 그가 인천제일교회 사임서를 작성하여 송부한 날은 1997년 11월 16(일)로서 영락교회 사택에 이미 들어오고 난 이튿날이었습니다. 인천노회는 그의 사임서가 이듬해 1998년 1월 5일 수리됐다고 기록하였습니다(2011고단456 진술서 2011. 01.10 제출, 인천노회회의록, 인천제일교회약사).참고: 4

이철신 목사가 피고인에게 손해배상 5억(500,000,000)원을 청구할 때에는 교인이 5만여 명이라고 소장에 적었는데[2010가합 105186 손해배상(기), 2010. 10. 15 법원접수참고:10] 법정 출석을 거부할 때에는 3만 5천여 명이라 했지만 서명한 전(全) 교인은 1만 51 명입니다(2010가합456, 진정서 2011. 06. 08 법원 접수참고: 4). 일 년도 안 된 사이에 근 4만 명가량의 교인이 줄어든 것입니다.

그러나 출석하지 않으면 강제로 끌려갈 수밖에 없으니까 마지못해 나가서 선서한 후 자기가 바로 사이비 목사임을 명백히 자백한 것이 그의 법정 증언입니다참고:4. 여러분 중에도 그 현장을 전해 줄 사람이 몇몇 있습니다.

얼굴에 쇠가죽을 뒤집어쓰고(예레미아 8:12) 목이 곧은(잠언 29:1) 목사를 감싸며 교회가 어디까지 갈 것인지 교회 안팎에서 당회를 주목하고 있습니다.

우리 주님의 크신 은총이 항상 충만하시기를 기원합니다.
2015.04.24

추신: 재판기록은 공개되어 있습니다. 요청하시면 복사본을 보내드리겠습니다.

70 번째 공개서한(2015.04.10)

영락교회 창립70주년-아골 골짝 라오디게아교회

믿음 안에서 한 형제자매인 여러분

올해가 우리 영락교회 창립 70주년(1945~2015)입니다. 마침 내후년이면 종교개혁 500주년이 됩니다(1517~2017).

예수님께서 부활승천하신 후 교회가 근 천오백 년 동안을 지내면서 조금씩 타락하고 부패하여 급기야 대대적인 개혁운동을 펼치지 않을 수 없었습니다. 그 역사는 이루 다 말할 수 없을 정도로 처절했습니다. 그런데 우리 서울영락교회는 창립 70년밖에 안 되었는데도 종교개혁 당시의 타락과 부패상을 빼닮고 있습니다. 서양에서 천오백 년 걸린 것을 우리 교회는 단 70년 동안에 도달한 것입니다. 창립 70주년을 맞는 우리 교회는 무엇보다 먼저 지난날과 현재를 돌아보며 반성하고 회개해야 합니다.

제일 먼저 회개해야 할 사람은 교인을 가르치는 위치와 책임을 가진 이철신 담임 목사입니다. 개혁자들은 하나같이 그 당시 교권을 쥐고 교인들을 농락하면서 성경에 어긋나는 말과 행동을 하던 사람들의 우두머리인 교황을 적그리스도라고 지칭했습니다. 그런데 지금 부패하고 타락한 한국 개신교의 근본 원인을 바로 교회 담임 목사와 그를 둘러싼 교직자들에게서 찾게 됩니다. 개신교에는 종교개혁 당시의 교황인 듯 행세하는 목사들이 많기 때문에 개혁이 절실합니다. 이처럼 적그리스도적인 사람 중 하나가 우리 서울영락교회의 이철신 목사입니다.

개혁자들의 중심 강령은 이른바 "다섯 가지 오직"입니다: 오직 성경(sola scriptura), 오직 그리스도(solus christus), 오직 믿음(sola fide), 오직 은혜(sola gratia), 그리고 오직 하나님만 존귀하심(soli deo gloria)입니다. 교황들은 이 다섯 가지를 도외시하며 하나님 노릇을 했습니다.

이철신 목사는 성경말씀을 부인하며 성경에 없는 구절을 만들어 내면서까지 자기변명을 하고도 잘못을 인정하거나 사과하지도 않고 두 번 세 번 범죄행위를 반복하고 있습니다(고린도전서 6:1~8). 이런 행동은 하나님의 저주 아래 있는 것이라고 성경은 말씀하십니다(갈라디아서 1:8). 이철신 목사가 헌금을 도둑질하여(말라기 3:8) 고소 고발하면서 교인들을 속이며 선동해 나라의 법을 깨고 집단 행동하게 만들면서 법정에서 내내 거짓 진술한 사실은 아무도 부인할 수 없는 국가기록으로 남아있습니다(2011고단 456[참고:4], 2010가합 105186[참고:10]). 얼마 전에는 오직 예수 그리스도만이 우리의 중보자임에도 불구하고 자기에게 중보기도의 제목을 알려주면 기도해 주겠다는 광고를 하고 몇 달간 요양을 한다며 교회 업무를 중단하기도 했는데 그런 언동은 교리를 무시하고 무당노릇을 하는 것이라고 지적한 적도 있습니다.

행함이 없는 믿음은 죽은 것입니다(야고보서 2:26). 이철신 목사는 모든 성경의 으뜸인 사랑을 말하면서도 실제 행동은 정반대입니다. 그가 말하는 사랑은 거짓입니다. 이철신 목사가 부임한 이래 교인과 교인 사이를 이간질하여 서로 삿대질하며 불화하게 하고 교회에서 은혜가 떠났다고 한탄할 지경으로 만들고 있는 현상은 여러분이 이미 오래전에 지적한 그대로입니다("왜! 이철신 목사는 영락교회 담임목사로서 부적격한가?" 영락교회 서명한 장로 일동 2004. 7. 1[참고: 2]). 죄인도 원수도 친구요 형제자매로 만들어야 할 목사가 자기가 이 세상에 태어나기 훨씬 이전에 벌써 그리스도의 보혈로 한 형제가 된 교인을 지목하여 원수시하게 만들고 있는 것이야말로 사단의 역사입니다(마태복음 5:22~47).

영원한 생명은 하나님께서 값없이 주시는 은혜입니다. 그런데 이철신 목사는 교회에 헌금 많이 하고 재산을 기부하는 특정 교인을 거론하며 설교하는 일이 잦습니다. 종교개혁 당시 헌금을 많이 하면 천당에 간다고 허풍을 떨어 선동하며 권유한 그 모습 그대로입니다. 그렇게 해서 이철신 목사 자신은 그 헌금으로 사치하고 있습니다. 세상 사람들이 일반적으로 부러워할 정도의 의식주를 누리고 있는 것이 사치인데 이철신 목사는 우리 사회에서 최고위층에 속하는 생활을 하고 있습니다. 그가 거주하고 있는 최고급 주택, 승용차 등과 그에 수반하는 교회헌금 지출을 한 번이라도 미루어 보면 금방 알 수 있습니다. 그의 연봉이 얼마인지는 비밀입니다. 사람들이 부러워할 정도로 높기 때문에 선뜻 공개할 수 없는 것입니다. 개혁자들은 이런 목회자들의 생활 양상을 가리켜 교인을 착취하는 것이라고 질타했습니다.

탐욕은 우상숭배입니다(골로새서 3:6). 성경 원문에 기록되어 있는 δόξα라는 단어는 경우에 따라 찬양, 경배, 명예, 칭찬, 그리고 영광으로 번역됩니다. 어떻게 표현하던 오직 하나님께만 영광을 돌려드리고 하나님만을 존중하며 찬양하고 경배해야 합니다. 모든 영광과 명예는 오직 하나님께만 속한 것입니다. 인간의 욕심 중에서 가장 강렬하고 치명적인 것이 명예욕입니다. 성경은 아무리 잘난 인간이라 할지라도 그저 무익한 종일뿐이라고 가르치십니다(누가복음 17:10, 갈라디아서 5:24~26). 명예를 뒤쫓는 사람은 하나님의 종이 아니라고 말씀하십니다(갈라디아서 1:10). 이철신 목사는 이 헛된 명예를 얻기 위해 헌금을 써서 세상 법정에 고소 고발을 일삼고 있는 사람임을 그 스스로 증명하고 있습니다(2011고단456[참고: 4], 2010가합 105186[참고:10], 2014년제94313호[참고: 7]). 거기 중에 여러분이 가담했고 교회에 두루 광고하여 교인들을 속여 동참하게 했었습니다.

이철신 목사는 고소 고발장에서(2011고단456[참고: 4]) 자기를 영락교회와 동일시하는 데에 그치지 않고 기독교와 동일시하며 그 자신이 하나님이라고 여기고 있습니다. 그렇지 않고서야 하나님의 집인 교회에 예배드리려

들어오는 교인을 용역을 동원해 완력을 써서 원천적으로 막을 수가 없는 것입니다(요한복음 16:2, 데살로니가후서 2:3~4[참고:11]).

여러분의 응답을 기다립니다.

하나님의 크신 은총이 풍성하시옵소서.
2015.04.10

69 번째 공개서한(2014.08.06)

세상은 영락교회의 소금과 빛

믿음 안에서 한 형제자매인 여러분

연초(2014년)에 이전에는 없었던 이상한 광경을 보았습니다. 무슨 완장을 찬 당회원들이 교회 밖 주변 거리를 계속 돌고 있었습니다. 후에 알아보니 부정 선거 운동을 감시하는 활동이었습니다.

원래 법이라는 것은 법 없이도 잘 살아갈 수 있는 선한 사람을 위한 것이 아니라 법이 없으면 안 되는 악한 사람을 대상으로 만든 것입니다. 그래서 일반적으로 무엇을 어떻게 하라는 조항보다 그렇게 하지 말라는 규정이 훨씬 더 많습니다. 그렇지만 그런 사항을 문서로 만드는 것보다는 간곡한 말로 권면하는 것이 바람직하며 믿는 사람들의 신앙 공동체인 교회에서는 반드시 그래야 할 것입니다.

그런데 영락교회는 공정 선거를 위한 공지사항이 문서로 작성되어 있습니다. 그 내용은 하도 유치하고 저급해서 과연 교인들의 수준이 이 정도밖에는 안 되는가 하고 가슴을 치며 탄식할 수밖에 없을 지경입니다.

공정선거를 위한 공지사항
1. 선거 기간 중 교회가 인정하는 모임 외의 어떠한 모임도 금지한다.
   (단, 선거관리실무위원회가 허가한 사항은 제외)

2. 선거관리실무위원회가 배포하는 홍보물 외에는 일체 금지한다.
3. 특정 후보자를 지지하거나 비방하는 행위를 일체 금지한다.
4. 후보자를 지지하거나 비방하는 문자메시지 및 E-mail 등을 금지한다.
5. 후보자를 지지, 비방하는 전화 또는 후보자 이름이 표시된 인쇄물(복사, 쪽지 포함)의 배포를 금지한다.
6. 식사제공, 금품배포, 선물 등 후보자를 지지하기 위한 일체 행위를 금지한다.
7. 후보자 홍보물 게시판 앞에서 지지 또는 비방하는 행위를 금지한다.
8. 투표장에서는 후보자 이름이 표시된 인쇄물(복사 포함)의 휴대를 금지한다.
9. 금전을 제공하거나 요구하는 행위를 금지한다.
10. 상기 사항이 적발된 경우 철저히 조사하여 후보자 본인, 친인척, 동료, 부서, 배우자 등 후보자를 돕기 위하여 개입된 사실이 확인될 경우에는 즉시 당회에 회부하며, 당회 결의에 의하여 후보자의 자격을 취소한다.

2014년도 항존직선거 공정선거관리위원회
위원장
위 원
위 원

완장 차고 교회 안팎을 순찰하던 위원들이 불법 행위를 적발했다는 소식은 들어 본 적이 없습니다. 실제로는 공지사항 10가지 중 어느 하나도 지켜지지 않았다는 사실을 뒷받침하는 증거들이 넘쳐납니다. 수십 년 전 막걸리 선거, 고무신 선거하던 시절을 쏙 빼닮은 선거 풍토가 우리 영락교회에 풍미하고 있는 것입니다. 그러면서도 부끄러워하는 기색이 조금도 없습니다.

이렇게 썩고 썩은 항존직 선거 풍토는 이철신 목사 부임 이후 심화되었습니다. 이철신 목사 가족까지 이런 행위에 가담한 사실이 드러날 지경이었고 그 이유는 이철신 목사의 지위를 보전하기 위해 당회에 지지자들의 숫자가 많아야 한다는 것이었습니다. 이철신 목사를 위해 순교를 각오한다는 사람이 선출되었다는 말이 널리 퍼져 있기도 합니다. 이 목사 지지자와 그렇지 않은 사람을 갈라놓고 살생부를 만들어 배포한 기록도 남아있습니다.

담임 목사가 간곡히 교인들에게 경고하고 권면하면 될 일인데도 목사의 권위가 추락할 대로 추락해서 아무도 그의 말을 귀담아 듣지 않으니 역사적으로 길이 남을 이처럼 수치스러운 공지사항 문서를 만든 것입니다.

서울 시내 어디에 항존직 선거운동 사무실이 있고 거기서 식사 대접을 받을 수 있고 돈을 모아 인쇄물을 만들고 선거 운동 계획을 세워 수고비를 주며 일을 시킨다는 것은 관심 있는 교우들에게 잘 알려진 공공연한 비밀입니다.

공지사항의 규정을 위반하는 후보자들 또는 예비 후보자들은 조금도 겁을 먹지 않습니다. 누가 누구를 감시하며, 감시하는 위원 중에 흠이 없는 사람이 어디 있느냐고 큰 소리 칩니다. 썩고 또 썩어 더 이상 어쩔 수 없을 만큼 타락한 선거 풍토가 극명하게 드러나는 장면입니다.

당회원 여러분에게 교회를 교회답게 하려는 계획과 노력을 요청합니다. 여러분의 각성을 촉구합니다.

주님의 크신 은총이 여러분과 늘 함께 하시기를 기원합니다.
2014.08.06.

68 번째 공개서한(2014.08.05)

수군수군 쉬쉬하는 교회

　믿음 안에서 한 형제자매인 여러분
　우리 영락교회는 신앙의 자유를 찾아 죽음의 38선을 넘어온 믿음의 선배들이 추양(秋陽 아호 한경직 목사님)을 중심으로 이룩하였습니다. 신앙 양심의 자유를 찾아 목숨을 내걸었고 지금도 그래야 할 하나님의 자녀들이 모인 믿음의 공동체입니다. 내년(서기 2015년)은 창립 70주년이 되는 뜻깊은 해입니다. 여러분 중에 이때를 맞아 시무 은퇴하는 해방둥이들(1945년생)에게는 더더욱 그러할 것입니다.
　예수님께서는 이 세상에 하나님의 나라가 이루어지도록 기도하라고 가르치셨습니다. 곧 지상 천국을 건설하는 것이 기도의 제목이요 우리의 임무라고 하셨습니다. 복음을 세상 끝까지 가서 전파하라는 것은 하나님의 뜻을 널리 알리고 천국 건설을 실천하라는 명령입니다. 그러므로 교회는 지상에 이루어진 천국으로서 국가 사회와 국제 사회에 인간 공동체가 어떠해야 하는지를 보여주는 표본이 되어야 합니다. 이것이 교회의 존재 의미입니다.
　모든 인류의 평화와 행복을 갈망하며 만들어진 국제연합(UN)이나 국제인권선언을 비롯해서 자유민주주의를 지향하는 국가인 우리 대한민국의 헌법도 자유 평등 평화를 지향하고 있습니다. 그 사상의 뿌리는 성경말씀에 있다는 역사적인 사실에 신불신을 막론하고 이의를 제기하는 사람이 없을 것입니다.

하나님께서 우리에게 주신 진리는 예수 그리스도이시며 그가 우리를 자유케 하십니다. 자유 중에서 으뜸은 신앙 양심의 자유입니다. 감옥에 갇혀 있어도 우리의 양심은 자유롭습니다. 그러나 신앙 양심에 따라 행동하는 사람을 핍박하며 감옥에 가두는 국가는 악한 국가입니다. 지구상에서 마땅히 사라지게 해야 할 대상입니다. 그런데 지금 설립 70주년을 앞둔 우리 영락교회에서는 신앙 양심에 따라 말하고 알리는 기본적인 인권의 첫째인 표현의 자유를 이철신 목사와 함께 앞장선 패거리들이 극도로 억압하면서 교회를 사악한 집단으로 만들어 버렸습니다.

조금이라도 담임 목사의 귀에 거슬리는 말이라면 무조건 불온하다고 규정하고 통제하고 있습니다. 예컨대 제직회는 모든 직분의 교우들이 한데 모여 자기의 의견을 개진할 수 있는 공식적인 모임인데도 불구하고 사회자인 이철신 목사가 사의로 발언을 규제하고 막는 경우가 허다하며 여기에 발맞추어 맹신자들이 고함지르고 야유와 욕설을 퍼부으며 소란을 피우는 경우는 여러분에게 아주 익숙한 장면일 것입니다.

이철신 목사 부임 이후 제직회 참석 인원은 급감하여 지금은 전체 제직 몇십 분의 일이나 모일까 말까 하다고 합니다. 신앙 양심껏 소신을 가지고 자유롭게 발언할 수 없는 제직회에는 출석할 이유가 없어졌습니다. 그럼에도 계속 발언을 요구하는 사람은 이철신 목사가 왕따시키고 이철신 목사를 무조건 추종하는 사람들에 의한 집단 따돌림을 당하게 됩니다.

이철신 목사에게 왕따당한 교우에게 가해지는 집단 따돌림은 개인에게만 한정되지 않고 모든 가족에게 확대됩니다. 친척과 친구들에게도 그 피해가 미치기 때문에 서로 만나는 것을 꺼리게 되고 혹 마주쳐서 인사라도 나누면 그런 것을 감시하고 있는 사람에게서 항의를 받는 봉변을 겪습니다. 이것이 영락교회의 현실입니다. 집단 따돌림은 심각한 인권유린의 범죄행위입니다. 바로 여러분 자신들이 그 당사자일 것입니다.

그래서 우리 영락교회의 실상이 지구상의 가장 폭압적이고 무자비한 세습독재국가보다 더 지독한 집단이라고 통탄하게 되고, 한발 물러서서 아직도 이 교회는 지독하게 언론을 통제한 군사독재시대의 긴급조치하에 있는 듯하다는 인상을 주고 있습니다. 얼마나 많은 교우들이 이렇게 왕따당하다가 견딜 수 없어서 교회를 떠났으며 그 가족들이 고통을 당하고 있는지 여러분이 누구보다 잘 알고 있습니다. 입을 꾹 다물고 벙어리 행세를 해야 한다는 의미로 안포장포라는 말귀도 흔히 들리는 것 중 하나입니다. 바른말을 하려면 안수집사 되는 것을 포기해야 하고 안수집사가 되었어도 바른말 하고 싶다면 장로 되는 것을 포기해야 한다는 뜻이라고 합니다.

당회원이라고 해서 이철신 목사가 달리 취급하지는 않는 듯합니다. 회의 중에 자기에게 거슬리는 말을 하면 그 자리에서 곧바로 발언을 제지할 뿐만 아니라 왕따 시키기가 일쑤여서 말을 못하는 당회원들이 많다고 합니다. 그렇지 않고서야 목사 개인 소송 비용을 헌금에서 빼내어 엄연히 성경 말씀이 금하고 있는 고소 고발을 할 수가 없었을 것입니다. 그뿐이 아닙니다. 당회가 소신 있게 발언할 수 있는 곳이라면 이제는 명백하게 드러나서 다 알려진 대로 성경에 반하는 그 많은 이철신 목사의 언행에 대해 이토록 아무 말이 없을 리가 없을 것입니다.

추양께서 당회장일 시기와 지금이라고 해서 당회원들의 역할이나 당회의 기능이 변하도록 작용한 요인이 하나도 없습니다. 그 때는 더 어려운 일들이 많았습니다. 편을 갈라서 교인들끼리 싸우고 고소 고발하고 맞고소하면서 수년에 걸쳐 엎치락뒤치락하고 있는 교회들이 흔한 세태에서 평온해 보이는 우리 교회가 실상은 속으로 썩고 또 썩은 교회인데 겉으로 그렇게 나타나는 것은 죽은 사람들이 모여 있는 공동묘지의 조용함과 흡사할 것입니다.

영락교회의 존재 이유와 당회의 정체성을 깊이 숙고하시기 바랍니다.

우리 주님의 크신 은총이 항상 풍성하시기를 기원합니다.

2014.08.05

67 번째 공개서한(2014.07.31)

추양(秋陽)의 성경(聖經)과 이철신 목사의 성경

  믿음 안에서 한 형제자매인 당회원 여러분

  내년(서기 2015년)은 추양(秋陽 한경직 목사 아호)께서 믿음의 형제들과 함께 우리 영락교회를 설립하신 지 꼭 70주년이 되는 해입니다. 그동안 우리 교회가 어떻게 변화되었는지를 곰곰이 살펴보아야 할 절박한 시점입니다.

  모든 판단의 기준은 하나님의 말씀인 성경입니다. 하나님께서 우리에게 주신 교훈과 우리가 지켜야 할 계명은 성삼위일체의 영원불변하심과 성실하심을 따라 영원불변임을 믿습니다.

  추양은 성경말씀 꼭 그대로 전해 주셨고 성경말씀대로 생활하시려고 노력하며 일생을 바치신 분이셨기 때문에 우리가 존경하는 스승이십니다. 그분을 통해서 예수님의 모습을 조금이나마 엿볼 수 있습니다. 혹시 미약한 인간의 실수나 잘못으로 인해서 성경말씀에 어긋나는 일을 저질은 경우에는 솔직하게 인정하고 공개적으로 사과하며 회개하는 겸손한 모습에 우리 모두가 마음속으로 깊이 감격해 하기도 했습니다.

  하나님의 말씀인 성경은 인간 어느 누구도 거기에 덧붙이거나 뺄 수 있는 것이 아닙니다. 기독교 역사상 수많은 종파와 이단이 있어 왔고 지탄받은 집단이나 개인이 있었어도 이렇게 한 예가 없으며 만일 그랬다면 그것은 그리스도교가 아니라고 규정되었습니다.

그런데 이철신 목사의 성경은 추양의 성경과 그 내용이 판이합니다. 국가의 공개 법정에서 이철신 목사는 자기 나름대로 성경구절을 만들어 내면서 증언했습니다(사건번호: 2011고단456 명예훼손 등 외 3건**참고: 4**). 곧 자기가 고소 고발한 것은 믿는 형제들 사이에서 발생한 신앙적인 문제를 가지고 세상 법정에 고소 고발해도 된다는 성경 구절이 있기 때문에 거기에 근거한 것이라고 전혀 허무맹랑한 주장을 하면서 거침없이 답변했습니다.

이철신 목사의 언행에 비추어 볼 때 고소 고발하는 일 이외에도 많은 성경구절이 추양과 우리가 소중히 지니고 있는 성경에 추가되어 있음을 짐작해 봅니다. 법정에서 그가 증언한 기록을 살펴보면 여러 성경구절을 제멋대로 추가해 놓고 그것들을 근거로 삼아 실천하고 있는 사실을 어렵지 않게 확인할 수 있습니다.

형제들끼리 세상 법정에 고소 고발하지 말라는 것에 반하여 해도 된다는 구절도 있다는 증언은 믿지 않는 사람도 그것이 거짓말이라는 것을 다 압니다. 왜냐하면 하나님이 그렇게 일구이언(一口二言)하시는 실없는 분이 아닐 것이라는 사실을 의심하지 않기 때문입니다. 그는 신앙과 사회생활은 아무 관계가 없는데 왜 법정에서 신앙생활에 관한 성경구절을 인용해서 심문하느냐고 항변하기도 했습니다. 이철신 목사에게 있어서 신앙생활과 사회생활은 아무 관계가 없다는 사실을 스스로 폭로한 것입니다. 이런 사람을 이중인격자 또는 위선자라고 그 자신이 기회 있을 적마다 외치며 가르치고 있음에도 불구하고 그의 언행은 바로 그것입니다.

하나님을 종잡을 수 없을 만큼 이랬다저랬다 하는 분으로 만들어 놓은 사람이 무슨 거짓말인들 하지 못 할까 하는 생각이 들게 한 이철신 목사는 여러 계명을 져버리고 말씀에 반하는 언행으로 이어갑니다. 도둑질하지 말라는 계명에 반하여 지극히 개인적인 고소 고발 소송비용을 교회 헌금으로 충당한 것은 도둑질이었으며 이웃을 해하려고 거짓 증거하지 말라는 계명에 반하여 그는 엄청나게 많은 거짓말을 쏟아내며 심문에 응했습니다. 처음부터 허위 사실을 근거로 고소 고발한 것은 말할 필요조차도 없습니다. 여러분이 법정 방청석에 앉아 보고 들은 그대로입니다. 자세한 것은 당사자인 이철신 목사가 의례히 보관하고 있을 공개된 재판기록에서 확인할 수 있습니다.

거짓을 지적하며 깨닫고 회개하라는 외침에 귀를 막고 이철신 목사는 계속하여 또다시 서울노회에까지 고소 고발하였습니다. 그 과정에서 재판국의 목사와 장로들에게도 거짓 내용의 문서를 보냈습니다. 알면서도 모른 체 서로 속이고 속는 그 광경은 부패하고 타락한 한국교회의 대표적인 한 장면일 것입니다(서울노회재판국 사건 제2013-4호[참고:11]).

예수님께서는 형제를 미워하는 것이 살인이라고 말씀하셨습니다. 이철신 목사가 품고 있는 증오심은 세상 법정에 고소 고발하여 엄중한 신체적인 처벌과 함께 재산까지 날려 버리고 길가에 나앉게 할 의도이었음을 여러분이 누구보다 잘 알고 있습니다.[참고: 4] 그는 살인하지 말라는 계명에 반하여 끝없는 증오심에 사로잡혀 있는 것 같습니다. 이 증오심은 자기 자신의 몸과 마음을 파괴하면서 여러분을 포함한 많은 사람에게 전염되어 광기를 발산하고 있는 교우마저 나타나 있음을 잘 보고 있을 것입니다.

영락교회에서 이철신 목사 부임 이후 은혜가 떠났다고 한탄하며 그가 교회 적임자가 아니라고 내외에 두루 알리다가 좌절한 몇몇 당회원들의 주장은 여전히 유효할 뿐만 아니라 한층 더 정당화되었다고 생각합니다["왜! 이철신 목사는 영락교회 담임목사로서 부적격 한가?" 2004년 7월 1일 영락교회 서명(署名)한 장로 일동[참고: 2]]. 이철신 목사는 그동안 성경말씀이 금하는 일만 어쩌자고 그렇게 잘 골라서 저지르고 있는지 참으로 의아합니다.

이철신 목사가 속히 회개하도록 여러분께서 적극 도와주시기 바랍니다.

우리 주님의 크신 은총 속에서 내내 평안하시옵소서.

2014.07.31

66 번째 공개서한(2014.05.31)

허비되고 있는 귀중한 예배시간

믿음 안에서 한 형제자매인 당회원 여러분
 담임 목사님이 와병 중이라는 확인된 소문을 들었습니다. 매우 유감스럽게 생각합니다. 속히 쾌유하시기를 바라며 기도합니다.
 성경은 우리가 부르심을 받아 거룩하게 선택된 하나님의 자녀들이라고 말씀하십니다. 그래서 하나님을 천지를 창조하신 하늘에 계신 우리 아버지라고 친근하게 부릅니다. 우리는 하늘나라의 시민권을 가지고 있는 성도들입니다. 무엇보다 먼저 복음을 전해 듣고 모든 성경을 하나님의 말씀으로 받아들여 의심 없이 굳게 믿는 사람들입니다. 그리고 우리 죄를 회개하고 그 표시로 하나님과 사람들 앞에서 세례를 받아 천국 백성이 되었습니다.
 우리 교회의 주일 예배는 성경의 교리와 장로교신학에 근거하여 그 순서와 내용이 정해집니다. 신앙 고백과 회개의 기도가 앞에 오며 그 사이에 찬송과 찬양이 있고 인도자가 낭독한 성경 본문에서 딴 제목으로 설교의 순서가 이어집니다. 그런데 주일 설교를 거의 전담하고 있는 이철신 목사의 설교는 기본적으로 도저히 그냥 넘길 수 없을 정도로 큰 문제점을 지니고 있기 때문에 내키지 않지만 부득불 거론할 수밖에 없습니다.
 신앙 고백을 하고 회개의 기도를 거듭하고 난 후에 이어지는 설교는 믿음을 온전케 하기 위하여 신자들이 어떻게 살아야 하는지에 대한 가르침이 있어야 합니다. 목사는 가르치는 교사입니다. 그러기 위해 최고의 학부를 마치고 다시 신학대학에 입학해서 공부하고 훈련을 받는 것입니다. 신학대학의 그 많은 과목과 훌륭한 교수들의 강의는 단순히 졸업하고 목사가 되어 안정적인 생활을 영위하기 위한 수단과 방법 중 하나가 아니고 교인들을 가르치고 솔선수범하여 인도하도록 하기 위한 것입니다. 그런데 이철신 목사의 설교에서는 본문 성경구절을 계속 반복하고 또 회중과 함께 거듭 거듭 읽고 또 읽으며 시간을 끌면서 그 구절을 믿으라고 줄곧 외치는 것 외에는 그 성경말씀을 어떻게 우리의 일상 생활에서 살아 움직이게 할 것인가에 대한 가르침의 결여 때문에 성도들이 그의 설교에서 배우고 깨닫는 것이 없습니다.

이미 하나님의 아들딸이 된 사람들에게 가장 초보적인 믿음이라는 단어만을 반복할 뿐 믿음을 온전케 하는 가르침이 없는 외침은 하나 마나 들으나 마나 한 헛소리입니다. 그런 설교가 끝나면 허전하고 허탈하기 이를데 없어서 한동안 이러다가 교회에는 왔으되 예배에는 참석하지 않는 성도가 생겨나고 어떤 경우에는 출석을 중단하고 다른 교회로 옮아간 이들도 많다는 사실을 여러분이 더 잘 아십니다. 믿음을 찾아 처음 교회에 출석하여 예배를 드린 이들마저 얼마 머물지 못하고 곧 떠나버리는 안타까운 현실을 여러분 역시 외면할 수 없을 것입니다. 그의 설교는 마치 잎만 무성하고 열매가 없는 무화과나무보다도 더 못한 처지요 내용인데도 영락교인들의 너그러운 선의와 인내심에 힘입어 지나치게 오래 방치되어 왔습니다.

행함이 없는 믿음은 헛것이요 그 자체가 죽은 것입니다. 믿음을 살아있게 하기 위한 가르침이 없는 목사의 설교는 헛것이요 죽은 것입니다. 마귀(사탄)도 하나님을 믿고 두려워 떱니다. 믿음이 참된 것이냐 아니냐 하는 것은 성경이 밝혀주시는 계명을 지키느냐 않느냐를 보고 판단합니다. 그리스도인은 하나님의 계명에 순종하여 실천하는 사람이요 반대로 불순종하며 거역하는 존재가 바로 사탄입니다. 죽은 설교는 죽은 믿음의 산물입니다.

　성경의 모든 계명은 사랑이라는 한 마디로 요약됩니다. 오래된 십계명에서부터 시작해서 원수까지도 사랑하고 그를 위해 복을 빌라고 하신 새 계명을 지키는지 않는지에 따라 그 사람이 예수 그리스도에게 속했는지 아닌지가 구별됩니다. 계명을 지키는 것은 말과 입술로만 하는 것이 아닙니다. 사람의 행동은 마음먹은 대로 이루어집니다. 그래서 예수님의 마음을 품으라고 우리는 아주 어렸을 적부터 배워 왔습니다. 예수님의 마음은 죽기까지 순종하신 겸손입니다. 세계 인류를 모두 구속하시기 위해 갖은 수치를 다 당하시며 십자가에 달려 죽으셨는데도 불구하고 모든 명예(영광)를 오직 하나님에게만 돌리신 분입니다. 그렇기 때문에 그를 따르는 그리스도인에게는 자기 자신의 명예(영광)란 절대로 있을 수 없습니다. 중세말 종교 개혁은 오직 하나님께만 명예(영광)를 돌려드려야 한다(SOLI DEO GLORIA)는 대강령을 기치로 삼아 쟁취한 것입니다. 사탄은 하나님께만 속해야 하는 명예(영광)를 미끼로 던져 인간을 유혹하여 자기편에 들어오도록 애쓰는 극악한 존재입니다.

　이철신 목사의 설교는 가장 초보적인 믿음이라는 한 단어만을 외치는 수준에서 벗어나지 못하고 있을 뿐만 아니라 그의 행동에는 우리가 받은 바 계명을 불순종하는 것에서 훨씬 더 나아가 공공연하게 거역하고 있는 모습이 뚜렷합니다. 사사로운 세속의 욕심인 명예를 충족하려고 교회 헌금을 도용(盜用)했고 교인들을 속이며 선동하여 국법을 무시하면서 자기와 공범이 되도록 책동했습니다(사건번호: 2011고단456 명예훼손 등 외 3건 참고: 4). 거액의 손해배상금도 탐했습니다.참고:10 거기서 그치지 않고 똑같은 명목에 권오성 목사 사건을 더 합해서 느닷없이 노회에 고소 고발하였습니다. 미리 계획한 대로 일심재판(一審裁判)(영락교회당회 재판국재판) 없이 이심판결(二審判決)(서울노회 재판국판결)을 이끌어내어 교회 역사상 전무후무한 만행을 저지른 것입니다(사건번호: 서울노회재판국 사건 제2013-4호참고:11). 이어서 참으로 비열하고 추악한 작태가 연출되고 있는 현장에 지금 바로 여러분이 서있습니다.

 지면의 끝이 다 되어 오늘은 이만 줄이면서 허비되고 있는 귀하고 중한 예배시간의 근 1/3에 관해서 근본적이고 조속한 조치를 간청(懇請)합니다.

 여러분에게 주님의 크신 은총이 풍성하시기를 기원합니다.
 2014.05.31

65 번째 공개서한(2014.03.06)

이철신 목사와 바예수

믿음 안에서 한 형제자매인 여러분

사도 바울이 바예수라는 별명을 가진 박수무당을 모질게 꾸짖은 사실을 우리가 다 잘 알고 있습니다.

기도는 믿는 이가 직접 하나님 아버지에게 아뢰는 것이지 누구에게 부탁할 수 있는 것이 아닙니다. 예수님을 통해서 그의 이름에 의지하여 아버지이신 하나님께 그의 아들과 딸의 자격으로 스스럼없이 모든 것을 직접 아뢰는 것이 기도입니다. 쉬지 말고 기도하라는 명령은 기도가 믿는 이들의 호흡과 같다는 뜻입니다. 다른 사람이 대신 맡아줄 수가 없습니다. 기도를 그치는 그 순간 신앙 생활이 정지해 버리기 때문입니다.

하나님의 거룩한 아들이신 예수 그리스도 한 분만이 우리의 중보자이십니다. 성경말씀과 교리를 어기가면서 자기에게 기도를 맡기라고 광고하는 이철신 목사 같은 사람을 성경은 박수무당이라고 규정하면서 만일 이스라엘 백성 중에 이런 자가 있으면 돌로 치라고 명하십니다. 하나님과 믿는 이들 사이에 끼어들어 이간질하는 것이 바로 사탄의 간계입니다. 지난 2월 마지막 주일 교회 주보(2014.02.28)에 기재되어 있는 것을 그대로 옮깁니다.

1. 기도 요청서 : 담임목사님의 중보기도사역은 은혜 중에 마무리 되었습니다. 이

후 제출하시는 기도요청서는 영락기도대와 교구목사가 계속하여 기도하겠습니다.

  대체 이철신 목사가 무슨 근거로 기도의 부탁을 받았다는 말인지 설명해 주시기 바랍니다. 방배동 땅 소송관계로 물어내어야 할 막대한 변제금을 조금이라도 모으기 위해 마치 무당이 복채(卜債)를 받듯이 기도를 빌미로 해서 모금할 계획이 있었는지도 의심스럽습니다. 중보기도 사역이라는 말의 의미를 자세하게 해석해 주시기 바랍니다.

  중보기도는 누구나 할 수 있습니다. 또 해야 합니다. 자기 자신만이 아니라 가족과 이웃을 위해서 그리고 전 세계의 인류를 생각하며 하나님께 드리는 모든 기도가 중보기도입니다. 이철신 목사는 중보기도에 대한 기본 교리를 완전히 무시하고 자기가 마치 중보자인 양 광고하고 있습니다. 참람(僭濫)하기가 이를 데 없습니다. 사람은 중보자가 될 수 없습니다.

  이철신 목사가 부임한 이래 그가 보여주고 있는 기도의 양태가 성경과 장로교 교리에 어긋나는 방향으로 흐르고 있습니다. 주일 예배 시에 드리는 참회의 기도 후반부에서 하나님과 자기만이 아는 죄를 회개한다면서 잠깐 침묵하는 순간이 있는데 그런 기도는 죄를 깨닫는 순간 시시각각으로 드려야 하는 것이지 한 주간 동안 모아 두었다가 주일 예배 공동 기도 시간이 되어서야 털어 놓는 것이 아닙니다. 목사는 교인들에게 기도하는 법도 가르쳐야 합니다. 먼저 장로들부터 교육하기 바랍니다. 기도는 하나님에게 드리는 것이지 사람들이 들으라고 하는 것이 아닙니다. 주일 예배 시에 장로들이 대표기도하면서 지난 한 주간 동안에 일어난 세상사를 일일이 끄집어내어 고하고 교회 자랑을 하는 것 등은 올바른 기도가 아닙니다. 심지어는 기도한다면서 성경말씀을 하나님에게 암송하여 들려드리는 사람도 간혹 없지 않습니다.

  이철신 목사는 축복기도(祝福祈禱)와 예배 마칠 무렵에 드리는 목사의 축도(祝禱)의 구별을 모르는 것 같습니다. 축복기도는 중보기도와 마찬가지로 누구나 드릴 수 있습니다. 서로 복을 빌어 주는 것은 성도의 의무입니다. 그런데 우리 장로교에서는 목사만이 축도를 하도록 허용하고 있습니다. 예배가 끝날 때를 비롯해서 축도는 목사가 전담합니다.
　장례식, 결혼식, 여러 축하식이나 특별한 행사 시에 목사가 축도로 마감하는 것이 통상적입니다. 그런데 축도는 그 자리에 참석하고 같이 예배나 행사에 참여한 사람들을 대상으로 하는 것임에도 불구하고 이철신 목사는 막무가내로 국가 사회와 민족 심지어 전 세계 사람들을 거론하며 축도합니다. 축도는 예배를 드리고 교회당을 떠나 세상 밖으로 나가는 성도들에게 성삼위일체의 은총과 사랑 그리고 인도하심을 선포하는 것이지 두루뭉술하게 세상 모든 사람에게 하나님께서 복주시기를 기원하는 것이 아닙니다. 장례식에서는 장례식에 참석한 사람들, 결혼식에서는 예식에 참석한 사람들을 대상으로 합니다. 이철신 목사의 주일 예배 축도는 목사들 사이에서 웃음거리입니다.
　특히 설교 중에 목사의 말이 떨어지기가 무섭게 아멘을 외쳐대는 성도들이 있습니다. 그렇게 유도하는 목사도 있습니다. 조용히 엄숙하고 경건한 마음으로 예배드리는 곁에 사람들이 깜짝 놀랄 정도로 방해하고 때로는 순서에 따라 참 어이없을 정도로 큰 소리를 내어 웃기는 고약한 버릇을 가진 교인도 있습니다. 혼자서 방에 들어앉아 소리 지르고 몸짓하는 것이야 누가 말릴 수 없지만 교회에 와서까지 그러면 안 됩니다. 예배는 쇼가 아닙니다. 설교가 굿거리장단이 아니며 아멘이 추임새도 아닙니다. 사실 이철신 목사의 설교는 기본적으로 또 다른 심각한 문제입니다. 예배는 무당굿이 아닙니다. 주로 베다니홀에서 진행되는 예배가 어찌나 시끄러운지 귀를 막아야 할 지경이라고 합니다. 이전에 한 번 무너져 내린 것처럼 공명진동(共鳴振動)으로 인해 또다시 그렇게 될까봐 염려하는 이들이 많습니다.
　우리 교회가 곧 고희(古稀)에 이릅니다. 여러분의 계획을 알고 싶고 무슨 준비를 하고 있는지 궁금합니다.
　주님의 크신 은총이 항상 여러분과 함께 계시기를 기원합니다.
　2014.03.06

64 번째 공개서한(2014.02.18)

헌금도둑질과 담임목사

믿음 안에서 한 가족인 당회원 여러분

하나님의 뜻을 이 땅 위에 이룩하기 위해 주님께 바친 헌금은 하나님의 것입니다. 인간의 욕심과 잘못된 행위의 결과를 보상하거나 은폐하기 위해 헌금을 사용하는 것은 성경은 도둑실이라고 밝혀 말씀하십니다.

지난 2월 2일 주일 예배가 끝날 무렵에 이철신 목사는 특별한 광고를 하였습니다. 그가 지난 수년 동안 계속해서 우리 교회에는 아무런 피해가 조금도 없다고 줄곧 거짓말을 해 온 방배동 교회 소유 땅 소송 문제가 사실은 교회에 엄청난 손해를 끼친 사건으로 종결되었다는 사실을 실토하였습니다.

그날 이철신 목사가 구체적으로 말을 하지 않고 얼버무렸기 때문에 일반 교인들은 도저히 알 수가 없지만, 전문한 바에 의하면 이 사건으로 인해 고발당한 우리 영락교회가 변제해야 할 금액이 무려 약 18억 원가량입니다. 또한 여러 건의 소송에 지출한 비용이 모두 대략 4억여 원이므로 도합 22억 원에 가까운 금액이 우선은 교회 헌금에서 빠져나간 형국입니다.

급하다고 해서 소송 진행에 필요한 비용을 처음부터 교회 헌금에서 빼내어 쓴 것은 잘못의 첫 단추였습니다. 이철신 목사는 당회를 열어 이 사태가 발생한 데에 대해 자기 자신을 비롯해서 장로들 모두가 책임을 져야할 것이라는 취지를 들어 당회원들이 제각각 돈을 내어 문제를 해결하기로 결정했다는 취지의 광고였습니다.

동시에 이철신 목사 자신은 책임을 느끼고 근신하고 기도하면서 2월 한 달 동안 주일 설교를 하지 않겠다는 일방적인 통보도 하였습니다. 그가 모처럼 책임을 자각한 것은 이제까지의 처신과 달리 참 다행한 일입니다.

설교는 담임 목사의 가장 중요한 임무 중 하나입니다. 설교를 하지 않겠다는 것은 이철신 목사 제멋대로의 불법 파업입니다. 그렇다면 월급을 사양해야 할 것이 아니냐고 많은 교인들이 묻고 있습니다. 어떤 사회나 공동체에서도 무노동무임금(無勞動無賃金)이 정상적입니다. 가령 교회의 다른 한 직원이 일을 하지 않으면서 월급은 그대로 챙기겠다고 하면 절대로 용인될 수 없을 것인데 꼭 같은 유급 직원인 담임 목사는 무슨 근거로 무위도식(無爲徒食, 놀고먹기)하느냐는 물음입니다. 그런데 우선은 그의 설교 중단을 반기는 교인도 적지 않은 것 같습니다. 계속 그러면 더없이 좋겠다는 소리도 들립니다.

기도는 믿는 이들이 쉬지 말고 계속해야 하는 신앙 생활 그 자체입니다. 어떤 기간과 시간을 정해 놓고 특별히 기도하겠다고 사람들이 보고 알도록 광고하면서 자기 자신을 돋보이려는 서기관과 바리새인들을 향해 예수님께서는 위선자, 뱀의 자식, 독사의 새끼들이라고 질타하시면서 저주하셨습니다.

교회 헌금에서 빼돌려쓴 22억여 원을 장로들이 갹출해서 전액 충당한다는 것은 불가능하다고 장로 자신들도 이야기하고 있습니다. 그렇기 때문에 이철신 목사는 가장 큰 책임을 져야할 입장에서 문자 그대로 한 가지 흉계를 꾸미고 있을 가능성이 있습니다. 당회가 눈감아 주면 제직회를 장악하고 있는 가짜 권사들을 부추겨 목사를 마치 하나님처럼 믿고 따르도록 길들여 놓은 일반 교인들의 모임인 공동의회의 동의를 얻어 교회 헌금을 지금 인출되어 있는 그대로 그냥 쓰고 지나가도록 은밀하게 획책하고 있는 것 같습니다.

당회원들이 특별히 목적 헌금이라는 명칭을 붙여서 모금한다고 하는 것은 참으로 어처구니없는 말장난입니다. 어떤 이름을 붙이더라도 헌금은 하나님께 드리는 것이고 일단 그렇게 하고 나면 하나님의 것이기 때문에 사람의 실수와 잘못을 덮기 위해 한 푼이라도 돌려쓰는 그것이 바로 헌금 도둑질입니다. 당회가 헌금 도둑들의 소굴이 되어 있습니다. 그래도 이번에는 상식을 잃지 않고 있는 장로들의 의견대로 모금을 무기명으로 하자고 한 결의는 올바로 잘한 것입니다. 정당한 헌금이라면 떳떳하게 이름을 쓰고 해야 할 터인데 이 일은 헌금이 아니라 사적인 추렴임을 당회도 확인한 것입니다.

그럼에도 불구하고 그렇게 기부한 모금액에 대한 헌금 영수증을 교회에 요구한다면 하나님의 금고를 노략질하는 것에 덧붙여 나라의 세금을 포탈하는 범죄행위를 저지르는 것입니다.

담임 목사를 비롯해서 교회의 모든 유급 직원은 그가 맡은 직책과 임무에 따른 민 형사상의 손해에 대한 응분의 책임이 있습니다. 때문에 유급 직원의 우두머리인 이철신 목사도 예외 없이 책임을 져야 하는 것입니다. 넉넉하다 못해 풍족하기 이를 데 없는 대우와 처우를 누리고 있는 이철신 목사는 가장 중한 직분을 맡은 사람이므로 책임을 회피할 도리가 없습니다.

유급 직원이 저지른 잘못에 대해 무보수로 교회에서 자원봉사하고 있는 장로들이 그 책임을 조금이나마 떠맡을 이유가 전혀 없습니다.

어떤 유급 직원은 지체 없이 무자비하게 해임하고 고소 고발까지 해서 징역살이와 함께 그 가정이 풍비박산(風飛雹散)되도록 만들어 놓고 그를 지도하고 감시해야 할 막중한 책임을 진 바로 그의 상급자에게는 더 엄중한 조치 대신 무한한 온정을 베풀며 감싸는 것이 공의로운 처사일 수 없습니다.

오늘은 이만 줄이며 여러분의 응답을 기다리면서 우리 주님의 크신 은총이 항상 여러분과 함께 하시기를 간절히 기원합니다.

2014.02.18

63 번째 공개서한(2013.06.09)

사탄(마귀)이 깜짝 놀랄 거짓말쟁이

믿음 안에서 한 가족인 형제자매 여러분

이웃을 해하려고 거짓 증거하지 말라는 것은 어렸을 적부터 배우고 익히고 생활화하는 가장 중요한 계명 중 하나입니다. 이철신 목사는 자진해서 법정에 출석하여 선서를 마친 후 상상을 초월한 거짓 증언을 했습니다.

교인들(시무장로 은퇴장로 시무안수집사 은퇴안수집사 서리집사 등)이 방청석을 가득 메운 법정에서 판사 검사 국선변호인이 총 육십(60) 조목의 신문을 한 중에서 이철신 목사는 무려 그 절반이 넘는 서른네(34) 가지에 대해 거짓 증언을 하였습니다.^{참고:4}

이철신 목사가 제출한 고소장은 직접 피해 사실에 대해 구체적으로 상술한 것이며 여러 번에 걸쳐 제출한 진정서와 진술서는 고소장을 보완하는 취지에서 그렇게 한 것이라고 확인 증언하였습니다. 마침내 이철신 목사는 고소 고발한 일이 없다고 제직회에서 발표하고 한 걸음 더 나아가 전체 교인들에게도 그렇게 인식시켜 마치 이철신 목사가 고소를 당해서 법정에 출석해야 하는 것처럼 주일 예배 시간에 특별히 광고를 하여 이철신 목사의 법정 불출석을 권유하고 신영오를 엄중히 처벌하라는 서명운동을 장장 두(2) 주일에 걸쳐 대대적으로 전개한 행사(10,051 명 참가)가 교인을 기만하고 우롱한 처사였다는 사실을 자백한 것이었습니다(신문 1, 2, 3, 4,

5, 6, 10). 참고: 4

장로교헌법에 관한 이철신 목사의 무지와 그에 따른 불법행위에 대한 구차한 변명이 그것을 미심쩍어하는 판사와 변호인의 집중적인 신문으로 이어지게 했던 사실을 그때 방청했던 여러분들이 다 잘 보고 들었습니다. 판사와 변호인이 목사라는 신분을 고려하여 최대한의 배려를 하며 신문하는 과정에서 이철신 목사는 오만하다고밖에는 볼 수 없을 정도로 불성실하고 불손한 태도로 답변에 임했던 것을 여러분이 지켜보았습니다.

어떤 문제가 발생하거나 제기되면 당사자들이 마주 앉아 성경을 앞에 놓고 대화로 풀어나가는 것이 정상입니다. 피고소인(신영오)은 대화를 원했는데 이철신 목사는 한사코 대화를 거부했습니다. 다 아시다시피 이철신 목사가 우리 교회에서 위임식을 한 것이 1998년 1월 18일입니다. 그런데 그전의 임지인 인천제일교회 사임서가 목사의 소속인 인천노회에서 수리된 것은 바로 그 며칠 전인 1998년 1월 5일인데 인천제일교회를 몰래 야반도주하듯이 빠져나와 우리 영락교회 목사 사택에 입주한 것은 벌써 그 전 해 1997년 11월 15일이었으며 곧 12월부터 우리 교회에서 월급을 받기 시작하였습니다.참고: 1 법정 공판 기록에 기재되어있는 이 사실에 대해 이철신 목사는 단 한 마디도 부정하지 못했습니다. 한편 그는 취임 후 4월 12일자로 행정목사 배성식을 통해 이미 약속한 면담을 일방적으로 파기한다는 내용을 문서로 전달해 주었습니다. 조금 지나 6월 3일에는 피고소인(신영오)을 교회 명부에서 제적(제명)했다는 통지문을 6월 26일 작성하여 이철신 목사와 이정호 장로의 명의로 피고소인(신영오)에게 도달하도록 하였습니다. 이후 지난 십(10) 수 년 간 단 한 차례도 대화해본 일이 없는데 이철신 목사는 여러 해 동안 여러 번에 걸쳐 심지어 자기 사무실에 불러서까지 많은 대화를 나누었다고 여섯(6) 번이나 거짓말을 하였습니다(신문 21, 22, 54가, 54나, 56, 57). 이 증언이 거짓이라는 사실은 당회원은 말할 것도 없고 직접 만나려고 교회 온 사람을 완력을 써서 억지로 밀어내곤 했던 직원들도 마찬가지로 너무나 잘 알고 있습니다.

정작 거짓말의 명수인 사탄도 감히 하지 못하는 말을 이철신 목사가 법정 공판 증언대에서 당당하게 한 것은 성경에 관해서입니다. 아무리 악마라 할지라도 하나님의 말씀에 도전하지 못할진대 이철신 목사는 하나님의 말씀을 깎아내리고 하나님께서 하지 않으신 구절이 성경에 있다고 거침없이 공언했던 것입니다. 자기의 온갖 잘못된 언행을 정당화하기 위해 참으로 엄청난 거짓말을 한 것입니다. 방청석에 앉아 있었던 사람들이 한결같이 귀를 의심했고 신앙생활 수십 년 동안 생전 처음 듣는 말이었지만 그래도 목사가 그렇게 증언하니 만에 하나 혹시나 해서 며칠 동안 성경을 다시 통독한 형제도 있었습니다. 이 서한을 받아 보시는 여러분도 마찬가지로 설마 하실 것입니다. 그래서 법정공판기록을 고스란히 그대로 옮겨 놓아 드립니다(신문 47).참고: 4

Q 크리스천은 성경말씀을 믿고 믿는 대로 행해야 하는 것이며 특히 성경에는 분명히 교인 간의 문제를 가지고 더욱이 신앙적인 문제를 가지고 세상법정에 고소, 고발하는 것을 엄격히 금하고 있다고 하는데 맞나요?
 A 성경의 한 구절은 그렇지만 또 다른 구절은 다릅니다. ……

계속 이어진 답변에서 그가 실제로는 결코 기독교인일 수 없다는 사실을 적나라하게 보여 주었습니다. 그는 이교도(異敎徒)입니다.
우리 영락교회 강단에는 지금 하나님을 면전에서 조롱하고 있는 이교도 한 사람이 목사 옷을 입고 서 있다는 사실을 직시하시기 바랍니다. 장로 열여섯(16)분이 2004년 7월 1일에 우리 영락교회에서 은혜가 떠났다고 한탄한 대로 망해버린 교회의 모습이 바로 이것입니다.참고: 2 이제는 당회가 한마음으로 누구보다 앞서 적절한 조치를 속히 취해 주시기를 강청하며 글을 마칩니다.
여러분의 응답을 기다립니다.
우리 주님의 크신 은총이 여러분과 함께하시기를 기원합니다.
2013.06.09

62 번째 공개서한(2013.03.03)

장로(당회원)의 종류(種類)와 책무(責務)

믿음 안에서 한 가족인 여러분

작년과 금년에 보내드린 서한에 대한 회답을 기다립니다. 속히 응답해 주시기 바랍니다.

성경을 근거로 한 대한예수교장로회헌법에 따르면 당회의 회원이 되는 장로는 두 가지가 있는데 교회의 치리를 맡은 사람을 장로라 하고 그리스도의 말씀으로 그리스도의 어린 양인 교인을 가르치고 교훈하며 치리도 하는 장로를 목사라고 합니다. 바꾸어 말하면 행정을 맡은 교인은 그냥 장로이고 행정과 경영을 둘 다 맡은 장로를 목사라고 합니다. 목사는 교인을 교육할 책임이 있습니다. 장로는 모두 교인들이 선출하거나 청빙한 청지기입니다. 장로는 헌법을 잘 알아야 합니다.

위에서 언급한 것들은 헌법 책에 나와 있는 것을 반복한 것에 지나지 않고 상투적입니다. 실제로 장로의 종류와 책무를 직설적으로 더욱 쉽게 정리하면서 우리 교회의 문제들을 심각하게 구체적으로 고찰해 보아야겠습니다.

1. 장로는 우리 교회에 속한 교인으로서 주님을 섬기는 청지기입니다. 목사는 우리 교회 교인이 아니고 교회 밖에서부터 청빙된 나그네 청지기입

니다. 목사의 소속은 노회입니다. 우리 국어사전에는 청빙(請聘)이라는 단어가 없습니다. 초청(招請)과 초빙(招聘)이라는 두 단어를 합쳐 극진한 예를 갖추어 모시고 대접한다는 뜻으로 교회에서만 쓰는 어휘입니다.

　2. 목사를 청빙한 교인 대표인 장로는 교인의 위임을 받아 목사에게 월급을 지급하는 고용주이고 청빙되어 봉사하는 목사는 피고용인입니다. 우리 영락교회의 주인은 어느 목사가 아니라 바로 여러분 교인들이라고 간곡하게 힘주어 거듭거듭 외치시던 한경직 목사님의 목소리가 지금 이 순간에도 귀에 쟁쟁합니다.

　3. 목사는 그리스도의 양인 교인을 주님의 뜻에 따라 교육하고 교훈하는 선생이고 장로는 다른 모든 교인과 더불어 배우고 익혀 실천하는 학생입니다. 목사는 바른 학식과 함께 온유한 품성이 있어야 합니다. 피교육자를 깔보면 절대 안 됩니다. 목사는 예수님을 본받아 교인을 위한 희생양이 된 사람입니다. 자기의 이익을 위해 교인을 희생양으로 삼는 목사는 저주(천벌)받을 사이비입니다.

　4. 목사의 가르침과 교훈은 성경 말씀에 따라서 이루어져야 하며 솔선수범해야 합니다. 언행이 일치되지 않은 목사는 사이비입니다. 목사의 가르침과 교훈을 따르는 장로도 솔선수범해야 하며 목사와 장로는 서로 살펴서 교인의 본이 되어야 합니다. 목사와 장로는 별난 무슨 특권층이 아닙니다.

　5. 목사는 헌금에서 월급을 받으며 교인을 섬기는 나그네이며 장로는 그 수고의 대가를 내는 주인이므로 손님인 목사는 장로와 교인의 눈치를 살펴야 합니다. 장로가 목사의 눈치를 살펴 어떤 말도 못 하고 해야 할 일도 못 한다면 주객이 전도된 것입니다. 그런 교회는 망해버린 교회입니다. 눈

치를 보아야 한다면 하나님의 눈치만 보아야 합니다.

6. 당회의 결의 사항은 성경 말씀과 대한예수교장로회헌법에 어긋나지 말아야 합니다. 어긋나느냐 아니냐의 판단은 목회전문 교육과 훈련을 받은 목사의 몫입니다. 잘못된 판단과 결정에 관한 책임은 전적으로 목사에게 있습니다. 장로는 학생이고 목사는 수고비를 받는 목회 전문가 선생이기 때문입니다.

7. 교회의 직분은 직분일 뿐입니다. 목사 장로 집사가 계급이 아닙니다. 그러므로 목사는 특히 나이 많은 교인들에게 먼저 허리 굽혀 인사해야 합니다. 장로도 마찬가지입니다. 전보다 더 겸손하고 어른들을 알아보며 먼저 인사해야 합니다. 여러분은 자진해서 교인을 섬기기로 하나님과 사람들 앞에서 서약한 사람들입니다. 잘난 체해야 할 일이 전혀 없는 사람들입니다.

8. 장로들은 나그네로 청빙되어 일하는 목사가 실수하는 일이 없도록 살피고 권면하며 도와야 합니다. 위임받은 목사가 아집과 무책임한 언동을 하여 교회의 평화를 해치고 교인들 사이에 반목을 조장하며 사탄의 사역을 한다면 그의 소속인 노회에서 권징을 통해 책벌해야 합니다. 담임 목사직이 속칭 철밥통이 아니며 교회와 교인은 목회하는 목사의 봉(鳳)이 아닙니다.

9. 목사가 그리스도를 봉사하는 종이라는 것은 사람을 섬기는 종이 될 때라야만 가능합니다. 교인들을 주인으로 섬기고 그들의 발을 씻어주는 머슴이라는 사실을 한시도 잊지 말아야 하는 사람들이 장로이며 그 모범을 보여 주어야 하는 사람이 교인의 헌금으로 살아가는 목사입니다. 머슴은 거짓이 없고 정직해야 합니다. 목사는 소명의식, 장로는 주인의식을 항상

지녀야 합니다.

  10. 장로는 양의 옷을 입고 나오는 거짓 선지자와 의의 일꾼이라는 탈을 쓰고 사람들을 속이면서 광명의 천사로 가장한 사탄의 일꾼을 잘 분별해야 합니다. 하나님께 바친 교회의 모든 자원과 재원의 극히 일부분이라도 행여 사탄의 활동을 돕는 데 쓰이는 일이 절대 없어야 할 것입니다.

  이런 서한을 보내는 목적은 우리 교회의 현실을 돌아보기 위한 것입니다. 여러분께서 더 먼저 살피시고 한발 앞서 실행해 주시기를 기대합니다.

  여러분께서 응답해 주시기 바라며 평안을 기원합니다.
2013.03.03

  PS. 이 서신에 관한 사실과 근거가 되는 것은 이 전의 서한(56, 57)에 첨부한 법정문서인 (1) 그는 누구이며 무엇인가, (2) 입증서류, (3) 공개서한 등입니다.

61 번째 공개서한(2013.01.27)

사이비 목사의 까닭 모를 적개심

믿음 안에서 한 형제자매인 여러분
이철신 목사가 아무런 근거도 없이 피고소인(신영오)를 고소 고발했다는 사실은 다음과 같은 법정 진술을 통해 스스로 분명히 인정했습니다 참고: 4

심문: 증인(이철신 목사)이 그런 서한(피고인이 보낸 서한)을 피고인으로부터 받고 어떤 조치를 취했는지 기억나는 것이 있나요.
답: (이철신 목사) 기억나지 않습니다.

그리고 이미 지난번에 말씀드린 대로 이철신 목사는 자기가 알지도 못하는 것을 곁들여 피고인을 중상 음해하면서 손해배상금 5억 원을 청구했지만 참고:10 피고인이 "사이비 목사 거짓말쟁이 패륜아"에 대해 법정에 제출한 예순두(62) 가지의 진술과 그 근거에 대해서는 한 마디도 변명하거나 단 한 가지의 증거도 부인하지 못했습니다. 그러면서도 "담임 목사(이철신 목사)를 사이비라고 하는 것은 영락교회를 사이비 교회라고 하는 것이요 더 나아가 기독교 전체에 대하여 망신을 주는 행위"라고 하였습니다. 똑같은 주장을 되풀이하면서 무려 여섯(6) 차례 이상에 걸친 고소 고발장과 피고인에 대한 엄벌을 촉구하는 진정서를 재판부에 보냈던 것입니다. 자신은 성직자라고 자처하며 법정 출두를 거부하는 등 온갖 범법 행위를 버젓이 다 하면서 심지어 여기에 교인들까지 거짓말로 교묘하게 속이며 선동하여 동원하면서 말입니다. 참고: 4

검찰과 법원이 이철신 목사의 고소 고발은 이철신 목사 개인 문제일 뿐이라고 분명히 규정했는데도 불구하고 교회를 끌어드리고 기독교 전체에 대한 문제라고까지 황당무계한 억지 주장을 펴면서 막대한 헌금을 소송 사건에 투입했던 것입니다. 이런 행위가 곧 헌금(하나님의 금고)도둑질이라고 성경은 밝히 지적해 주고 있습니다.

사실 피고인이 작성하여 발송한 '영락교회 당회에 보내는 공개서한'은 쉰다섯(55) 차례나 되지만 여러분들께서 읽어 보시는 대로 그 내용이 성서적으로나 장로교 신학의 관점에서 볼 때 지극히 타당한 사안들입니다. 이철신 목사가 피고인의 공개서한을 대하고 조치를 취할 여지가 전혀 없었던 것이요 따라서 기억이 없는 것입니다. 그럼에도 터무니없이 고소 고발하였습니다.

역대 우리 영락교회 담임 목사 중에 이철신 목사처럼 교회 재정(헌금)에 막대한 손실을 끼친 예가 없었습니다. 더욱이 목사가 교인을 걸어 국법에 고소 고발한 일은 상상조차 할 수 없었던 것이 우리 교회입니다. 이철신 목사 이전의 몇 분 목사들이 모두 정해진 나이(정년) 이전에 사임했던 부끄럽고 아픈 기록을 가지고 있는 교회가 우리 영락교회입니다. 그분들은 자기 자신이 저지른 잘못이 아니라 교인과 당회의 허물을 대신 지고 희생적인 신앙의 결단을 내려 오로지 교회의 화평을 위해 그렇게 한 것이었습니다. 그런데 이철신 목사는 자기의 무능과 무책임에서 빚어진 여러 가지 사건과 사고를 모두 남에게 미루고 응당히 져야 할 책임을 한사코 회피하면서 그 자리를 그냥 필사적으로 붙들고 있습니다. 영락기도원 신축 공사에서 허비된 수십억 원에 달하는 헌금, 지금 이 시각에도 계속되고 있는 방배동 토지 문제로 촉발된 소송 사건의 막대한 재판비용, 그리고 자기의 명예훼손 손해배상소송 등 등에 이르기까지 그 비용이 엄청난 금액이라는 사실을 누구나 쉽게 짐작해 볼 수 있습니다. 당회는 그 내역을 낱낱이 교인들에게 밝혀야 합니다.

　이철신 목사는 교회 헌금을 탕진하는 데 있어서 조금도 주저함이 없습니다. 그처럼 교인 수가 많고 부유한 교회라고 해서 목사가 마치 무슨 특권을 가진 사람인 양 자기 멋대로 행세하며 살고 있는 것이 바로 한국기독교(개신교)의 타락부패상인 것입니다.

　주일 예배 전후에도 교인을 피해 변두리로만 다니면서 교인과의 접촉과 소통을 될수록 멀리하면서도 자진해서 만나는 교우들도 있는데 그들은 대개가 돈 있는 사람들이라는 빈축을 받고 있는 것도 유념해야 합니다. 해마다 항존직 선거가 끝나면 이철신 목사 부부 단둘이서 피택된 분들의 가정을 심방하여 예배드리고 향응을 받으며 금품을 수수하니까 당사자들이 매우 곤혹스러워 한다는 수군댐도 교회 안에 파다합니다. 이렇게 봉투(촌지) 주고받는 행위는 우리 사회에서 가장 잘못된 악습 중 하나입니다. 그러면서 피택된 교인이 앞으로 당회원이 되었을 때를 대비해서 자기에게 충성할 것을 은근히 종용하고 기대하기 때문이라는 말들도 떠돌고 있습니다. 이전에 '이사모', '철사모'니 해서 이철신 목사 가족이 연루되었던 불미스러운 사건들의 전모가 생생하게 남아있습니다. 교회에서 넉넉한 사례를 받고 있는데도 이런 식으로 금품을 걷었다면 지금에라도 교회에 반환하고 이래서는 안 된다는 다짐을 스스로도 하고 교인들에게도 그렇게 가르쳐야 할 것입니다.

　지난번 서한에서 이철신 목사의 설교를 사이비라고 평했었는데 그가 행하는 예배 순서 끝의 축도도 참으로 괴상합니다. 어법상으로도 맞지 않는 횡설수설이어서 매우 혼란스럽습니다. 기도와 축도는 다른 것입니다.

　여러분의 응답을 기다립니다.

　주님의 크신 은총 속에서 평안하시기 바라며 저주받을 목사도 속히 회개하기를 간절히 기원합니다.
2013.01.27

PS: 이 서신에 관한 사실과 근거가 되는 것은 이전의 서한(56, 57)에 첨부한 법정문서인 (1) 그는 누구이며 무엇인가, (2) 입증서류, (3) 공개서한 등입니다.

60 번째 공개서한(2013.01.20)

사이비 목사의 사이비 설교

믿음 안에서 한 형제자매인 여러분

외형만 남고 은혜가 떠나 망해버린 우리 영락교회 성도들의 영적 갈급을 거론한 2004년 7월 1일 자 '영락교회 서명(署名)한 장로 일동'이라는 문서는 역사적으로나 현실적으로 매우 중요한 의미를 지니고 있습니다. ^{참고: 2}

여러분이 느끼는 것은 여러분만이 그런 것이 아니고 많은 성도들의 영적 갈급을 대변하고 있습니다. 갈급함을 참을 수가 없어서 우리 교회를 떠나 유리방황하는 성도들이 얼마나 많은지 여러분이 잘 아십니다. 더러는 여러분 가족 중에서도 마찬가지일 것입니다. 이철신 목사는 이와 같이 가족을 분열시켜 부모와 자녀 심지어는 부부 사이에서도 출석하는 교회가 다르게 될 지경으로까지 갈라놓았습니다.

매년 연말이 가까워 오면 전도(선교)운동을 한다고 거창한 행사를 대대적으로 하지만 전체 교인 수는 오히려 줄어든다고 합니다. 그것을 걱정했더니 이철신 목사가 그렇게 숫자 따지는 장로를 핀잔주어 잠잠하게 만들었다는 말도 들립니다. 전도와 선교는 숫자놀음입니다. 단 한 영혼이라도 더 믿도록 인도하기 위해 땅 끝까지라도 가라고 하는 것이 예수님의 명령입니다. 이철신 목사는 선교활동의 기본을 저버렸습니다.

교회에서 영적 갈급이 발생하는 것은 여러 가지로 길게 말할 것도 없이 영의 양식으로 삼을 만한 것이 이 교회에 존재하지 않기 때문입니다. 더 간단히 말하면 목사의 설교가 부실해서 영양가가 없다는 뜻입니다. 그래서 교인들이 떠나는 것입니다. 우리 교회의 설교가 많이 모자라서 영의 양식으로 취할 만한 것이 없다는 사실은 처음으로 이 교회에 인도받아 들어온 새 신자들이 더 빨리 압니다. 그렇게 힘들여 인도한 초신자들인데 설교가 부실해서 더 이상 출석하기 싫다고 하는 데에야 어쩔 도리가 없는 것입니다. 웬만한 보통 교육을 받은 사람이라면 신불신을 막론하고 이철신 목사의 설교가 불량품이라는 사실을 여러 번 들어보지 않아도 곧 알게 된다는 지적입니다.

이철신 목사의 설교는 성경 본문을 읽고 똑같은 본문을 암송하고 거듭 암송하며 믿으라고 소리 높여 강조하다가 성경책을 펴서 다시 읽고 그래도 시간의 여유가 있으면 회중과 함께 읽고 또 읽는 것이 거의 전부입니다. 그런 것은 설교가 아닙니다.

설교는 성경본문 말씀을 읽고 그 말씀을 풀어 해석하고 말씀의 뜻을 설명해 주어 교인들로 하여금 일상생활에서 그 말씀이 어떻게 적용되어야 하는지를 가르쳐 주는 것이어야 합니다. 그 가르침이 없는 설교는 설교가 아니며 성경 본문으로 포장한 빈 상자일 뿐입니다. 그런데 가끔 하는 다른 이야기들조차 전혀 성경 말씀과는 관련이 없고 때로는 비성서적이요 이단적인 내용이 대부분이라는 점도 여러분이 잘 간파하고 있는 바와 같습니다. 글을 겨우 읽을 줄 아는 초등학교 학생이나 중학교, 고등학교, 대학교 대학교수, 신학박사 그리고 모태 신앙에서부터 100살이 넘도록 신앙생활을 하는 사람들이 다 같이 글자 하나 틀리지 않는 똑같은 성경을 읽습니다. 유년주일학교에서부터 시작해서 어른들이 드리는 예배에서도 똑같은 본문 말씀을 정하고 읽지만 설교는 그 대상에 따라 내용이 달라야 합니다.

대학 이상을 졸업한 사람만이 신학교에 입학할 수 있는 것은 모든 사람을 상대로 그 사람의 형편과 사정 그리고 수준에 맞는 설교를 할 수 있도록 하기 위함입니다. 그런데 이철신 목사는 이런 교육과 훈련을 전혀 받지 않은 듯 기본이 결여되어 있습니다. 목회할 자격이 갖추어져있지 않습니다.

이철신 목사는 설교 아닌 설교를 끝내고 기도하면서 다시 성경본문 말씀을 반복합니다. 처음서부터 끝까지 성경 암송이나 하는 것이라면 차라리 유치부 어린이들을 여럿 강단 위에 세우고 성경 구절을 암송하게 하는 것이 오히려 귀엽고 재미있고 더 교육적일 것입니다.

이철신 목사는 성경본문 말씀을 그대로 믿고 복 받으라는 말로 설교를 끝 매김 합니다. 늘 똑같은 결론이요 똑같은 말입니다. 좀 쉽게 이야기 하면 예수천당 불신지옥이라는 노방전도 외침에서 한 치도 벗어나지 않습니다. 이미 신앙 고백을 하고 세례를 받아 하늘나라의 성도들과 동등한 지위를 얻고 하나님의 권속이 된 사람들에게 아무런 해석도 해주지 않고 가르침도 없이 성경본문 말씀을 믿으라고만 말하는 것은 하나마나 들으나마나 한 소리입니다. 그 시간이 아깝고 영의 굶주림을 더할 뿐입니다. 더구나 설교시간 몇 분 전에 사도신경으로 신앙 고백한 성도들에게 믿으라고 거듭 거듭 외치는 것은 참으로 우스꽝스럽습니다.

우리 영락교회 강단에 설교답게 설교하는 목사를 세우시기 바라며 당회원 여러분에게 강력히 요청합니다.

여러분의 응답을 기다립니다. 내내 주님의 은총 속에서 평안하시기 바랍니다. 2013.01.20

PS: 이 서신에 관한 사실과 근거가 되는 것은 이전의 서한(56, 57)에 첨부한 법정문서인 (1) 그는 누구이며 무엇인가 (2) 입증서류 (3) 공개서한 등입니다.

59 번째 공개서한(2013.01.06)

저주(천벌)받을 목사 청빙하고
망해버린 우리 영락교회

믿음 안에서 한 형제자매인 여러분

새해를 맞아 여러분에게 하나님의 크신 은총이 풍성하시기 바라며 우리 교회가 다시 소생하여 새로워지게 되기를 간구합니다.

무릇 손님으로 들어온 사람이 주인을 짓밟고 횡포부리면서 심지어는 주인 가족을 내쫓고 그 집 재산으로 호의호식한다면 그 집은 망한 집이라고 일컫습니다. 외국인이 어떤 나라에 들어와 국권을 장악하고 국민을 탄압하며 세금을 마구 쓰면서 자기들의 욕심을 채우고 있다면 그 나라는 망한 나라입니다.

"이철신 목사는 1998년 1월 18일 영락교회 담임목사로 위임 후 6년 반 기간의 목회내용을 평가하건대, 교세는 날로 하향곡선을 그어 외형만 남게 되어 이제는 더 이상 방치할 수 없는 상황에 이르고 있다. 제직들과 성도들은 물론 심지어는 성경반에 이르기 까지 철저하게 분열시켜 놓았으며, 무능과 독선과 편파적인 아집으로 교회에 은혜는 떠났고, 상호 반목과 불신 그리고 영적갈급만을 초래하고 있다."는 이 문장은 2004년 7월 1일 '영락교회 서명(署名)한 장로 일동'이 발표한 문서의 모두 발언을 그대로 옮겨 적은 것입니다. ^{참고: 2}

외형만 남고 교회에서 은혜가 떠났다는 것은 망해버린 교회라는 뜻입니다. 교인을 분열시켜 놓고 상호 반목과 불신을 조장하는 것은 바로 사탄의 역사임을 성경은 분명히 가르쳐 주고 있습니다. 위 문서는 계속해서 이철신 목사 부임 이후 교회 안에서 벌어지고 있는 여러 가지 온갖 사탄의 역사를 조목조목 적시하였습니다. 그 사탄의 역사는 현재도 진행 중인 것을 여러분 모두가 보고 있습니다.

이철신 목사의 취임 자체가 불법인 것과 성경과 성경 말씀에 입각한 장로교헌법에 어긋나는 그의 언행을 지적하며 시정을 요구하는 것에 대해 그 정당한 요구를 마냥 방치하고는 도저히 견디어 낼 수 없었던 이철신 목사가 마침내 화인 맞은 신앙 양심을 드러내어 세상의 법을 악용하며 수단 방법을 가리지 않고 억압하려 획책한 것이 그의 고소 고발이며 더 나아가 교인들을 속이고 불법행위에 가담하도록 선동하고 동원했던 사실을 여러분들이 다 잘 알고 있습니다.[참고: 4, 10]

교회에서 매달 발간하는 "만남"지 2011년 신년호(1월)에는 이철신 목사가 세상법정에 고소 고발한 경위와 이유가 공표되어있습니다. 다름이 아니라 이철신 목사에 대해 '사이비 목사 거짓말쟁이 패륜아 이철신 물러가라 대한예수교장로회 영락교회'와 같은 내용이 기재된 현수막을 차량 또는 몸에 부착하고 시위를 하기 때문이라는 것이었습니다.

대단히 유감스럽게도 이 지경에 도달하게 되었음으로 이철신 목사가 왜 사이비 목사이며 무슨 거짓말을 하였으며 무슨 패륜행위를 저질렀기에 영락교회에서 물러가라고 했는지를 부득불 대략적으로나마 급히 정리하여 법원에 제출할 수밖에 없었고 그 진술서는 증빙서류와 함께 대한민국 법정 기록으로 남아있게 된 것입니다. 거기에는 25개 항목으로 이철신 목사가 사이비 목사라는 것이 논증되어 있으며 구체적으로 그가 저지른 12가지의 거짓말이 인용되어 있고 그의 패륜행위에 관한 25건의 사례가 열거되어 있습니다. 모두 62 조목이 증빙서류와 함께 철해져 있는 것을 관심 있는 분들이라면 누구든지 쉽게 열람할 수 있습니다.

이철신 목사는 피고소인이 자신을 변호하기 위해 작성하고 법원에 제출한 62가지 항목 중에서 어느 단 한 가지도 부인하지 못했습니다. 법정에서 이철신 목사가 몇 심문 사항에 대해 답변을 했지만 그것들은 모두 거짓 증언이었다는 것을 누구보다 여러분이 더 잘 알고 있습니다.

이철신 목사는 손님으로 청빙되어 목회하고 있는 교회에서 자기 비위에 맞지 않는다고 하여 무고한 교인을 함부로 처벌하고 이에서 그치지 않고 교인 명부에서 이름을 지워버리는 극악한 일까지 하고서도 뉘우치기는커녕 점점 더 사탄의 사역을 도모하는 언동을 지속하고 있습니다. 여러분이 이미 선언하고 지적한 바로 그대로 이철신 목사에 의한 사탄의 역사가 현재 진행 중이라는 사실을 거듭 밝히며 여러분을 일깨워 드리고자 하는 것이 이것을 비롯해서 앞으로 이어질 서한의 목적입니다.

이미 법정에 제출한 "사이비 목사 거짓말쟁이 패륜아"에 대한 62가지 외에도 이철신 목사가 자진해서 법정에까지 쫓아 나와 거짓 증언을 많이 했으므로 그것들을 모두 하나하나씩 분명하게 들어 밝혀야 할 계기가 되었습니다. 그렇게 해야만 우리 교회 교우들은 물론이고 비록 이 교회 교인은 아니라 할지라도 깊은 관심과 우려를 가지고 영락교회를 주시하고 있는 많은 사람들이 소송사건의 실상을 알게 될 것입니다. 이런 과정이야 말로 교회가 그 본연의 모습을 되찾을 수 있는 필수불가결한 전제 조건일 것입니다.

여러분의 회답을 기다립니다. 주님의 크신 은총 속에서 평안하시기 바랍니다. 2013.01.06

PS: 이 서신에 관한 사실과 근거가 되는 것은 이 전의 서한(56, 57번)에 첨부한 법정문서인 (1) 그는 누구이며 무엇인가, (2) 입증서류, (3) 공개서한 등입니다.

58 번째 공개서한(2012.08.15)

저주(천벌)받을 목사와 그 패거리들의 욕심과 교만

믿음 안에서 한 형제자매인 여러분

 금년 들어 이미 보내드린 서한(56번과 57번)에 대한 여러분의 응답을 기다리며 이 글을 송부합니다.

 욕심이라는 말이 나오면 여러분은 곧 "욕심이 잉태한 즉 죄를 낳고 죄가 장성한 즉 사망을 낳느니라."라는 성경 말씀을 떠올리실 것입니다. 유년주일학교 때부터 줄곧 듣고 외우고 배운 말씀이기 때문입니다. 그리고 교만이라는 단어 역시 "교만은 패망의 선봉이요 거만한 마음은 넘어짐의 앞잡이이니라."라는 잠언의 말씀으로 금방 기억해 내실 것입니다.

 하나님의 말씀인 성경에 없는 구절을 만들어 가르치고 실행하는 사람은 하나님을 거역하고 대적하는 존재이기에 저주받을 것이라고 성경에 기록되어 있습니다. 저주(咀呪)는 천벌(天罰)이라는 뜻입니다. 비로소 이제는 여러분이 잘 아시는 바와 같이 이철신 목사는 성경 어디에서도 도저히 찾아볼 수 없음에도 불구하고 그런 구절이 있다고 주장하는 것으로 국가의 공개 법정에서 하나님을 거역하고 대적하였습니다. 그리고 교인들을 선동하고 동원해서 거기에 찬동하도록 서명 운동을 벌였던 것입니다.^{참고: 4, 11}

 세상에는 명예를 얻는 것이 삶의 최종 목표인 사람들이 많습니다. 명예가 최고의 인생 목표라고 하는 종교도 있습니다. 그런데 성경은 이와는 완전히 반대되는 것을 가르칩니다. 명예라는 것은 사람들이 판단하여 부여해 주는 것입니다. 예수님께서 어떤 부류의 사람들을 향해 '뱀의 아들, 독사의 새끼들'이라고 질타하셨을 때 그들은 명예를 추구하며 사람들에게 잘 보이려고 애쓰며 칭찬을 듣기 위해 행동하는 사람들이었기 때문이었습니다.

신약성경이 쓰인 헬라어의 δόξα라는 단어는 영광 명예 칭찬 숭배 찬양 경배 등의 뜻을 가지고 있는데 이 한 단어가 영광, 명예,칭찬 등으로 다르게 번역되어 있지만 이 단어는 오로지 하나님에게만 주어진 것임을 성경은 분명하게 강조합니다.

하나님의 존귀하심과 그의 명예를 탐하다가 저주를 받아 지옥으로 떨어진 천사가 바로 사단(마귀)이라고 성경은 거듭거듭 일러 주고 있습니다. 하나님에게만 속한 명예를 탐하는 것은 하나님과 동등하게 되고자하는 욕심이라고 성경은 말씀하십니다. 믿음이 있다고 하는 사람이라면 자기의 영광이니 명예니 하는 말을 입 밖으로 절대 내놓을 수 없는 낱말입니다.

사람에게 가장 무서운 욕심이 바로 명예욕이라고 일컬어집니다. 명예욕은 인생에 있어서 치명적인 욕심입니다. 그 사실을 누구보다 잘 아는 마귀가 예수님을 시험했을 때도 세상의 영광, 명예를 내걸었던 것입니다. 명예는 오직 한 분이신 하나님에게만 올려 드려야 하며 그만을 경배해야 하는 것입니다. 믿는 사람은 생명을 걸고 명예욕의 마수(魔手)에서 빠져나와야 합니다.

'존귀 영광 모든 권세 주님 홀로 받으소서,' '멸시 천대 십자가는 제가 지고 가오리다.' 하는 찬송을 신학교 시절 수없이 부르며 공부했었을 사람이 지금 와서는 자기의 명예를 지키기 위해 하나님을 대적하면서 교인을 지옥의 자식으로 만들고 있는 이 목사 그는 과연 어떤 존재입니까?

천사가 얼마나 교만했으면 하나님과 동등하게 되려고 했었나를 생각해 보면서 저주받을 목사의 언행을 비교해 보면 그 둘이 잘 부합함을 알게 됩니다. 여러분들이 손쉽게 펼쳐 볼 수 있는 법정기록에 나타나 있는 대로 그는 자기의 명예를 훼손하고 모욕하는 것은 그가 시무하고 있는 영락교회

뿐만 아니라 더 나아가 기독교계 전체에 망신을 주는 것이라고까지 주장하였습니다. 영락교회가 자기의 개인 소유입니까? 인간인 자기 자신의 명예를 훼손하고 자기를 모욕하는 것이 곧 하나님의 영광, 명예를 그렇게 하는 것과 같은 것이라고 생각하고 있는 이 사람의 정체가 대체 무엇입니까?
참고: 4

  자기 자신을 하나님과 거의 동일시하는 이 교만한 사람이 인간을 대할 때 얼마나 오만불손할지는 짐작해 보기 어렵지 않습니다. 아무리 나이가 많은 어른일지라도 듣기 싫은 말을 할 만한 사람은 좀처럼 만나지 않습니다. 어쩌다가 만나서 대화를 한다 해도 절대로 책임 있는 답변을 하지 않고 그냥 무시해 버립니다. 사랑으로 충고하며 잘못을 고치라고 말하는 사람은 그 말을 듣지도 않을 뿐더러 오히려 원수시합니다. 혹 어떤 교인이 전화로라도 자기 귀에 거슬리는 말을 할까봐 전화 번호는 절대 비밀입니다. 사택 전화는 말할 것도 없고 휴대 전화 번호도 그렇습니다. 물론 그가 살고 있는 호화 주택의 주소는 교회의 어느 공개 문서에도 보이지 않습니다. 혹 나타나 있는 전화 번호나 주소가 있다면 그것들은 모두 허위입니다.

  여러분 당회원 중에 이철신 목사의 자택이나 휴대 전화 번호를 알고 있는 사람이 몇이나 됩니까? 물어보면 한결같이 모른다고 대답하는 말 밖에는 들어보지 못했습니다. 여러분은 이 교회의 주인 노릇을 하는 이들로서 그에게서 섬김을 받고 있습니까, 아니면 그에게 비굴하게 허리 굽혀 그를 섬기고 있습니까? 성경말씀에만 순종하며 서로 잘 섬기고 있습니까? 교인들에게는 문자 그대로 전화 번호까지 철저하게 숨기면서 어떻게 교인들을 섬기고 있는지 돌아보는 것도 역시 당회원들의 임무라는 사실을 알고 계십니까?

  저주받을 목사가 헛된 명예를 추구하며 하나님을 거역하는 일을 거리낌 없이 하는데 교회가 마귀의 하수인 같은 그런 사람을 위해 넉넉한 생활비와 활동비를 헌금에서 계속 빼내어 지출하는 것이 옳은 일이라고 여기십니까?

여러분의 응답을 기다립니다. 교인을 지옥의 자식으로 만들고 있는 천벌 받을 목사의 결단과 회개를 기대하면서 여러분 모두에게 하나님께서 크신 은총 드리워 주시기를 간절히 기원합니다.
2012.08.15

PS: 이 서신에 관한 사실과 근거가 되는 것은 이 전의 서한(56, 57번)에 첨부한 (1) 그는 누구이며 무엇인가, (2) 입증서류, (3) 공개서한 등입니다.

57 번째 공개서한(2012.05.27)

저주받을 목사와 그 패거리들의 노름판

믿음 안에서 한 형제자매인 여러분

이철신 목사가 여러 건의 소송을 제기하고[참고: 4, 10, 8] 직접 공개 법정에 출두하여 증언한 기록을 읽고 특히 그 자리에 방청객으로 참관했던 장로들을 비롯한 교우들은 그가 성경과는 다른 복음을 말하며 실천하고 있는 사람임을 확인하셨을 것입니다. 성경 외에 다른 복음을 전하면 저주를 받을 것이라는 말씀도 여러분은 벌써 오래 전부터 다 읽어 잘 알고 있을 것입니다.

이철신 목사를 향한 신문 즉, "크리스천은 성경말씀을 믿고 믿는 대로 행해야 하는 것이며 특히 성경에는 분명히 교인 간의 문제를 가지고 더욱이 신앙적인 문제를 가지고 세상 법정에 고소, 고발하는 것을 엄격히 금하고 있다고 하는데 맞나요."라는 질문에 대해 이철신 목사는 "성경의 한 구절은 그렇지만 또 다른 구절은 다릅니다."라고 대답하면서 신앙적인 관점에서 신문하는 것에 대해 항변하는 광경을 여러분이 똑똑히 보셨습니다. "또 다른 구절"이 성경 어디에 있는지 그는 공개적으로 모든 사람들 앞에서 밝혀야 합니다. 자기 나름대로 새로 쓴 다른 경전을 가지고 있는 것이 틀림없습니다. 저주받을 목사요 그를 추종하는 무리 역시 그와 함께할 사람들임을 대담무쌍하게도 법정에 나가서까지 공언하게 된 지경에 이를 정도로 그들의 노름판이 된 것이 우리 교회입니다.

　노름판에는 판돈이 필요합니다. 소송을 거는 것은 많은 면에서 도박에 비유됩니다. 소송에서 이길 수도 있고 질 수도 있기 때문입니다. 그것보다 더 유사한 것은 돈이 든다는 것입니다. 돈 없이는 도박에 뛰어들기가 어렵습니다. 이철신 목사와 그 일당은 돈 걱정은 조금도 하지 않는다면서 소송을 벌였습니다. 교회 헌금에서 얼마든지 조달할 수가 있다고 장담하였습니다. 실제로 지극히 개인적인 사안을 교회를 비롯해서 기독교에까지 연좌시키면서 헌금에서 소송 비용을 지출했고 소송이 계속되어 고등법원과 대법원까지 간다고 하더라도 그 비용이 얼마가 될지 모르지만 얼마가 되던 자기네들은 조금도 신경 쓸 일이 없다고 하였던 것입니다. 돈이 얼마나 들던 유능한 변호사를 선임해서 모두 맡기고 그저 구경만하고 있을 것인데 피고소인은 거기에 대응할 만한 돈도 없고 재산도 없으니 하나 있는 집도 다 팔고 알거지가 되어 길바닥에 나앉을 수밖에 없을 것이라고 하였던 것입니다.[참고: 4] 말 그대로 유전무죄(有錢無罪) 무전유죄(無錢有罪)가 속세의 법이라고 큰소리치며 세상 법정에 한꺼번에 4건이나 소송을 벌였던 정황을 여러분이 누구보다 잘 알고 있습니다. 그러면서 이철신 목사와 극소수의 그 패거리들은 당회에는 사건의 진상을 숨겨 장로들조차 모르게 하고서 제직회에서는 거짓말을 하고 주일 예배 시에는 광고를 통해 교인들을 선동하여 목사법정불출석권유서명운동을 독려했던 것 아닙니까?[참고: 4]

　이철신 목사는 서명 운동 결과를 빌미로 하여 재판관에게 자기는 성직자이기 때문에 법정에 나갈 수가 없다고 통지하고 머뭇거리며 2번씩이나 소환통지를 무시하였던 것입니다. 결국 3달 만에야 지난 번 불출석은 해외 선교 출장 관계로 그렇게 했으니 죄송하다고 하면서 이번에는 꼭 출석하겠다고 통지서를 보내는 등 비굴하고 치사하기 이를 데 없는 행동을 하였던 것입니다.[참고: 4] 법 앞에서는 모든 사람이 평등하다는 헌법 정신을 도외시하고 교인들을 선동하여 정당한 공무 집행을 방해하는 이런 사람은 대한민국을 당장 떠나야 할 것입니다.

그는 공개 법정에서 무책임한 답변을 전개하고 피고소인에 대한 근거 없는 중상모략을 위한 거짓 증언을 거침없이 내뱉음과 동시에 당당한 태도로 성경 말씀을 깎아 내리면서 성경과는 다른 복음을 주장하며 자기 자신이 곧 저주 아래 있는 사람임을 겁 없이 공표했던 것 아닙니까?

  이 사람에게 일반인은 꿈도 꾸지 못할 만큼 비싸서 가격이 십수 억에 달하고 궁전(宮殿-palace)이라는 이름 까지 붙은 최고급 아파트를 제공해 주고 거기서 교인들과는 아예 담과 벽을 쌓은 채 호의호식하도록 계속 방조할 것입니까? 주님께 드린 교회 헌금이 이렇게 쓰여서는 절대로 안 된다는 사실을 아직도 깨닫지 못하고 있습니까?

  지난번 보내드린 공개서한(56)에 대한 여러분의 응답을 기다리며 오늘은 이만 줄이려 합니다. 이철신 목사가 누구이며 무엇인가에 관해서 좀 더 자세하고 구체적으로 말씀드릴 기회를 앞으로 갖겠습니다.

  하나님께서 여러분에게 시혜와 용기를 허락해 주시며 저주 아래 있는 사람에게 회개할 수 있는 기회와 은총을 내려주시기를 간절히 기원합니다.
2012.05.27

  PS: 쉽게 참고하시기 위해 공개서한(56)에 첨부했던 서류를 동봉합니다.
  (1) 그는 누구이며 무엇인가 (2) 입증서류 (3) 공개서한

56 번째 공개서한(2011.12.31 작성), (2012.03.31 발송)

사죄(謝罪)와 감사(感謝)

 믿음 안에서 한 형제인 여러분께
 묵은 한 해를 보내면서 여러분에게 문안드리며 사죄와 아울러 감사의 말씀을 드리려 합니다.
 먼저 사죄의 말씀은 전혀 예상 밖의 차마 너무 창피해서 얼굴조차 들고 다닐 수 없을 만치 불미한 일이 본인을 그 단초로 하여 발생했다는 사실에 관한 것입니다. 목사가 자기의 명예를 훼손했다며 고소 고발에 직접 나서리라는 것을 전혀 상상해 보지 못한 본인의 불찰에 대해서입니다. 순전히 개인적인 소송 사건에 교회 헌금을 사용하고 더 나아가 교인들을 대거 동원하여 국가의 정당한 공무 집행을 방해하는 일에까지 가담하게 한 집단 범죄 행위에 본인이 그 빌미를 주었다는 점을 깊이 사죄하는 것입니다.^{참고:4,10,8} 그 사람됨에 대한 저의 근본적인 몰이해와 무지에 대한 사죄입니다. 모두 제 탓입니다.
 여러분께서 어렴풋하게나마 익히 짐작하시는 바와 같이 우리 교회를 진정으로 사랑하시는 한 분의 책임 장로와 그가 하는 일을 위해 함께 하는 이들의 기도에 힘입어 몇몇 목사 측근들의 성경 말씀을 아예 도외시한 끈질긴 방해를 극복하고 어렵사리 주일 오전(2011. 10. 16)에 사죄하는 기회와 시간을 가졌던 것입니다. 그때 사죄의 말은 단 1분도 안 걸려 끝났고 나머지는 차를 마시며 담소하노라 대부분의 시간을 보냈습니다. 관심을 가지고 수고해 주시고 기도해 주신 분들께 거듭 거듭 머리 숙여 감사드립니다.

이어서 정작 감사드려야 할 조목은 너무 많기 때문에 어떻게 해야 할지 고심하고 있으며 앞으로 더 깊이 생각하고 행동으로 옮겨야 할 것이라고 다짐하고 있습니다. 이에는 여러분의 도움이 필요합니다.

목사 개인에 관한 것을 교회와 연관시켜 터무니없이 허위 과대 포장하여 고소한 것을 검찰과 법원은 단지 개인 문제일 뿐이라고 명쾌하게 정리해 주었습니다. 그렇기 때문에 피해자라고 자처한 그 목사가 법정에 출두하여 소송 사건의 당사자임을 증명하고 피해 사실과 가해자에 대한 처벌 의사를 확인해야 했습니다. 그럼에도 불구하고 이러한 국가의 정당한 사법 절차를 무시하고 출정을 거부했고 교인들로 하여금 공무집행 방해 행위에 가담토록 서명운동을 벌였던 것입니다.참고: 4 이로써 석 달간 재판이 지연되다가 마지못해 결국 법정에 나와 증언하게 된 사연을 여러분이 잘 아십니다. 기독교인으로서 참으로 부끄럽기 짝이 없는 충격적인 과정이요 광경이었습니다.

법정에서의 그의 증언은 목회자이기 이전에 도저히 기독교인이라고 인정할 수마저 없는 내용이었던 것은 떼를 지어 현장에 있었던 은퇴장로, 시무장로, 그리고 집사들이 모두 잘 들었던 바요 생생한 공판 기록으로 보존되어 있습니다.참고: 4

감히 성경 말씀조차 한낱 웃음거리로 만들면서 법정에서는 진실 만을 말하고 그렇지 않으면 처벌을 받겠다고 선서까지 하고서 증언한 내용이 시종 거짓으로 점철되어 있는 심문 조서도 소상히 남아있게 되었습니다.

교회 어른들을 향한 그의 패륜적인 증언 또한 의분을 유발하기에 충분하고도 남습니다.

제가 여러분에게 드리는 감사는 그 목사가 자기의 정체를 공개 법정에 걸어 나와 스스로 폭로해서 제 주장을 확인하도록 그간 열심히 노력했고 그 결정적인 역할을 여러분이 맡아 주었기 때문입니다.

시작은 이제부터입니다. 제가 법정에서 분명하고 단호하게 언급한 바대로 올바른 교회의 회복을 위해 한 층 더 분발하겠습니다. 오로지 성경 말씀에만 의지하여 가능한 모든 수단과 방법을 동원해 힘써서 일할 것입니다. 그런데 이것은 어느 특정한 한 사람만의 것이 아니요, 목사만의 것도 아닐뿐더러 교회에서 책임을 지고 실질적인 주인 노릇을 하고 있어야 할 장로들만의 문제도 아닙니다. 우리 교회를 비롯해서 기독교인들에게만 한정될 것이 아니라 사회적으로 의식이 있는 사람이라면 어느 누구도 모른 체해서는 안 될 일입니다. 그들 중 단 하나라도 빠짐없이 사실과 진실을 알아야 하고 나름대로 도와야 할 일인 것입니다.

재판 기록을 첨부합니다. 형사소송사건에서는 보기 어려울 만치 방대한 기록 중에서 당사자들이 직접 제출하고 진술한 부분들입니다.^{참고: 4}

새해를 맞는 여러분에게 하나님의 풍성한 은총이 늘 함께하시기를 기도합니다.

55 번째 공개서한(2010.03.23)

갈리고 찢긴 우리 영락교회

그리스도 안에서 형제자매인 당회원들에게

아주 쉽게 말해서 목회자는 나그네 머슴이며 장로 역시 자원봉사 하는 머슴이라는 것을 목사가 가르쳐 주지 않으니 교인들이 깨닫지 못하는 것이 당연하고 가르치지 않는 것은 목사 자신의 이해가 달려있으니까 반드시 가르쳐야 함에도 불구하고 숨기는 것입니다. 꼭 필요한 것을 가르치지 않고 숨기는 사람은 나쁜 교사입니다. 장로가 머슴이라는 말을 좀 더 구체적으로 설명하면 교회라는 공동체 안에서 장로는 노예(奴隷)와 같다는 뜻입니다. 보수를 받지 않는 머슴이 곧 종 또는 노예입니다.

우리나라에 복음이 처음 전해졌을 때는 말할 것도 없고 바로 우리 선대에서도 목사는 아무나 되는 것이 아니고 장로도 아무나 되는 것이 아니어서 교우들이 장로로 선택한다고 해도 극구 사양하며 때로는 교회를 떠나겠다는 말까지 하면서 두렵고 떨리는 심정을 가졌던 것입니다. 왜냐하면 목사 장로의 직책은 멸시(蔑視) 천대(賤待) 십자가(十字架)의 길이기 때문입니다. 교회 밖에서 누리는 부귀영화(富貴榮華)가 교회 안에서는 아무 쓸데가 없어야 하기 때문입니다.

그런데 우리 영락교회는 목사 장로가 존귀(尊貴) 영광(榮光) 모든 권세(權勢)를 다 누리는 존재가 되어 있습니다. 이 사람들의 포학한 언행이 우리 교회를 갈가리 찢어 놓고 있고 반목과 질시가 공간을 채우고 있습니다. 담임 목사는 교인들을 이간시켜 서로 싸우게 만들고 있고 몇몇 장로들은 장로교의 기본 교리와 교회 헌법조차도 모르는 듯 함부로 행동하고 있습니다.

1. 이철신 목사의 목회 방침

명백하게 나타나 있는 그의 목회 방침은 목사이기 이전에 한 인간으로서도 잘못된 것입니다. 몇 가지만 간단히 열거해 보겠습니다:

교인들과의 대화나 접촉은 가급적 피한다.
사택의 주소나 전화 또는 휴대 전화 번호는 절대 비밀이다.
대화를 할 경우에도 듣기만 하고 책임 있는 답변은 절대로 하지 않는다.
듣기 싫은 말을 하는 교인이나 그럴 가능성이 있는 교인은 만나지 않는다.
귀에 거슬리는 말을 하는 노인(은퇴장로 안수집사)은 절대로 만나지 않는다.
노인들(은퇴안수집사)에게는 말할 기회를 주지 않고 모욕하며 입을 막는다.
목사에게 전달되는 편지는 아무리 여러 번 받은 것이어도 묵살한다.
맘에 안 드는 사람은 트집을 잡아 권징하여 처벌한다.
권징을 할 수 없는 경우에는 숙청(肅淸)하여 교회 밖으로 내어 쫓는다.
목사는 잘못을 절대로 인정할 수 없다.
항존직 선거가 아무리 혼탁하게 진행되어도 말리지 않는다.
교인들 끼리 서로 싸우는 것이 자리 보전하는데 유리하다.
이사모 철사모 같은 목사 자기 추종 친위 조직의 불법 활동은 수수방관한다.
자기보다 더 나은 설교를 하는 목사는 절대로 강단에 세울 수 없다.
영락교회 교인 수가 늘고 주는 데는 관심이 없다.
부목사는 인격을 지닌 존재가 아니다.

어떤 수단과 방법을 다 동원해서라도 영락교회를 절대로 떠나지 않겠다.
교회법(장로교헌법)은 있으나 마나한 것이다.
자기 도장이 찍힌 문서 중 잘못된 것은 모두 허위 문서라고 주장한다.
당장 생각나는 대로 대충 위에 적어 놓은 것들에 관해 실례를 들고 증거를 대라고 하면 여러분이 더 많이 그리고 더 빨리 대답할 수 있을 것입니다.

여러분의 부모형제자매는 누구입니까? 그리스도 예수 안에 있는 우리가 모두 부모형제자매라는 사실은 유치부 때부터 배운 것이 아닙니까? 교회 밖에서도 인류는 모두 부모형제자매라고 외치고 있습니다. 그런데 자기 부모뻘이나 되는 어른들이 나이가 많다고 교회 안에서 바른 말을 못하게 하고 말하려 한다고 해서 많은 교인들 앞에서 모욕을 주어도 됩니까? 그 목사는 자기 친 부모님에게도 그렇게 했습니까? 상상할 수 없는 패륜을 저지르고 있는 사람이 바로 우리 교회 안에 버젓이 자리 잡고 행패를 부리고 있다는 사실을 똑바로 보시기 바랍니다. 이래서는 인간이 사는 세상이라고 할 수가 없습니다.

2. 풍비박산(風飛雹散)된 장로들의 모임- 당회(堂會)

여러분 중에는 우리 장로교회의 기본 교리나 특히 치리를 맡은 사람으로서 우리 교단의 헌법에 대해 아는 것이 별로 없는 것 같이 행동하고 있는 것 같습니다. 장로인 자기에게 고분고분하게 굴어야 말이라도 들어 보아 줄 수 있노라고 인상을 쓰던 사람이 기억에 새롭습니다. 여러분 중에는 그런 사람이 없겠지만 장로의 직분이 출세의 한 방편이 되고 출세하려면 장로라는 직분이라도 가지고 있어야 유리하고 가정에서도 장로쯤 되어야 부모로서 또는 배우자로서 권위가 선다고 생각하는 풍조가 우리 한국 교회와 일반 사회에 만연하고 있습니다. 거기에 물들어 교회 안에서 행세하는 장로가 눈에 띄고 그런 장로가 부러워 어떻게든 장로가 한 번 되어 보려고 세상에서도 이제는 용인되지도 않는 수단과 방법을 총동원해서 은밀하게 또는 공공연하게 항존직 선거 나서는 사람들이 너무 많습니다. 그것은 여러분들이 장로의 본을 그릇되게 보여주기 때문입니다. 섬기는 종의 도를 제대로 보여 주지 않기 때문에 장로가 마치 벼슬이요 권력자요 특권 계급으로 인식하게 만들기 때문입니다.

우리 영락교회 장로들의 특권 의식은 쉽게 찾아볼 수 있습니다: 장로가 되자마자 목이 곧아진다는 말은 이제 너무 진부합니다. 자기들끼리만 몰려다닙니다. 은퇴장로들은 그들대로, 시무장로들 역시 그들을 위한 특별한 방이 있습니다. 거기에는 무료로 제공되는 다과가 놓여 있습니다. 아무나 출입할 수 없습니다. 식당에서는 목사 장로의 식단이 특별합니다. 어제까지도 가까운 형제들이었는데 이제는 그렇지 않습니다. 같은 안수집사였는데 장로가 되었다고 뻐기면서 잘난 체합니다. 의리를 집어던지고 은퇴 안수집사의 발언권을 박탈하는데 협조합니다. 죽으면 교회에서 장례비를 받으며 교회장으로 치릅니다. 영락동산 장로 묘역에 묻힙니다. 살아서는 죽을 때까지 장로로 행세할 수 있고 죽어서도 묘지에 같이 모입니다.

영락교회 장로의 명함을 가지면 은행에서 돈을 쉽게 꿀 수 있습니다. 교회 밖에서는 영락교회 장로라고 높여줍니다.

장로가 되려고 애쓰는 사람들이 너무 많다 보니 교회 안에서는 절대로 있어서는 안 될 불법과 편법이 판을 치고 있습니다. 이렇게 장로병에 걸린 사람들이 이미 장로가 된 여러분이라고 별 것이냐며 불법을 저지르지 않고 장로 된 사람 나와 보라고 여러분들 중 몇몇을 향하여 큰소리치는 형국이 벌어지고 있습니다. 영락교회 장로들이 우리 교회 교인들에게서는 존경의 대상이 안 될 경우가 많이 있습니다. 불법으로 선거 운동하고 돈을 많이 썼다고 의심하기 때문입니다. 그렇게 쓰는 돈이 전에는 몇백만 원 단위였는데 요즘은 몇천 아니 몇억 단위라는 다소 과장된 소문이 돌기도 한다는 사실을 여러분이 모르지 않을 것입니다.

항존직 선거철이 되면 영락교회는 수십 년 후퇴하여 부정 선거가 판치던 우리나라의 정치판으로 돌아갑니다. 이북에서 피난 나와 살면서 벼슬하기가 쉽지 않았던 사람들이 교회 안에 만들어 놓은 벼슬자리가 장로직인 듯 탐관오리 매관매직이 횡행합니다.

여러분이 담임 목사와 함께 휘두르는 권력과 횡포는 가히 이북의 도적떼 공산당의 그것과 흡사합니다. 노인들의 인권을 박탈하고 함부로 처벌하며 숙청도 불사하는 영락교회의 그 독선과 폭거는 가히 그 이상입니다. 죽어서도 권력을 휘두를 수 있는 집단의 전형적인 모습입니다. 여기에 매력을 느끼는 사람들이 기어이 장로가 되고 싶어 할 것입니다. 그 폐해가 어느 정도 인지는 여러분 자신이 폭로해 놓았습니다. 바로 '영락교회 선거관리 실무위원회'가 내어놓은 문서입니다.

'공정선거를 위한 공지사항'을 보면 우리 교회의 항존직 선거가 얼마만큼 타락해 있는지를 잘 보여 줍니다. 일반 사회를 뺨칠 정도라는 사실을 여러분이 스스로 공표하고 있습니다.

선거 기간 중 교회가 인정하는 모임 외의 어떠한 모임도 중단한다. (단, 선거관리실무 위원회가 허가한 사항은 제외)
선거관리실무위원회가 배포하는 홍보물 외에는 일체 중단한다.
특정 후보자를 지지하거나 비방하는 행위(전화, 문자메세지, E-mail)를 일체 중지한다.
식사제공, 금품배포, 선물 등 후보자를 지지하기 위한 행위를 중지한다.
후보자 홍보물 게시판 앞에서 지지 또는 비방하는 행위를 중지한다.
후보자 이름이 인쇄된 인쇄물(복사) 휴대를 금지한다.
후보자에게 금품을 요구하는 행위를 금지한다.
사실이 확인될 경우에는 후보자는 즉시 사퇴하도록 한다.
(상기 사항을 위반한 자는 당회 징계위원회에 회부한다.)

이것을 다른 교회 교인들이나 교회 밖의 사람들이 읽어 보았을 때를 상정하고 여러분이 스스로 객관적으로 판단해 보시기 바랍니다.

그런데 정작 우리 교회 당회가 풍비박산되어 있다는 말은 당회원이 같은 당회원의 말을 믿지 못하고 의심하면서 당회 밖에서 확인 조사를 벌이고 있다는 참으로 어처구니없는 사실을 상기시켜 주기 위함입니다. 이런 당회가 교회에 있을 필요가 있습니까? 이런 것도 교회의 당회입니까? 여기가 교회입니까? 그리고 이런저런 영락교회에서 벌어지고 있는 모든 문제의 중심에는 예외 없이 바로 이철신 목사의 존재가 자리 잡고 있다는 사실을 말씀드리기 위함입니다.

여러분의 응답을 기다립니다. 주님의 크신 은총이 항상 같이 계시기를 기원합니다.

2010.03.23

54 번째 공개서한(2010.03.01)

뒤죽박죽 우리 영락교회

주님 안에서 한 형제자매인 당회원들에게
 한 공동체를 구성하는 사람들에게 주어진 본분과 분수를 분명하게 규정하고 법과 규칙을 따르는 것은 그 공동체를 위해 가장 중요하고 기본적인 것입니다.

 1. 목사의 신분
 목사는 교인들이 청빙하여 위임하거나 임시로 일을 맡겼다가 해임할 수도 있는 사람입니다. 그렇기 때문에 목회자는 손님이며 주인은 교인입니다. 그런데 목사는 생활비를 받고 교인들을 섬기기 위해 부름 받은 사람이므로 목사는 나그네 머슴입니다. 목회자는 늘 짐을 싸놓고 언제든지 떠날 채비를 하고 있어야 하는 일군이라는 말이 이래서 생긴 것입니다.

 2. 목사의 직무
 "목사는 하나님의 말씀으로 교훈하며, 성례를 거행하고, 교인을 축복하며, 장로와 협력하여 치리권을 행사한다."라고 교회헌법에 명시되어 있습니다.

3. 목사의 신분에 대한 잘못된 인식과 그로 인한 폐해

목사가 나그네 머슴이라는 사실은 목사 자신이 교인들에게 가르치고 알려주어야 합니다. 장로교인 이라면 누구라도 꼭 알아야 할 사항인데도 가르쳐 주어야 할 목사들이 가르쳐주지 않으니 모르는 교인이 대부분이고 한걸음 더 나아가서 목사가 섬김을 받는 사람이고 교인이 오히려 목사를 섬겨야 하는 머슴으로 알고 있는 사람들이 우리 교회에 많습니다. 심지어는 목사를 신성불가침의 존재로 착각하는 사람들도 있습니다. 그래서 무조건 목사에게 순종해야 하고 그렇지 않을 경우에는 손가락질하고 욕하며 저주하고 있는 것이 우리 영락교회의 현실임을 여러분 자신들이 체험으로 잘 알고 있을 것입니다. 뒤죽박죽 교회입니다.

4. 영락교회 목사 특히 위임목사(담임목사 당회장)의 직무 수행

1) 목사가 하나님의 말씀으로 교인을 교훈한다는 것은 특별히 시간을 내어 성경 공부를 하고 교리 공부를 하는 것을 통해 이루어지기도 하지만 가장 보편적인 것은 설교입니다. 지금 우리 교회의 설교가 어떻습니까? 성경적으로나 신학적으로 볼 때 많은 문제를 지니고 있습니다. 어렵게 말할 필요 없이 주일 설교를 거의 독점하고 있는 담임 목사의 설교는 마지못해 듣고 있기는 하지만 교훈으로 삼을 수 있는 부분이 너무 없어서 시간 낭비로 여겨질 때가 대부분입니다.

먼 곳에서 예배드리러 온 교인들 중에는 이런 설교를 들으러 시간과 교통비를 들이는 것이 너무 아깝다는 생각 끝에 교회 출석을 게을리하거나 마지못해 하다가 급기야는 여기서 예배 끝난 후 말씀을 사모하는 마음으로 다른 교회에 가서 예배드리고 교적은 그대로 둔 채 다른 교회에 정기적으로 참예하던 끝에 아예 교적을 옮기는 교우도 없지 않습니다. 지난 해 교인 증가 운동을 대대적으로 벌인 후 교인 수가 더 줄어든 사실이 이 문제의 심각성을 말해 줍니다.

목사의 교훈은 그 교훈을 선포하는 목사 자신의 언행과 일치해야만 교훈

이 됩니다. 그렇지 않을 경우에는 비웃음거리밖에 되지 않습니다. 한국 교회의 여러 목사들이 많은 말을 이곳저곳에서 하고 다닐수록 기독교가 웃음거리가 되고 심지어는 반기독교 운동의 빌미가 되는 것은 그 까닭입니다.

우리나라에서 어느 정도 수준의 교육을 받은 사람이라면 기독교인이고 아니고를 막론하고 상식적으로라도 목사가 외치고 다니며 가르치는 것들을 목사 자신이 솔선수범하여 그 성경의 교훈대로 살고 있는지 아닌지를 쉽게 판단할 수 있습니다. 외쳐대는 말과 생활이 부합하지 않는 목사들이 너무 많고 우리 담임 목사가 바로 그런 목사들 중 하나라는 사실을 직시해야 합니다.

머슴이 주인보다 의식주(衣食住)를 호화롭고 사치하게 하는 것은 잘못입니다. 호화사치란 말은 교인들과 일반 국민의 생활수준에 비교해서 판단하는 것입니다. 일반 국민이 조금이라도 부러워할 수 있는 의식주 생활은 목사의 분수를 어기는 것입니다. 머슴은 주인보다 더 근검절약해야 합니다. 헌금을 사용해서 살아가는 목사는 정말 그래야 합니다. 목사는 교회 밖에서도 머슴 노릇 하는 사람입니다.

장로는 헌금 사용의 적절성을 정하고 감독과 관리를 잘 하셔야 합니다. 그렇지 않으면 헌금도둑질의 공범자가 되는 것이 아니겠습니까? 오늘은 우선 아주 사소한 일 몇 가지만 적겠습니다.

(1) 혹시 우리교회 목사는 명품 옷을 입고 명품 구두에 넥타이를 매고 다니는 사람이 아닙니까? 얼마 전에 장로들이 목사 부부를 음식점에 모시고 양복을 맞춰 선물하면서 충성을 서약했다는 소문이 사실이 아니기를 바라지만 만에 하나라도 그것이 사실이라면 참으로 얼빠진 장로요 목사들입니다. 충성은 일을 맡은 머슴이 주인에게 하는 것이지 주인인 장로가 머슴에게 하는 것이 아닙니다. 우리 영락교회가 얼마나 뒤죽박죽인가를 극명하게 보여주는 실례일 것입니다.

(2) 목사들이 고급 승용차를 타고 걸핏하면 고급 음식점으로 가서 사람

들의 눈총을 받으며 모이는 것은 본분을 망각하고 분수를 어기는 짓입니다. 우리 교회가 목사에게 지급하는 급여의 액수와 소위 목회 활동비라고 하여 불법 비자금처럼 사용하고 있는 금액과 기타 무료로 제공되는 주거비 등을 공개하시기 바랍니다. 교회 밖으로 나다니며 받는 봉투는 몇 개나 되는지도 공개해야 합니다.

 (3) 혹 목사에게 무슨 선물이나 음식 선물이 배달되면 교우들에게 나누어 주는 것이 옳고 집에 가져가고 심한 경우에는 너무 많아 음식을 썩혀 버리는 것은 죄악입니다.

 (4) 우리 영락교회 담임 목사는 어떤 곳에서 어떤 집에 살고 있는지 공식적인 문서에서는 도저히 찾아볼 수 없고 주소나 전화 번호도 나타나 있지 않습니다. 일반 국민이 부러워할만한 집에서 살고 있지 않기를 바랍니다. 앞으로도 이 점에 유의해야 합니다.

 (5) 신체적인 장애도 없는 건강한 젊은 목사가 운전기사를 두고 고급 승용차를 타고 다니도록 하는 것은 잘못입니다. 부모형제자매가 모여 있는 교회 마당에 머슴이 승용차를 몰고 들어오는 행위는 참으로 오만방자한 것입니다.

 (6) 가까운 거리는 걸어서 좀 멀면 대중교통을 이용하도록 해야 합니다. 지하철을 한번 타면 손쉽게 갈 수 있는 이웃 교회에 자기보다 나이든 다른 목사와 장로들은 모두 대중교통을 이용하는데 자기만 구태여 기사 딸린 승용차를 몰고 가면서 호기를 부리는 것은 속물근성을 나타내는 것입니다.

 (7) 대형차보다는 중형차를, 중형차보다는 소형차, 소형차보다는 경차를 타고 다니면 그 목사가 존경의 대상이 되고 교회가 칭찬을 들을 것입니다. 목사들이 자동차 대신 교통 사정이 허락하는 한 자전거를 타고 다닌다면 얼마나 좋은 일이겠습니까? 이렇게 좋은 일을 알면서도 체면을 내세우고 다른 목사를 빗대어 핑계하는 것 역시 속물근성의 발로임을 세상 사람들이 다 알고 있습니다. 옳은 일인 줄 알면서 하지 않는 것이 죄라고 읊조리

고 다니는 목사가 정작 자기 자신은 실천하지 않으니 교회와 기독교까지 욕하는 것입니다. 이럴 경우 목사와 위선자(僞善者)는 같은 뜻이 됩니다. 타락한 교회의 추한 모습입니다.

(8) 우리나라의 목사들 중에는 유난히도 가난에 대한 비정상적인 이상심리(異常心理)와 학벌에 대한 열등감(學閥劣等感)을 지닌 사람이 많습니다. 목사들의 가짜 박사학위, 격에 맞지 않는 명예 학위 등으로 한 동안 세상을 시끄럽게 한 기억이 아직도 생생한데 우리 교회 목사 역시 이런 일에 한 몫 끼어 그 나이에 무슨 일에 무슨 공로가 그렇게 커서 명예박사학위를 받아 왔는지 의아해할 일이 생긴 것은 부끄러운 사단입니다. 목사를 처음 청빙할 때 내 세운 조건의 하나는 부임 이후 빠른 시일 안에 정식 박사 학위를 취득하는 것이었는데 엉뚱하게도 명예박사가 웬 말입니까? 또 한 번 속물근성을 나타낸 것이 되었습니다. 교인들이 웃고 있습니다. 앞으로는 정상적인 정신 상태를 가진 목사가 청빙되어야 합니다.

(9) 목사는 머슴입니다. 교인들의 남녀노소(男女老少)를 따지지 말고 먼저 인사해야 합니다. 담임 목사부터 솔선수범하시기 바랍니다. 인사받기조차 거부하며 내민 손을 뿌리치는 한심한 목사를 발견할 수 없게 되어야 합니다. 영락교회가 불충한 담임목사에게도 단단한 철밥통이라는 생각을 속히 버리시기 바랍니다.

5. 장로의 직무
우리 교단 헌법에 규정되어 있는 구절을 인용합니다.
"장로의 직무는 다음과 같다.
1. 장로는 교회의 택함을 받고 치리회의 회원이 되어 목사와 협력하여 행정과 권징을 관장한다.
2. 장로는 교회의 신령상 관계를 살핀다.
3. 장로는 교인들이 교리를 오해하거나 도덕적으로 부패하지 않도록 교인을 권면한다.

4. 장로는 권면하였으나 회개하지 않는 자가 있으면 당회에 보고한다."

(1) 무엇보다 먼저 말씀드려야 할 것이 있습니다. 여러분은 여러분의 믿음으로 자원해서 교회를 섬기기로 결단을 내리고 안수받은 무보수(無報酬) 봉사자 곧 머슴입니다. 살아있는 희생제물입니다. 교인들을 주인으로 섬기는 사람들입니다. 이 점을 명심하시기 바랍니다. 먼저 인사하고 먼저 무엇이던지 돕도록 노력하시기 바랍니다. 그리고 임직식에 참례한 교인들과 내방객을 무시하고 임직자들끼리 축하인사하며 꽃다발 안고 희희낙락하는 일이 없도록 하시기 바랍니다. 희생제물이 되어 제단을 향해 모든 교인을 대표해서 발걸음을 떼는 사람들이나 그들을 희생 제물로 바치는 교인들이 마땅히 취해야 할 엄숙하고 처절한 예식을 더럽히지 않아야 합니다.

(2) 영락교회 당회는 적절하지 않은 방법과 절차를 거쳐 적절하지 않은 목사를 청빙한 잘못에 대해 깊이 반성 회개하고 교회에 사죄해야 합니다. 이것은 영락교회 당회의 역사적인 책무입니다. 곧 다가오는 내일을 위해 지나간 역사를 바로 세워 놓아야 합니다.

(3) 청빙 받은 목사가 위임한 지 몇 년 되지 않아 여러분이 잘못을 비로소 깨닫고 해를 넘기며 조용히 취한 조치와 그렇게 했는데도 도저히 안 되어 공개적으로 감행한 모든 일들이[참고:2] 무뢰한(無賴漢) 광신패거리 교인들에 의해 좌절되고 주저앉을 수밖에 없었던 사정을 이해하며 안타깝게 생각합니다. 다시 일어서시기를 간절히 소망합니다. 그와 동시에 목사 청빙을 시작으로 그 못된 목사와 더불어 여러분이 알게 모르게 저질은 모든 허물을 솔직하게 고백하며 늦게나마 잘못을 바로잡는다면 우리 교회는 다시 화평하게 될 것입니다.

6. 추양(秋陽 韓景職)목사 서거 10주년

추양 목사께서 별세하신 지가 벌써 이렇게 되었습니다. 형식적이고 의례적인 행사는 이제 그치고 목사님을 진심으로 추모하는 계기를 만드시기 바랍니다. 객관적으로 그를 평가하여 공과를 가리고 그분의 참모습을 찾아보는 계기를 만드시기 바랍니다.

추양 목사님은 겸손하셨으며, 근검절약하셨습니다. 의식주가 그랬고 모든 씀씀이가 그러했습니다. 추양의 겸손은 참 머슴의 그것이었습니다. 이북 동포 생각하시며 항상 기도하셨고 세계 곳곳에서 가난하게 살며 굶주리는 사람들을 기억하면서 쉽 없이 기도하셨던 추양 목사님은 지금 우리처럼 흥청망청할 수가 없으셨습니다. 그런데 추양 목사님 소천 이후 세상이 달라지지도 않았고 이북 동포들은 더욱더 비참한 상태에 빠져있습니다.

사실 오늘 우리 영락교회는 추양 목사님을 우리 교회에서 내어 쫓고 추양을 팔아먹으며 신앙 양심에 스스로 화인(火印)을 찍은 교회가 되었습니다. 아무데도 닮은 점이 없는 담임 목사가 추양 목사님을 들먹일 때 여러분은 무슨 생각을 하십니까? 우리 영락교회가 진정 이래도 되는 것입니까?

여러분의 응답을 기다립니다.
하나님의 은총이 여러분에게 충만하시기를 기원합니다.
2010.03.01

53 번째 공개서한(2009.03.21)

아버지 장로와 아들 장로가 맞고소하는
우리 영락교회 당회원들에게

믿음 안에서 한 형제자매인 여러분

 지난 10여 년간 우리 영락교회에는 이루 말할 수 없이 해괴(駭怪)하고 망측(罔測)한 일들이 연이어 발생하고 있는 것을 여러분이 누구보다 잘 아실 것입니다. 이철신 목사의 변칙적인 부임을 필두로 해서 그 동안 교회 안팎으로 알려진 사건만 하더라도 여러분이 더 이상 모른 체할 수 없게 되었습니다.

 1. 방배동 토지문제

 가장 가까운 예가 방배동 토지 문제입니다. 여러분은 그 일에 관여한 교회 직원을 파면하고 형사 고발하여 처벌을 기다리고 있지만 그를 감독해야 할 장로들과 가장 직접적인 책임을 진 이철신 목사는 사과 한마디 없습니다. 그런데 실상은 그 매매계약이라는 것이 이철신 목사는 물론이고 유지재단 이사들의 결의와 지시에 따라 이루어진 것 아닙니까? 부동산 거래는 매매가 이루어진 후에야 당회 제직회에 사후 보고하여 승인받는 것이 우리 교회의 관행이었고 지금으로부터 근 30년 전에 그것을 매입할 때에도 그랬었고 바로 그 방식대로 매각하려 했던 것 아닙니까? 그런데 그런 잘못된 관행에 불만을 품은 장로 한 사람이 주일 예배 시간에 공중 기도를 이용해 교인들에게 매각 진행 사실을 폭로하고 하나님께 직접 고발한 것을 시발점으로 하여 여러분의 은폐 행위와 교인을 기만하고 나라의 사법체계를 어지럽게 하는 작업이 시작된 것 아닙니까? 법적이고 도덕적인 책임을 져야 할 이철신 목사는 철저하게 묵비권을 행사하고 있으면서 애꿎은 한 직원에게만 단독 범행이라고 떠넘기면서 시침을 떼고 있으니 이런 패역한 행동이 이 세상에 또 어디 있습니까?

2. 이철신 목사가 사이비인 이유 중 몇 가지

교회는 화목한 가정이어야 합니다. 그래서 예수 그리스도 안에서 우리가 모두 부모형제자매입니다. 그런데 이철신 목사는 날이 갈수록 교회를 분열시키고 있습니다. 몇 년 전에 여러분이 지적한 그대로입니다.^{참고: 2} 이철신 목사의 수준 미달인 설교 때문에 한 가정 안에 분란이 생겨 가족들이 이 교회 저 교회로 뿔뿔이 흩어지는 가슴 아픈 사태를 여러분 가정에서도 겪고 있을 것입니다. 이 목사 때문에 교회를 떠난 가정도 적지 않습니다.

교회는 때때로 병을 고치는 병원에, 목회자는 의사에 비유됩니다. 의사는 자기만의 생활을 즐길 틈이 없는 직업입니다. 언제 자기를 필요로 하는 사람이 찾아올지 모르기 때문입니다. 정해 놓은 시간에 퇴근을 한 후에는 교인들이 전화 한 통화도 못 하게 만들어 놓고 사는 목회자는 가짜입니다. 직업으로서의 목사 노릇하는 사람은 삯꾼이요 소명으로써 목회하는 사람이어야 하나님의 종입니다. 이 목사는 자기가 원하는 사람만 골라서 만날 뿐입니다. 환자를 이 사람 저 사람 골라서 진료하는 의사 보았습니까?

이철신 목사는 기본적으로 우리 장로교 헌법에 무지합니다. 그 간 헌법을 유린하는 행동을 얼마나 많이 하고 있는지는 여러분이 더 잘 아십니다. 교단(敎團)과 교회(敎會)조차 구별 못 하면서 재판장 노릇하고 있는 사람 아닙니까?

이철신 목사는 극악한 패륜아입니다. 부모처럼 모시고 지내야 할 우리 교회의 연로하신 은퇴 안수집사와 권사들의 입을 틀어막고 인격적으로 모욕을 주는 행위를 아무 거리낌 없이 지속하고 있기 때문입니다. 영락교회에서 벌어지는 고려장(高麗葬)입니다. 이러는 중에 이 어른들의 제직회 언권을 보장하는 헌법 조항이 슬그머니 헌법에서 빠져버렸는데 아무도 왜 그렇게 되었는지 모른다니 영락교회 목사와 장로들은 무얼 하러 총회에 총대로 나가고 나가서는 대체 무엇을 하는 사람들입니까? 참으로 해괴하기 이를 데 없습니다. 이철신 목사 같은 몇몇 목사들이 자기들 멋대로 그런 일을 저질렀을 것으로 짐작되는데 만일 그렇다면 그 목사들은 엄중한 문책을 피하지 못할 것입니다. 헌법에까지 이렇게 함부로 손을 대는 목사들이 행여 있을까 보아 걱정이 앞섭니다.

이철신 목사가 우리 영락교회를 절망 상태로 몰아가고 있다는 사실은 여러분이 이미 진단하신 그대로입니다. 교회는 그렇게 놔두고 밖에 나가서 무슨 '희망연대'라는 간판을 건 단체를 만들어 나라 안팎으로 나 다니며 자기선전에 열을 올리는 것은 또 무슨 해괴한 일입니까?

이철신 목사는 우리 사회의 소위 재벌이라는 사람들이 돈을 가지고 각계각층을 좌지우지하듯이 여러분이 책정해준 이른바 '목회 활동비'를 가지고 노회, 총회를 비롯해서 교파를 뛰어 넘어 한국 교계를 어지럽히고 있는 듯합니다. 우리 속담에 '돈만 있으면 귀신도 부릴 수 있다.'는 말 그대로 돈맛에 취해 비틀거리는 목사가 어디 한 둘입니까? 비자금 또는 불법 정치자금과 같은 '목회 활동비'는 폐지해야 합니다. 한국 기독교계가 이런 돈 때문에 썩어가고 있습니다. 그렇게 쓸 수 있는 돈이 많은 목사가 이 세상에서 무엇을 두려워하겠습니까?

여러분은 한국 기독교의 타락을 걱정하면서 그 타락의 중심에 바로 우리 영락교회가 자리 잡고 있다는 생각은 조금도 안 해 보셨습니까? 몹쓸 목사들이 너무 많아서 문제라는 말은 수 없이 되뇌이면서 바로 우리 교회의 우리 목사가 그 사람이라는 사실 앞에서는 왜 두 손으로 눈을 가리고 있습니까? 여러분이 아무리 그래도 많은 사람들이 잘 보고 있다는 사실을 명심하시기 바랍니다.

3. 장로들의 문제

 장로교회에서 장로는 항존직(恒存職)입니다. 항존직이란 항존기구에 속한 직원이라는 뜻입니다. 항존기구란 마치 자유 민주국가에 입법부 사법부 행정부가 있듯이 반드시 그리고 늘 있어야 하는 상설기구라는 뜻입니다. 따라서 국회의원이었던 사람이 "나는 한 번 국회의원이었으니 평생 국회의원이다."라고 말한다던지 초등학교의 상설기구인 어린이회(자치회)의 회원이 "나는 한 번 어린이회 회원이니 평생회원이다."라고 한다면 초등학교 어린이들도 손가락질하며 웃을 것인데 여러분 중에는 "나는 이제 한 번 장로가 되었으니 평생 또는 영원한 장로이다."라고 생각하고 말하며 행동하는 사람들이 있습니다. 천만의 말씀입니다. 시무기간이 끝나면 은퇴 장로, 원로 장로는 될지언정 은퇴 원로라는 단어를 뺀 장로는 아닌 것입니다. 우리는 관습상 아직 이런 경우에 붙일 마땅한 말이 없어서 그냥 예의상 그렇게 부를 따름입니다. 선직 대통령이 전직이라는 두 마디를 빼고 그냥 "나는 대통령이다."라고 한다면 얼마나 웃기는 일입니까?

 이렇게 말하면 여러분 중에는 자기들이 안수를 받았다고, 심지어는 기름부음을 받은 특별한 존재라고 주장하시겠지만 못돼먹고 엉터리인 그 많은 한국의 목사 장로 중에 안수 받지 않은 사람 있습니까? 이스라엘 역사상 여러 악한 왕 중에 기름부음을 받지 않고 왕위에 오른 사람이 있습니까?

 교회 안에서는 어떤 차별 행위도 용납되지 않습니다. 계급사회도 물론 아닙니다. 장로는 한시적으로 직분을 맡은 사람이지 특별히 높거나 더 잘났거나 무슨 특권을 가진 사람이 아닙니다. 장로 되는 것이 양반이 되는 것도 아니고 귀족의 반열에 오르는 것도 아닙니다. 유년주일학교 어린이도 이 정도는 다 알고 있습니다. 틀림없이 여러분 자신들이 직접 그렇게 가르쳤을 것입니다.

 그런데 왜 어떤 장로는 뒷짐 지고 양반팔자걸음을 하면서 주위의 교인들은 거들떠보지도 않고 어슬렁어슬렁 교회 마당으로 들고 나고 합니까?

하나님의 종은 사람들에게 종노릇하는 것으로 하나님을 섬기는 것입니다. 그런데 자기에게 공손하게 고분고분해야 말 몇 마디라도 들어줄 수 있다고 하며 뻣뻣한 자세를 취하는 장로는 또 무엇입니까?

은퇴한 장로들은 무슨 특권이 있어서 '은퇴장로실'을 만들어 놓고 독점하고 있습니까? 여러분만이 원로입니까? 여러분들만이 특별대우를 받아야 할 이유가 대체 무엇입니까? 속히 그 방을 비우시기 바랍니다. 이런 식으로 엄연히 당회실이 잘 꾸며져 있는데도 불구하고 '시무장로실'이라는 명패를 달아 놓고 주일 대낮에도 문을 꼭꼭 걸어 잠근 채 시무장로들만이 그 속에서 무슨 음모들을 꾸미고 있는지 알 수 없는 짓거리들을 하고 있습니다. 그 방도 비우시기 바랍니다.

장로들 끼리만의 패거리를 만들지 마시기 바랍니다. 은퇴 장로들이 자기들끼리만 모여서 몰려다니면서 식사도하고 놀러 다니고 자기들끼리만 친목회 같은 것을 만들어 배타적인 행동을 하는 것은 교회에서 용납될 수가 없습니다. 놀러 나갈 때에는 교회 헌금에서 보조도 받는다니 이런 것이 곧 헌금을 갉아먹는 행위인 것입니다. 장로가 무엇이기에 다른 교인들과 차별하여 장례식을 교회장으로 치르며 높은 위로금도 받습니까? 영락동산에 장로 묘역이 구별되어 조성되는 것도 교회가 해서는 안 될 일 중 하나입니다. 공동묘지에 가서까지 특권 계급 행세하라고 성경 어디에 쓰여 있습니까?

이렇듯 영락교회 장로들은 부당한 특권들을 많이 누리고 있습니다. 장로 되는 것이 신분 상승이요 거기에 따르는 특권이 죽은 후에까지 이어지기 때문에 장로 선거철이 되면 수단 방법 가리지 않고 부정 행위가 기승을 부리는 것입니다. 지금 우리나라 어느 곳에 가보든지 우리 영락교회의 항존직 선거처럼 부정 부패와 불법이 노골적으로 판을 휩쓸고 있는 데가 또 없을 것입니다. 쪽지를 돌리고 전화하여 표를 부탁하는 것은 기본이고 선거 운동원을 두고 장기간에 걸쳐 준비하면서 식사 대접하고 다방에 가서 커피 사주고 차 대접하며 득표 활동하는 모습들을 훤히 볼 수 있습니다. 그렇게 해서 장로 된 사람이 혹시 여러분 중에 한 사람이라도 있다면 당장 사퇴하시기 바랍니다.

　이철신 목사 부임 이후 영락교회는 이렇게 난장판이 되어 가고 있는 것 중에서 장로들의 후안무치(厚顔無恥)한 행태가 극에 달했던 사건을 여러분은 늘 기억하고 다시는 그렇게 하지 마시기 바랍니다.

　시무 장로들이 이철신 목사를 노회에 고소한 사건에 맞서서 이 목사가 제공한 허위 사실에 근거해서 이 목사 편을 들어 은퇴 원로 장로들이 그 시무 장로들을 노회에 고소한 사건이야말로 통탄을 금할 수 없는 인륜 파괴의 정점이었습니다. 실제로 아들 시무 장로와 아버지 원로 장로가 맞고소하면서 서울 노회 재판관 앞에 섰던 사건에 대해 여러분이 설명을 좀 자세히 해 주시기 바랍니다. 더욱이 그 원로 장로 중에는 서울 노회의 노회장을 지낸 분도 계셨습니다. 자식뻘 밖에 되지 않을 젊은 재판관 목사들 앞에서 처분을 기다리고 있는 그 어른들의 모습을 한번 상상이라도 해보시기 바랍니다. 이런 망측한 일을 저지르고서도 아무렇지도 않은 듯 활보하고 있는 여러분 장로들은 대체 어떤 사람들입니까?

　언젠가 몇 년 전에 장로들은 이철신 목사의 부적격한 자질을 적시하면서 그의 사퇴를 요구했고 얼마 안 있어 이철신 목사 역시 여러분 장로들의 책임을 물어 교회를 살려야 한다는 한 목적에 어렵사리 모처럼 뜻을 같이하여 다 함께 사퇴하기로 당회에서 결의했었다는데 왜 그렇게 하지 않고 오늘까지 시간을 끌고 오면서 교회를 이토록 어지럽히고 있는지 설명 좀 해주시기 바랍니다. 장로 행세하는 것이 그렇게 좋습니까? 그 결의를 속히 시행하시기를 강력히 요청합니다.

　장로는 교회에서 모든 일에 솔선수범해야 합니다. 이제부터라도 밖으로 나오셔서 문에 서서 안내하고 교통 정리하고 마당에 떨어진 휴지 줍고 건물 구석구석을 돌아보며 먼지 털고 교인들과 인사하는 것이 장로다운 장로의 일입니다. 지금처럼 목사 장로들이 거만하고 젠체하며 방 안에 들어앉아 문을 걸어 잠그고 숨어 있는 교회에는 교인들이 모이지 않습니다. 말과 행동이 각각 다른 목사 장로들이 아무리 큰 소리로 예수 믿으라고 외쳐 보았자 모두 헛것입니다. 시끄러울 뿐입니다. 이게 바로 우리 교회와 한국 교회의 현주소입니다. 여러분이 예수님을 닮은 행동을 하며 살면서 본을 보이면 말을 하지 않아도 사람들이 교회로 모여들 것입니다. 지금은 여러분이 오히려 교인들을 헤쳐 놓고 있고 사람들의 비웃음거리가 되고 있을 뿐입니다.

한 번 장로는 평생 장로가 아닙니다. 장로 임기제와 신임 투표제를 도입하십시오. 위임 목사도 해임할 수 있게 하십시오. 이런 것은 여러분이 헌법에 어긋나지 않으면서도 얼마든지 교회의 장래를 위해 할 수 있는 일입니다. 그래서 장로가 별게 아니고 목사도 별게 아니라는 것을 몸소 증명해 보여주시기 바랍니다. 장로 목사가 참으로 힘든 직분이어서 아무나 함부로 맡을 것이 아니라는 사실을 모든 교인들에게 보여주시기를 기대합니다.

우리 장로교 헌법책을 구해서 공부 좀 하시기 바랍니다. 거기에는 교리 정치 권징뿐만 아니라 여러분이 꼭 알아야 할 예배와 의식 등 많은 것이 들어 있습니다. 가장 기본적인 교회법을 모르는 것이 무슨 큰 자랑인 양 말하고 다니는 부끄러움에서 벗어나시기 바랍니다.

계속해서 여러분을 지켜보겠습니다.

우리 주님의 크신 은총이 여러분과 항상 함께 계시기를 기원합니다.
2009.03.21

52 번째 공개서한(2009.01.16)

영락교회 당회의 자성을 촉구함
-4. 이철신 목사와 영락교회

주님 안에서 한 형제자매인 여러분

이철신 목사는 1988년 1월 18일에 우리 영락교회 위임 목사로 취임하였습니다. 그런데 그는 벌써 그 전해(1997년) 11월 15일에 자기가 사역하던 인천제일교회를 몰래 빠져나와 비어있던 우리 교회 목사 사택에 아무런 정식 허락도 받지 않은 채 들어 앉았습니다. 이런 무단 근무지 이탈(탈영)과 주택 점거는 몰상식한 범죄 행위입니다. 집안에서 키우던 애완동물이나 생계수단으로 사육하던 가축에게도 떠날 때에는 쓰다듬어 주고 인사 같은 것을 하는 것이 도리인데 하물며 자기가 사역하던 교회와 섬기던 교인들 몰래 도망쳐 빠져나온다는 것은 참으로 말할 수 없는 패역입니다. 그것은 그 교회 교인들을 짐승보다 못하게 여긴 까닭이 아니겠습니까? 정식으로 초빙 받기도 전에 비밀스럽게 몰래 우리 교회 사택으로 잠입한 행동은 또 어떻습니까? 문자 그대로 무뢰한(無賴漢)이 아니고서야 어찌 감히 생각조차 할 수 있겠습니까? 이 역시 영락교회와 교인들을 인간 취급하지 않은 까닭입니다. 그런데 돌이켜 보면 그럴 만도합니다.

당회원 여러분이 선정한 청빙위원 7명 중 겨우 4명이 찬성한 것으로 나머지 3명을 압도하고 다수결로 결정한 것을 그 외 대다수의 장로들은 그 사람 얼굴 한 번 보지 못한 채 청빙 결의를 하고 당회가 그렇게 했으니 제직회도 그렇게 했고 제직회까지도 그랬으니 나머지 교인들은 무조건 찬성 도장을 찍으라고 거의 강요하다시피 해서 설교는 고사하고 얼굴 한 번 이름 한 번 들어 보지 못한 사람을 데려 왔으니 그렇게 들어 온 사람이 영락교회 교인들을 제대로 된 사람 취급은 둘째 치고 얼간이 바보 취급하기로 작정한 것이 오히려 당연하지 않습니까?

 이런 사람이 기고만장(氣高萬丈)하여 이후 영락교회에 어떤 해악(害惡)을 끼칠지는 멀리까지 보지 않고서도 넉넉히 예견하고도 남을 일이었습니다. 영락교회라는 명성, 넉넉하다 못해 남아도는 품삯에 눈이 멀어 분수에 넘치는 자리를 차지하였으니 그 눈에 사람이 보이겠습니까? 교인들과의 직접적인 대화는 애초부터 존재하지 않았습니다. 그의 전화 번호는 철저히 비밀이며 어쩌다 노출되면 곧 번호를 바꾸어 버린다고 합니다. 혹시 여러분 중에 그 번호를 아는 분이 계십니까? 물론 교회의 공식 문서나 많은 책자 어디에도 전화 번호는 말할 것도 없고 사택 주소도 없습니다. 세상에 이런 교회 이런 목사가 또 어디에 있습니까?

 부임 초기에 그가 한 일은 그가 앞으로 우리 교회에 어떤 문제를 일으킬지를 예견하고 경고하는 몇 사람을 지목하여 제직 임명을 중단하고 한 걸음 더 나아가 생트집을 잡아 출교 조치까지 한 것입니다. 이렇게 하면서도 성에 차지 않아 적법한 절차 없이 극악무도(極惡無道)하게도 이북 공산당식의 숙청(肅淸)을 자행하면서 교인의 입을 봉쇄하려 들었고 이런 일에 여러분은 마치 노동당 괴수의 명령에 따라 꼭두각시노름을 하는 노동당 간부 같은 역할을 하고 있는 것입니다.

 이런 가운데 시간이 지나가면서 여러분 역시 이철신 목사가 기본적으로 무적격자임을 깨닫게 되어 그가 부임한 지 3년째 되는 해에 이르러서 마침내 그의 거취문제를 공식적으로 논의하기 시작해서 내부적으로 조용히 일을 추진하다가 예상치 않은 좌절을 맛본 후에 비로소 공개적으로 그의 퇴진을 요구하는 문서를 제작하여 교회 내외에 배포하기에 이르렀었는데 그 문건의 서두를 보면 이랬습니다. "영락교회 담임 목사로 위임 후 6년 반 기간의 목회 내용을 평가하건대, 교세는 날로 하향곡선을 그어 외형만 남게 되어 이제는 더 이상 방치할 수 없는 상황에 이르고 있다. 제직들과 성도들은 물론 심지어는 성경반에 이르기까지 철저하게 분열시켜 놓았으며, 무능과, 독선과 편파적인 아집으로 교회에 은혜는 떠났고, 상호 반목과 불신 그리고 영적갈급만을 초래하고 있다."(2004년 7월 1일 영락교회 서명 장로 일동)참고: 2 무려 13쪽에 달하는 그 문서에 여러분은 그가 물러나야 할 실례까지 낱낱이 들면서 그의 사퇴를 요구했습니다. 이 문서를 접한 많은 교인들이 여러분에게 얼마나 큰 기대를 걸고 있었는지는 잘 알고 있을 것입니다. 저 역시 그들 중 하나입니다.

'이사모', '철사모'라는 이철신 목사 패거리들의 극심한 불법 행위는 항존직 선거가 몇 차례나 무효화되는 사태로 이어졌고 위의 문서에 서명한 장로들을 축출하려는 목적으로 공공연히 교회 마당에서 불법적으로 벌인 서명 운동을 하며 협박과 위협을 일삼는 무리 앞에 여러분은 무릎을 꿇고 그 이후 잠잠해지고 있습니다. 여러분은 그대로 주저앉았지만 '영락교회 바로세우기회'는 여전히 활동하고 있는 것이 큰 위안입니다.참고: 3

여러분이 주장한 것과 바로세우기회의 주장을 쉽게 표현하면 이철신 목사는 조직 폭력배의 두목이고 부목사들은 그 두목의 눈에서 벗어나는 대로 쫓겨나는 졸개들이고 여러분 장로들은 그런 행패를 방치하면서 오히려 돕고 있는 부역자(附逆者)들이 아니겠습니까? 교회의 반역도집단(反逆徒集團)이 바로 영락교회 당회인 것입니다. 가히 목사조직폭력단(牧師組織暴力團)이라고 칭할만한 집단이 영락교회를 장악하고 있다고 말하면 지나친 표현이겠습니까?

아무리 교회를 위한 일이라고 해도 어떻게 그래도 명목상 자원봉사 한다는 장로들이 교회 헌금을 써서 해외 연수 여행에 나서며 어떻게 이런 일을 목사가 주도할 수가 있습니까? 게다가 곧 은퇴할 장로들까지 무더기로 몰려갔다 왔다니 대체 어쩌자는 것입니까? 그뿐이 아닙니다. 교인들이 정성을 모아 하나님께 바친 헌금에서 삯꾼 목사에게 후한 삯을 준 장로들이 그 삯꾼에게 한턱 내라고 요청하여 그 삯으로 마련한 요리상에 마주 앉아 희희낙락하고 시간이 다 되니 그 삯꾼이 마련해 준 선물 꾸러미까지 하나씩 받아 들고 삯꾼의 집을 나서는 여러분의 그 비굴하고 얼빠진 모습을 한 번만이라도 거울에 비춰 보시기 바랍니다. 헌금을 놓고 서로 주거니 받거니 하는 이런 것이 바로 헌금 도둑질 아니고 무엇입니까?

이렇게 영락교회의 돈은 먼저 본 사람이 임자라고들 하는데 교회 안에 들어서면 돈 썩는 냄새가 진동한다고들 말합니다. 요즈음은 언필칭 교육시설을 개선한답시고 또 돈 쓸 궁리들을 열심히 하고 있는 것 같습니다. 본당에 고성능 스피커는 무슨 목적으로 들여놓아 경건하게 예배드리는 교인들의 귀청을 아프게 때리고 있는지 모르겠습니다. 알맹이기 없는 설교는 음성을 증폭하면 할수록 더 공허해질 뿐 조금도 채워지지 않는 법입니다. 이 목사의 중언부언(重言復言)하는 축도(祝禱)를 듣노라면 이런 사람이 어떻게 안수받고 목사가 되었는지 의아할 뿐입니다. 장로들도 기도하는 법을 올바로 알아야 합니다. 가르치는 역할을 해야 할 목사가 그 모양이라면 그에게서는 배울 게 없더라도 제대로 공부한 부목사에게서라도 바로 배우시기 바랍니다. 그것도 싫으면 자습이라도 하시기 바랍니다.

맡았던 한 달란트를 조금도 축내지 않고 고스란히 그대로 주인에게 가져온 머슴은 악하고 게으른 종이라는 엄한 질책과 함께 밖으로 내쫓겼는데 그나마 맡은 것조차 해가 갈수록 축내고 있는 이철신 목사는 그보다 얼마나 더 악하고 게으른 종일지 이 목사 자신부터 곰곰이 잘 따져 보아야 할 것입니다.

여러분의 응답을 기다립니다.

하나님의 크신 은총이 늘 충만하시기를 기원합니다.
2009.01.16

51 번째 공개서한(2009.01.08)

영락교회 당회의 자성을 촉구함
-3. 임영수 목사의 성품과 영락교회 당회

주님 안에서 한 형제자매인 여러분

영락교회는 유명하기도 하고 또 큰 교회요 그에 따라 재정적으로도 넉넉해서 여러분이 원하는 사람이면 아무나 담임 목사로 초빙할 수 있다고 자신하면서 사임한 김윤국 목사 후임으로 선정한 사람이 바로 우리 이웃 교회인 남대문교회에서 목회하고 있던 임영수 목사였습니다. 이웃의 담임 목사를 탐내어 높은 월급과 교회의 명성을 내걸고 유인한 것이었습니다.

여러분은 임 목사를 마음대로 이용하고 활용했습니다. 어떤 문제를 가지고 임 목사를 만나 의논할 때마다 자기는 목회자의 소신대로 할 수 있는 일이 거의 없다는 말뿐이었습니다. 당회가 허락지 않으면 어쩔 수 없다는 것이었습니다. 객관적으로 살펴볼 경우 당연한 사안임에도 불구하고 그는 사리에 맞게 시행할 수가 없었고 자기가 약속했던 것도 장로들이 허락하지 않아 그 약속을 이행하지 못할 때마다 사과하곤 했습니다.

장로들의 비신앙적인 언행에 시달리고 또 시달리다 못해 마침내 공개적으로 장로들을 비난하기에 이르게 되었고 어느 해 특별새벽기도회 때 그는 미리 준비한 설교 원고를 제쳐놓고 성령의 인도하심을 따라 강경한 어조로 장로들을 질책하였습니다(1994년 10월 8일 특별새벽기도회)공개서한(31). 실로 부임한 지 7년 만에 처음으로 듣는 사람 모두의 가슴을 찌르고 후비는 감동적인 설교였습니다. 그런데 이 설교가 장로들의 검열에 걸려 통상적으로는 녹음해서 교인들에게 유통시켜 들려주고 또 문서화하여 널리 읽게 하던 규칙을 깨고 녹음 테이프를 숨기고 문서화하는 일마저 막았던 사건을 기억하십니까? 이런 일은 아마 기독교 교회 역사상 그 유례를 찾아볼 수 없을 것입니다.

또 하나의 결정적인 사고는 중요한 자리에 있던 교회 직원의 변사 사건입니다. 이 커다란 사건을 앞에 놓고 장로들이 모의하여 그 진상을 교인들에게도 철저하게 숨기고 마침 외국에 체류하던 임 목사에게도 허위 보고를 했던 것입니다. 그러나 그런 사건의 실상은 곧 소문을 타고 임 목사에게 알려졌고 임 목사는 급거 귀국하여 진상을 파악하기에 이르렀습니다. 그때 임 목사가 느꼈을 당혹감과 배신감은 여러분이라고 해서 모른 체할 수 없었을 것입니다. 이 지경에 이른 뒤에 임 목사는 더 이상 영락교회에 머물러 있을 수가 없다는 사실을 비로소 깨달았습니다.

우리 교회를 떠나기 전에 먼저 장로들을 엄중 문책해 모두 사퇴시키고 새롭게 당회를 구성했어야 했는데 외유내유(外柔內柔)했던 임 목사는 모든 책임을 자기 혼자만 짊어지고 외국으로 나가서야 사직서를 우편으로 보내온 것은 참으로 말할 수 없이 안타까운 결말이었습니다.
　그때의 여러분과 지금의 여러분은 어떻게 달라져 있습니까?

여러분의 자성을 촉구합니다.

우리 주님의 크신 은총을 기원합니다.
2009.01.08

50 번째 공개서한(2009.01.07)

영락교회 당회의 자성을 촉구함
-2. 김윤국 목사의 초빙과 사임

주님 안에서 한 형제자매인 여러분

한경직 목사님이 정년 은퇴하신 후 그 후임으로 자리 잡은 박조준 목사는 11년 만에 나이가 50살도 채 안 된 한창 때에 물러났고 그 후임으로 미국 시민권을 포기까지 하면서 김윤국 목사님이 부임하셨는데 영락교회 당회는 그분의 목회를 도와드릴 생각은 조금도 하지 않고 심신을 피곤하게만 만들었습니다.

목회자, 신학대학 교수, 신학박사, 그리고 미국변호사 자격까지 갖춘 인물로 명실공히 국내외적으로 인정받는 분을 초빙하였기에 땅에 떨어진 영락교회의 위상을 회복시키고 바른 길을 내디딜 수 있으리라 기대했던 많은 사람들을 끝내 실망시키고 오히려 그 반대의 방향으로 치달았습니다. 나라의 법을 지키고 교단의 헌법을 존중하며 올바르게 목회하면서 한경직 목사님이 세우시고 늘 강조하신 영락교회의 신앙지도 원칙을 그대로 따르려는 김 목사님의 노력은 허사가 되고 말았습니다. 지난 10수 년 간 박조준 목사에게 길들여진 여러분의 무기력함과 무책임, 불법행위 등 비성서적인 행태가 교회의 근본을 계속 파괴하면서 그에게 반대하며 저항을 일삼았기 때문이었습니다.

마음의 고통과 좌절을 극복하지 못 한 김목사님은 종내 몸이 병들어 수

술을 하지 않으면 안 될 지경에 이르렀고 그 때문에 결국 사임하게 되었습니다. 그런데 사임하신 후에는 그때로부터 지금까지 건강하게 지내고 계십니다. 벌써 20여 년 전의 일입니다.

김 목사님이 건강상 부득이 사임하시자 어렵사리 그분을 초빙하면서 여러분이 제시했던 조건과 약속을 일방적으로 여러분 자신들이 폐기해 버리고 언제 보았던 사람이냐 하는 식으로 그를 멀리하며 극도로 미워하기 시작했습니다. 심지어는 건강을 위해 때때로 가서 쉬시던 남한산성에 있는 작은 거처의 연탄 보일러가 동파되어 고장이 났는데도 고치지 않고 연로하신 목사님 부부가 한겨울의 추위에 떨도록 고의적으로 방치했었지 않았습니까? 인간이 얼마나 악독(惡毒)할 수 있는지 장로의 탈을 쓴 여러분이 잘 보여주었던 일 가운데 하나였습니다.

워낙 속이 깊으시고 점잖은 분이시라 자신이 영락교회 장로들에게 당한 섭섭함이나 장로들의 잘못된 행태에 대해 말을 아끼고 계신 줄 생각합니다.

여러분은 여전히 영락교회는 어떤 사람이라도 담임목사로 청빙해 올 수 있고 또 여러분의 비위에 맞지 않으면 아무 때라도 쫓아 낼 수 있다고 생각하십니까? 여러분의 반성(反省)과 회개를 촉구합니다.

하나님의 크신 은총을 기원합니다.
2009.01.07

49 번째 공개서한(2008.12.29)

영락교회 당회의 자성(自省)을 촉구함
-1. 박조준 목사와 영락교회 당회

주님 안에서 한 형제자매인 당회원들에게
 우리 영락교회와 깊이 관련된 몇 가지 문제를 차례대로 제기하면서 여러분의 응답을 기다리겠습니다.

1. 박조준 목사와 영락교회 당회
2. 김윤국 목사의 초빙과 사임
3. 임영수 목사의 성품과 영락교회 당회
4. 이철신 목사와 영락교회

 박 목사가 1973년 한경직 목사님의 정년 은퇴와 함께 우리 교회 당회장으로 위임된 전후에 교인 수가 급격히 증가하기 시작해서 교회당을 넓혀야 할 필요성이 제기되었을 때 박 목사의 의도는 본 교회당을 완전히 허물고 새 건물을 짓는 것이었습니다. 그러나 영락교회의 상징성을 고려해서 전면만은 남겨놓고 내부를 넓히는 증축 공사를 하겠다는 취지로 공동의회를 거쳐 교인들의 동의를 받아 결과적으로는 증축이 아니라 개축한 것이 현재의 본당입니다. 건물의 역사적인 가치를 말살했을 뿐만 아니라 교회당으로서의 공간 활용과 음향 효과의 실효성을 모두 잃어버리고 아주 괴상한 건물이 되어버린 것을 깨닫고 아무리 후회해야 이미 지나간 일입니다. 이럴 때 여러분은 무엇을 하셨습니까?

이렇게 교회당을 망가뜨린 지 5년이 못되어 이번에는 여기 있는 교회를 아예 없애버리고 강남으로 교회를 옮기려고 교회 안팎으로 온갖 불법을 저지르며 교인들을 기만하고 국가 사회를 우롱할 때 여러분은 무엇을 하고 있었습니까?

다음은 그 당시 박 목사와 몇 차례에 걸친 대화 내용의 요지를 간추린 것입니다. 이제야 공개하는 이유는 여러분의 해묵은 오해와 그로 인한 극심한 증오심이 우리 교회 안에 여전히 존속되고 있기 때문입니다:

신 집사: 목사님, 사용불가한 방배동 땅은 왜 구입하셨으며 그것도 교회 명의가 아닌 박 목사님 개인 이름으로 그렇게 한 이유가 무엇입니까?

박 목사: 장로님들이 그렇게 했고 나는 그것이 불법인 줄 몰랐습니다.

신 집사: 교회를 건축할 수 없는 땅을 왜 샀습니까?

박 목사: 앞으로 교회 건축에 사용할 수 있도록 노력하겠고 반드시 그곳에 교회를 건축할 수 있을 것으로 확신합니다.

신 집사: 그런데 당회의 결의를 받고 그렇게 했습니까? 제직회나 공동의회에는 또 어떻게 했습니까?

박 목사: 부동산 취득 관계는 미묘한 사안이기 때문에 사후 승인받는 것이 우리 교회의 관행입니다.

신 집사: 강남으로 교회를 옮긴다는 것은 교회 안팎에 다 알려져 있고 언론에도 그렇게 보도되었는데 이것이 교회법상 적법하게 행사되어 결정된 것입니까? 심지어는 88올림픽을 기해서 방배동 언덕 위에 만여 명 이상이 들어가 앉을 수 있는 교회당과 자동차 천 대 이상이 주차할 수 있는 마당을 가진 교회가 우뚝 서있는 것을 믿음의 눈으로 확실히 보고 있다고 설교단에 올라 크게 외치시기도 하지 않으셨습니까? 그 교회의 모형을 만들어 당회장실에 비치해 놓고 방문객들에게 자랑을 하고 계시기도 하구요.

박 목사: 물론이지요. 이것은 당회 제직회는 말할 것도 없고 공동의회를 반드시 거쳐야 할 중대한 사항이 아닙니까? 틀림없이 그렇게 했습니다. 그렇지 않고서야 제가 외국에까지 다니면서 광고하겠습니까? 신 집사가 너무 지나친 질문을 하고 있는 것 같습니다.

신 집사: 제가 알기로는 그렇지 않습니다. 그렇게 했다는 증거를 보여 주십시요.

박 목사: 지금 당장은 당회록, 제직회의록, 공동의회록 등을 찾아보아야 하므로 불가능하니까 다음에 다시 오면 그때 보여 주겠습니다.

*****

신 집사: 지난번 말씀하신대로 당회, 제직회, 그리고 공동의회 회의 문건을 보려 다시 왔습니다.

박 목사: 대단히 미안하지만 그런 문건은 없습니다. 분명히 있는 줄 알았는데 하나도 없습니다.

신 집사: 엄연히 우리 교단 헌법에 명시되어 있는 기본 사항도 지키지 않으면서 어떻게 목회를 하십니까?

박 목사: 신 집사 이렇게 큰 교회를 하는데 교단 헌법대로만 하면 어떻게 되겠습니까? 아무 일도 할 수 없을 것입니다.

신 집사: 불법적인 방법으로 땅(방배동)을 구입하고 또 불법을 통해 그 땅에 교회를 건축하려고 하는 일에 대해서는 무슨 말씀을 하시겠습니까?

박 목사: 신 집사 대한민국에서 법대로 해서 되는 일이 어디 있습니까?

신 집사: 그래도 믿는 사람들은 법을 솔선해서 지켜야 하는 것이 성경의 가르침 아닙니까?

박 목사: 신 집사 성경이 쓰인 때가 언제인데 지금 이 시대에도 성경대로 살라고 합니까?

신 집사: 그래도 특히 목사는 성경 말씀에 따르는 본을 보여야 하고 생활도 검소해야 하는 것 아닙니까?

박 목사: 내가 만약 대중교통을 이용하고 일반 교인이나 세상 사람들이

기대하는 대로 검소하게 살면 아마 나더러 성자(聖者)라고 말하겠지만 나는 그런 소리 듣기 싫습니다. 나도 인간적인 욕망이 있고 나도 우리 교회보다 적은 교회인데도 그런 교회의 목사들처럼 좋은 승용차를 타면서 그렇게 살고 싶습니다.

신 집사: 목사님의 말씀은 참으로 의외입니다. 목사님께서는 요즈음 여의도순복음교회의 조 목사님과 불편한 관계에 있고 심지어는 조 목사를 이단시하고 계신데 제 귀에는 박 목사님의 설교는 한경직 목사님의 목소리에 담아 내보내는 조 목사의 설교 내용으로 들립니다. 신학이 다르면 설교 내용도 달라야 하는 것 아닙니까?

박 목사: 그렇게 해야 교인들이 좋아합니다.

신 집사: 목사님의 답변은 참으로 놀랍습니다.

박 목사: 제가 그렇게 설교를 하니까 교인의 숫자가 많아지는 것 아니겠습니까?

신 집사: 다시 꼭 여쭈어봐야 하겠습니다. 여기 중구 저동에 있는 교회를 없애고 교인 모두가 강남으로 나가야 한다는 데에 저는 반대합니다. 나갈 사람은 나가고 남을 사람은 남아서 이 역사적인 교회를 지켜야 한다고 생각하기 때문에 그렇게 주장하고 있는데 목사님은 왜 꼭 모두 나가고 한 사람도 여기에서는 예배드려서는 안 된다고 말씀하십니까?

박 목사: 제가 영락교회에 부임할 때 저는 하나님께로부터 사명을 받고 왔습니다.

신 집사: 그 사명과 교인들 모두 이끌고 교회를 옮기는 것이 어떤 관계가 있습니까?

박 목사: 하나님께서 제게 주신 사명은 세계에서 제일 큰 장로교회를 세우라는 것입니다. 그렇게 하기 위해서는 온 교인이 다 강남으로 가야 합니다. 만일 이 일을 못하게 하면 그것은 신 집사가 나더러 영락교회를 그만두라는 것과 마찬가지입니다.

신 집사: 그렇다면 그만두십시오. 저는 목사님의 그 사명 또 여기 교회를

없애야 한다는 생각이 신앙적이라고 여기지 않습니다. 그리고 지금까지 목사님이 적법한 절차를 어기고 진행해 오신 일들에 대해 교인들에게 사과하고 책임 있는 행동을 하셔야 할 것 같은데 어떻습니까?

박 목사: 신 집사, 신 집사는 대학 교수인데 혹 무슨 실수나 잘못이 있을 때 학생들 앞에서 사과합니까?

신 집사: 물론이지요, 당연한 것 아닙니까?

박 목사: 신 집사가 진정으로 답변하는 것 같지 않습니다. 저는 그렇게 못합니다.

신 집사: 목사님께서는 일이 이왕에 이렇게 되었고 모든 사람들이 그런 줄 알고 있으니 기정사실화하고 그냥 넘어가자고 하시지만 그렇게 할 수는 없습니다. 저는 목사님에게 계속해서 책임을 묻겠습니다.

이후 벌어진 소위 인민재판(人民裁判)식의 특별 제직회, 광신도로 변한 일부 교인들의 행패 등을 비롯해서 박조준 목사가 교회를 버리고 나가기까지 영락교회 당회는 무엇을 하였습니까? 특히 한국교회100주년기념행사가 한창 진행되고 있던 그 시절에 한국교회의 위상을 땅에 곤두박질시킨 박 목사의 해외 도피 사건을 앞에 놓고 그 원인을 제공하는데 큰 몫을 한 영락교회 장로들의 무책임과 무능을 여러분은 조금이나마 느껴 보셨습니까? 박조준 목사가 재임하는 동안 한경직 목사님께서 흘리신 눈물이 그 얼마였는지 짐작이나 하고 있습니까? 방배동 땅을 사고 나서 영락교회의 모든 인적자원과 사회적인 영향력을 총동원하여 교회를 지으려고 했다는 사실은 후에 한경직 목사님께서 저에게 직접 확인해 주셨습니다. 당신 자신도 그 일에 동원되어 청와대까지 접촉했었노라고 말씀해 주었습니다.

결국 우리 영락교회를 떠난 박조준 목사는 우리 장로 교단도 탈퇴해서 자기 생각대로 장로 없는 교회를 만들었던 것입니다. 영락교회 재임 시 영락교회 장로들이 얼마나 무능하고 무책임하며 비정한 존재들인지를 너무나도 뼈저리게 체험했기에 또 그런 장로들을 만날까 두려웠던 것이 아니겠습니까? 장로교 교인이요 장로회신학교에서 교육을 받고 목사가 되었고 사고 당시에는 그 신학교의 이사장직까지 맡았던 사람이 장로 없는 교회를 만든 것입니다. 그 사람이 그렇게 되도록 한 장로들이 대체 누구입니까?

  온갖 불법을 일삼는 목사와 매정하기 이를 데 없는 허수아비들의 모임 같은 당회를 가진 교회의 앞길이 어떻게 되어가고 있습니까?

  여러분의 반성(反省)과 자성(自省)을 촉구합니다.

  주님의 은총이 충만하시기를 기원합니다.
2008.12.29

48 번째 공개서한(2001.09.05)

이철신 목사의 정체를 밝히며 사퇴를 거듭 촉구함

믿음 안에서 한 형제인 장로님

저는 금년 초(2001년 2월 27일) 교회 사무실에서 이철신 목사와 만나 그가 우리 교회에서 저지르고 있는 범죄 행위에 대해 잘 알아듣도록 타이르면서 그의 조속한 사퇴를 요청했습니다. 자기의 잘못을 충분히 느끼며 인정하고 있음에도 불구하고 그 이후 아무런 책임지는 행동을 보이지 않고 있음은 참으로 안타까운 일이 아닐 수 없습니다. 거듭 그의 사퇴를 촉구합니다.

교회의 일을 교회 안에서 조용히 해결하지 못하는 제 자신의 무능을 진정 부끄럽게 생각합니다. 그러나 정당한 목소리를 억압하면서 당회의 이름을 빙자하여 집단적으로 교회 헌법과 나라의 법을 위반하며 교회와 사회를 어지럽히고 있으니 부득불 계속해서 더 크게 소리지를 수밖에 없습니다.

손가락질 당하고 있는 한국 교회의 현실에서 유독 우리 영락교회만은 예외라는 생각은 자기 자신을 속이고 있는 자아도취에 지나지 않습니다. 사실 우리 영락교회야말로 가장 많이 반성하고 회개해야 할 첫 번째 교회입니다. 우리 교회 당회에 보내는 이런 편지가 바로 자기성찰이요 자기비판임을 여러분이 인정하실 수 있기를 바랍니다.

특히 목사는 하나님을 섬기는 하나님의 종입니다. 그런데 하나님을 섬긴 다는 것은 사람들을 섬기며 종노릇하는 것으로 실현되는 것입니다. 세상에서처럼 권세 잡은 사람 같이 행동하거나 섬김을 받으려고 하는 사람은 하나님의 종이 아닙니다. 그가 곧 사이비 목사며 비기독교인입니다. 성경은 믿는 이들 모두가 하나님의 종이며 하나님의 자녀로서 하나님과 함께 일하는 동역자라고 가르치고 있습니다.

아울러 금년 우리 교회에서 발생한 크고 작은 사고 중 몇 가지에 대해 여러분의 진실한 답변을 요구합니다.

1. 항존직(집사 장로) 선거 도중 돌연히 선거 무효를 선언하고 중단 사태를 빚었는데 그 배경을 구체적으로 밝히십시오. 누가 어떤 불법과 부정행위를 얼마나 광범위하게 자행했기에 부정 선거이었습니까?

2. 기도원 신축에 들인 비용이 같은 면적의 고급 주택을 짓는 것에 버금갈 정도로 많이 들었다는 의혹을 해명하십시오.

3. 이철신 목사를 비롯한 교역자들의 사례비(월급) 내역을 공개하시기 바랍니다.

4. 여러분들은 여러분이 믿고 위임하여 처리토록 하고 있는 특별위원들 그 중에서도 소위 기소위원들을 조심하시기 바랍니다. 그들이 여러분의 백지위임을 받아 놓고 얼마나 간교한 말과 글을 지어내어 우리 교회를 더럽히고 있는지 잘 살펴보시기 바랍니다.

5. 위에서 언급한 것을 실증하기 위해 여러분의 서명이 담긴 중상모략의 청원서와 정신 지체자가 아니면 도저히 생각해 낼 수조차 없을 정도의 유치하고 비열한 말장난으로 가득한 소위 "생매장 통지문"을 첨부합니다.

6. 그리고 아직도 대답을 듣지 못해 묵혀 있는 수 년 전의 질의서를 첨가합니다. 2001.09.05

첨부

통 지 문

주 소 : 서울특별시 마포구 염리동 10-18 (제11교구 소속)
성 명 : 신 영 오 (합동중앙교단 목사) 귀하

하나님의 은혜가 귀하와 귀 가정에 충만하시기를 기원합니다.
1. 본 당회는 본 교회의 서리집사가 타 교단의 항존직인 "목사직"을 겸직하는 것은 교회의 신령상 좋지 못할뿐더러 이중교적 정리상 정확을 기하기 위하여 귀하의 목사안수 여부에 대하여 귀하가 속하고 있는 교단에 확인을 요청하였던 바, 귀하가 1991년 7월 21일자로 대한 예수교장로회(합동중앙) 총회에서 교육기관 전도목사로 안수받은 사실을 확인하여 1998년 4월 9일자로 별지 사본과 같이 통보하여 왔습니다.
2. 이와 같이 귀하는 본 교회가 속하고 있는 교단이 아닌 타 교단 총회가 설립 운영하는 신학과정(3학년 편입 후 2년간) 및 대학원 과정(2년간)을 오래 전에 이수 졸업하고 자의에 의해 그 교단에 가입후, 그 총회가 실시하는 강도사 고시 및 목사 고시에도 합격하여 당해총회가 정한 바 있는 소정의 목사 자격요건을 취득하였으며, 그 교단에서는 "본인이 원하는 교육기관 전도목사로 요구하기 때문에 이를 "승낙"하여 그 교단총회 헌법이 정하는 절차에 따라 목사 안수를 받고 "교육기관 전도목사"의 임직 절차도 모두 거쳤으면서 귀하는 본교회에 이러한 사실을 신고조차 하지 아니하였으며 이를 숨겨왔기 때문에 본 교회에서는 귀하가 성직(목사직)에 있었음을 알지 못하고 그동안 서리집사로 선임했던 적이 있었으며 이와 같은 이중직임에 대해 귀하는 옳지 못한 일인 줄 알면서도 이를 거절하지 아니하였던 것입니다.
3. 그러므로 귀하는 그동안 대한예수교장로회 헌법(정치편) 제17조 및 제

18조에서 정하는 소속 당회에 이명청원이나 신고도 없이, 다 교단 총회에 가입하여 법리상 본 교회를 떠난지 2년이상 경과되었고 지금도 그 교단 총회소속의 항존직인 "목사직"에 있음이 확인되었으므로 1998년 6월 3일자 당회(치리회)는 귀하에 대하여 같은 법 제19조의 규정에 의거 "본 영락교회의 교인인 신도로서 회원권이 소멸되었음"을 확인하는 한편, 같은 법 제27조 제5항및 제30조내지 제34조의 규정에 의거 "본 영락교회의 직원(교역자)으로 볼수 없음"을 확인결의하였기에 같은 법 제70조의 규정에 의한 입교인 명부를 정리하게 되었으니 그리아시기 바랍니다.

첨부서류 : 확인서 사본 1부
  끝.

1998. 6. 26.

대한예수교장로회영락교회치리회
회장 이 철 신 목사 인
서기 이 정 호 장로 인

47 번째 공개서한(2000.11.22)

이철신 목사의 사퇴를 거듭 촉구함

믿음 안에서 한 형제인 장로님

 애초부터 우리 장로교의 헌법을 어기면서 잘못 부임한 이철신 목사는 왜 그토록 무리한 처신을 했는지를 그동안의 언행이 잘 설명해주고 있습니다. 그가 목사나 목회자리는 직분을 논의하기 이전에 그가 과연 기독교인인가를 의심케 하는 언행을 계속 저지르고 있습니다. 오늘은 교회 직원에 대한 부당한 처우와 이철신 목사의 상상하기조차 어려운 망발에 관해 말씀드리려 합니다.

 1. 우리 교회의 교역자는 통상적으로 말하는 바와 같이 목사와 전도사만이 아닙니다. 교회 직원들이야말로 우리 교회를 떠받치고 있는 교회의 일꾼들입니다. 담임 목사를 포함하여 소위 나그네와 같은 목사와 전도사들 이상으로 교회 직원들의 수고를 높이 평가해야 합니다. 교회 직원들의 정당한 삶을 사무적으로 말 한마디 하고 공제하거나 헌금 명목으로 강제 징수하거나 했던 일이 다시 발생해서는 안 됩니다. 이런 일에 대해 담임 목사는 공개적으로 사과하고 되돌려 줄 것을 속히 되돌려야 합니다. 나라에서 정한 법의 수준에도 미치지 못하는 부끄러운 일들이 재발하지 않기를 바랍니다.

 2. 교회를 마치 자기의 개인 사업체인양 여기고 담임 목사가 사사로운 목

적에 쓰일 경비를 무단히 제직회원이나 당회원조차도 모르게 빼내서 쓰는 일이 있어서는 안 됩니다. 이철신 목사가 금년 8월 교인들에게는 아무런 예고도 없이 부부 동반하여 가까운 친구들끼리 해외 여행하면서 사용한 교회 헌금은 즉시 교회에 반환하기 바랍니다.

  3. 이철신 목사가 설교단에 올라서는 순간 졸기 시작하는 교인이 적지 않고 여러분 자신들조차 그의 설교를 귀담아 들으려 하지 않는다는 사실은 누구보다 여러분 자신이 잘 아실 것입니다. 그렇지만 이철신 목사가 우리 교회의 절기와 특별 행사에 어울리는 적절한 내용을 아예 외면하는 것은 차라리 제쳐놓고라도 그를 통해 X소리 같은 설교가 영락의 강단에서 흘러나오는데 대해서조차 여러분이 무관심한 태도로 일관하는 것은 참으로 통탄할 노릇입니다.

  지난 9월 3일 주일 설교는 제목이 '예배드림'이었는데 그 중요한 내용은 예배라는 용어에 대한 해석이었습니다. 그는 이렇게 외쳤습니다. "....'이십사(24)장로가 하나님 앞에 경배한다. 엎드려 경배한다(본문:요한계시록 4:10-11)'는 말을 사용하고 있습니다. 경배라는 말속에는 이런 의미가 담겨져 있어요. 개가 주인의 손을 핥는 것처럼 키스를 하면서 주인께 아첨하고 굽실거리면서 충성을 다하는 그런 의미가 포함됐습니다. 주인이 나타나면 개가 얼마나 좋아합니까? 그 앞에서 꼬리를 치고 좋아서 앞발을 들고 달려들고 핥고 굉장하지요." 이런 X소리가 튀어나오는 것이 우리 영락교회의 강단입니다. 신령과 진리로 드려야 하는 예배를 X수작에 비유하는 이 사람의 정체가 대체 무엇입니까?

  아직까지 1998년 4월에 이철신 목사가 약속한 회신을 기다리고 있습니다. 여러분의 기억을 다시 새롭게 하기 위해 그 질의서를 첨부합니다.^{첨부: 공개서한(36)}

  여러분의 조속한 응답을 고대합니다.

  우리 주님의 크신 은총 속에 내내 강건하시기 바랍니다. 2000.11.22[1]

---

1 편집자 주 - 편지 원문엔 36번째 공개 서한이 첨부되었다.

46 번째 공개서한(2000.09.19)

엉터리 목사와 사악한 장로들

믿음 안에서 한 형제인 장로님

근 2년 반이나 넘도록 소식이 없는 이철신 목사의 회답을 기다립니다. 아울러 우리 영락교회에서 하루속히 청산되어야 할 엉터리 목사와 사악한 장로들에 대해 말씀드리려 합니다.

1. 교인이 담임 목사에게 거는 전화는 사무실을 통해 목사 부인에게 통보된 후 반드시 목사 부인의 지시가 있어야만 나중에 통화가 가능한 참으로 어처구니없는 짓거리가 바로 이철신 목사의 경우입니다.

2. 이철신 목사에게 띄운 편지는 교회 말단 직원이 임의로 처리하고 있습니다. 이철신 목사는 편지 회신 하나 할 수 없는 무능한 허수아비입니다.

3. 담임 목사란 원래 행정가minister라는 의미입니다. 이철신 목사는 교회 행정적인 면에서는 아무런 책임이 없다고 말하는 엉터리입니다.

4. 이철신 목사의 설교가 이제는 일일이 거론할 것조차 없을 정도로 하도 엉터리여서 이웃 교회로 예배드리러 가는 영락교회 교인이 너무 많이 늘었습니다. 대책이 시급합니다.

5. 이런 엉터리 담임 목사와 잘 어울리는 사건이 하나 더 발생했습니다. 지금 진행되고 있는 기도원 공사 중 일어나는 불법 행위를 눈감아 달라고 하면서 아무개 장로가 아무개 집사를 마침내 돈으로 매수하는 단계에까지

다다랐습니다. 그야말로 미친 짓거리입니다. 썩어빠진 엉터리 목사와 사악한 몇몇 장로들의 손아귀에 휘둘리며 우리 영락교회는 하루하루 파멸의 깊은 수렁 속으로 빠져가고 있습니다. 속히 조치해야 합니다.

여러분의 응답을 기대합니다. 거듭 2년 반 전에 작성하여 이철신 목사에게 전달하고 회답의 약속을 들었던 문서를 동봉합니다.

우리 주님의 크신 은총 속에 내내 강건하시기 바랍니다.[2]

2000.09.19

---

2 편집자 주 - 편지 원문엔 36번째 공개 서한이 첨부되었다.

45 번째 공개서한(2000.05.25)

한경직 목사님을 추모함

믿음 안에서 한 형제인 당회원에게

원로 목사님의 장례식과 모든 절차에 임하여 여러분이 기울여 주신 정성과 봉사에 깊이 감사드립니다. 그분의 뒤를 이어 예수님의 발자취를 따라가는 삶이 우리 영락교회에서 한시라도 소홀해지는 일이 없기를 바랍니다.

벌써 2년이 넘도록 미루고 있는 이철신 목사의 회답을 기다리며 여러분의 도움을 요청합니다. 속히 답변하고 곧 우리 교회를 떠나도록 조치하여 주시기를 바라며 몇 가지 질의 사항을 첨가합니다.

1. 우리 교회에 부임한 이후 내내 이철신 목사가 사택 전화번호를 두 번 세 번 바꾸면서 극비에 붙이는 이유.

2. 우리 교회의 어느 공문서에도 그의 사택 주소나 전화번호가 기재되어 있지 않으며 꼭 한 곳 극히 제한된 수의 사람에게만 배포되어 있는 방명록에서 발견할 수 있지만 그 기재 사항은 모두 허위 주소요 허위 전화 번호인 이유.

3. 부목사와 전도사에게는 철저하게 인권이 부여되어있지 않는 이유.

4. 이철신 목사가 제직회 의장으로서 제직회원의 정당한 발언을 봉쇄하며 발언권을 박탈한다고 공언할 수 있는 근거.

5. 또한 이철신 목사가 제직회를 해체하겠다고 발언한 이유와 근거.

6. 수유리 영락기도원 건축 중단의 경위와 그간 탕진한 수억 원의 헌금 등에 대한 해명과 관계자들에 대한 문책.

7. 주일 예배에 참석한 장애자가 거치적거린다고 교회 밖으로 내어 쫓은 사건에 대한 해명.

여러분의 도움을 거듭 요청합니다. 아울러 2년 전의 질의서를 다시 첨부합니다. 첨부: 공개서한(36)

우리 주님의 크신 은총 속에 강건하시기 바라며 기도합니다.

2000.05.25

44 번째 공개서한(2000.03.03)

이철신 목사가 약속한 회답을 기다리며
그의 사퇴를 거듭 촉구함

믿음 안에서 한 형제인 당회원에게

그가 그렇게 하겠다고 두 번 세 번 다짐한 회답을 만 2년이 다 되도록 기다리고 있습니다. 여러분께서 그가 약속을 속히 이행하고 우리 교회를 떠나도록 거들어 주시기를 바라며 이 서한을 보냅니다. 아울러 그 이후 우리 교회에서 발생했고 또 진행되고 있는 아래 문제에 대한 해명과 사과, 그리고 이철신 목사를 포함해서 관계된 당회원의 문책을 요청합니다. 이런 일을 저지르는 의도의 음흉함과 그 과정에서 여러분이 보여준 비열하고 치사한 행태는 그 당사자들이 제대로 된 인간이라면 도저히 상상조차 하기 어려울 정도이기에 여기에 적지 않겠습니다. 언젠가는 그렇게 할 기회가 있을 것입니다.

1. 우리 교회에 수십 년 동안 충실히 출석하고 있는 세례입교인을 이철신 목사가 아무런 근거나 절차 없이 제명한 사건.

2. 수유리에 있는 영락기도원의 건물을 모두 철거한 채 방치하고 있는 사실.

3. 온갖 비리와 부정 그리고 허위 과장 현상이 어우러져 부패와 타락의 극을 달리고 있어서 즉각 중지해야 할 소위 항존직 선거 일정.

여러분의 기억을 되살려 드리기 위해 2년 전 1998년 4월 7일에 작성하여 이철신 목사에게 송달하였던 면담준비서를 첨부합니다.^{첨부: 공개서한(36)}

우리 주님의 크신 은총 속에 내내 평안하시기 바랍니다.
2000.03.03

43 번째 공개서한(1999.10.22)

이철신 목사의 회답을 기다리며 그의 사퇴를 촉구함

믿음 안에서 한 형제인 당회원에게

곧 그렇게 하겠다고 거듭 다짐을 받은 이철신 목사의 회답을 일 년 반이 넘도록 아직 기다리고 있습니다.

그가 계속해서 더 이상 거짓말쟁이가 되지 않고 약속을 지키도록 도와주시기 바랍니다.

그가 대답해야 할 질문은 제대로 된 목사라면 누구나 즉석에서 명쾌하게 응할 수 있고 또 반드시 그래야 할 것들에 지나지 않습니다.

그가 앞으로 어느 교회로 자리를 옮겨 목회를 하던 그 자신을 위해서 그러해야 하며 머지않은 장래에 우리 영락교회로 부임할 새 담임 목사도 물론 마찬가지이기 때문에 다시금 회답을 촉구하는 것입니다.

여러분의 기억을 되살려드리기 위해 질문서(면담준비서[3])를 첨부합니다.

우리 주님의 크신 은총 속에 평안하시기 바랍니다.

1999.10.22

---

3 편집자 주 - 편지 원문엔 면담준비서가 첨부되었다.

42 번째 공개서한(1999.02.19)

사이비임을 공표한 이철신 목사

믿음 안에서 한 형제인 당회원에게

이철신 목사의 기독교와 교회에 대한 무지와 오해, 그리고 편견과 왜곡에 관해 분명히 깨우쳐 주어 지금까지 그가 저질은 잘못을 깨닫게 하려던 차에 그가 계획적으로 자기 자신이 원래 기독교인이 아니라는 것을 확인해 주었습니다.

1. "하나님의 아들이신 그리스도는 참 육신과 영혼을 취하심으로써 사람이 되셨습니다. 그는 성령의 능력에 의하여 동정녀 마리아의 몸에 잉태되어 그에게서 나셨으나 죄는 없으십니다.(대한예수교장로회 헌법 제1편 교리 제3부 요리문답 문22)."

이철신 목사는 예수님께서 깨끗하게 해야 할 죄가 있으시다고 했습니다.

2. "예수 그리스도는 사람이 가지는 모든 근본적 요소와 거기서 나오는 일반적 결점을 가졌으나 죄만은 가지지 않으셨다(대한예수교장로회 헌법 제1편 교리 제4부 웨스트민스터 신앙고백 제8장 중보자이신 그리스도에 관하여)."

예수 그리스도가 죄 없으신 하나님의 아들이라는 사실은 기독교의 근본 진리입니다.

3. 예수 그리스도는 탄생하시기 전이나 육신을 입어 사람이 되셨을 때나

를 막론하고 깨끗하게 해야 할 죄가 없으십니다.
  이철신 목사는 이 분명하고 기본적인 진리를 부인했습니다.
  4. 주말이 가까워 오면 며칠을 교회 집무실에 출근조차 하지 않으며 남한산성 수유리 기도원 등에 거처를 마련하고 준비한다는 설교, 주일에는 5번씩이나 꼭 같은 내용을 반복하는 설교를 통해 이철신 목사는 예수님이 깨끗하게 해야 할 죄가 있으신 분이라고 외쳤습니다.
  이러함으로써 이철신 목사는 기독교인이 아님을 감히 강단에 올라 공표했습니다.
  5. "하나님께서 모세를 사용할 때는 40년 동안 애굽의 궁정에서 훈련을 시켰습니다. 또 40년 동안 미디안 광야에서 훈련을 시켰습니다. 양치기 목동으로 갖은 고생을 하면서 외로움과 고독을 싸워 가면서 훈련과 연단을 받아서 그래서 모세가 깨끗한 그릇이 된 것입니다."
"다윗도 40년 동안 자기를 깨끗하게 준비했습니다."
"요셉도 13년 동안 노예생활을 하면서 자기를 깨끗하게 했습니다."
"우리 예수님도 30년 동안 자기를 깨끗하게 했습니다. 단 3년 일하기 위해서 30년 동안을 준비하고 훈련하고 자기를 깨끗하게 한 것입니다."
"무엇에서 깨끗하게 해야겠다는 것입니까? 죄에서부터 깨끗하게 해야 됩니다."
"자기를 비워야 깨끗하게 되는 것입니다."
  이것은 이철신 목사가 행한 설교입니다(1999년 2월 7일 주일예배).
  드디어 이철신 목사는 무엇에 쫓기듯 서둘러 자기가 사이비 기독교인이요 목사라는 가면을 쓴 불신자임을 용감하게 선포하면서 기독교에 정면으로 도전하고 있습니다. 그런 그를 여러분은 강단에 세워 놓았습니다.
  여러분의 응답을 기다립니다.

  하나님께서 여러분에게 믿음의 지혜와 용기를 주셔서 결단을 내릴 수 있게 하시기 바라며 기도드립니다. 1999.02.19

41 번째 공개서한(1999.02.12)

영락교회왕국의 왕노릇하는 이철신 목사

믿음 안에서 한 형제인 당회원에게

  교회가 타락하면 비윤리적이고 반사회적인 사교(邪敎)집단이 됩니다. 그렇게 되는 것은 목사의 언행으로 표현되는데 우리 영락교회가 지금 그 과정에 놓여 있습니다.

  1. 이철신 목사는 교회헌법과 국법을 완전히 도외시하는 범죄인입니다.
  우리 장로교헌법을 철저히 도외시하고 무고한 교인을 허위 중상모략하고 있는 이철신 목사는 사교집단의 교주로 행세하는 사이비입니다.
  2. 교회의 탈을 쓴 종교의 이름으로 국민의 기본권을 짓밟고 모욕할 때 국가는 피해 국민을 보호할 의무가 있습니다.
  성경에 입각하여 제정된 교회헌법을 무시해 가면서 국민을 모욕하며 부당한 처우를 할 때 국법이 그 횡포를 막도록 하는 것은 국민의 권리입니다(대한예수교장로회 헌법 제1편 교리 제4부 웨스트민스터 신앙고백 제23장 관공직에 관하여).
  3. 대한민국은 민주공화국이요 국민은 주권자입니다(대한민국헌법 제1조).
  썩을 대로 썩은 목사와 장로들로 구성된 집단의 횡포와 인권 모독에 대해 국법으로 타락한 집단에 제재를 가하여 사회 정의를 실현하는 것은 기독교인의 의무입니다.

4. 대한민국헌법의 기본정신은 세계인권선언과 같습니다.

교회의 탈을 쓴 종교의 이름으로 신앙 양심을 팔아먹고 국민을 부당하게 억압하는 것을 막고 국민을 보호할 의무가 민주국가에 주어졌습니다(대한민국헌법 제 10조).

5. 국가기관에 범죄자를 고소 고발하는 것은 민주국가 국민의 주권 행사입니다.

국민기본권 행사를 범죄시하며 국법을 모욕한 이철신 목사는 대한민국의 법과 믿음을 초월한 영락 사이비 집단 왕국의 전제군주가 되었습니다.

6. 박태원 집사님을 향한 핍박과 음해에 대해 이철신 목사는 그 잘못을 깊이 뉘우치고 곧 사과해야 합니다.

이철신 목사는 사이비임을 속히 자복하고 패륜 행위를 그쳐야 합니다.

7. 박태원 집사님은 신앙 양심을 지키기 위해 노력하며 국민의 기본 권리를 행사하고 있습니다.

교회법과 국법을 무시하는 이철신 목사는 즉시 교회를 떠나서 크게 반성하고 새로운 인생의 길을 찾으시기 바랍니다.

8. 이철신 목사의 자만심에 가득한 명예욕과 물질욕이 죄를 거듭 범하게 만들고 있습니다.

그렇게 구체적으로 일러주며 충고했는데도 불구하고 이철신 목사는 헌금을 허비하는 행태를 고치려 하지 않고 있습니다. 속히 교회를 떠나기 바랍니다.

9. 당회원들도 이철신 목사가 사이비임을 이제는 잘 알게 되었습니다.

부임한 지 일 년밖에 안 되었기 때문에 차마 이철신 목사더러 그만두라고 말하기가 어렵다고 하는 장로들의 수가 점점 늘어가고 있는 사실을 이철신 목사는 감지하시기 바랍니다.

10. 이철신 목사가 사이비임을 한국교계가 인식하는 데에는 1년이 짧지 않았습니다.

이철신 목사는 자신과 교회를 위해 속히 자퇴하시기 바랍니다.

당회원 여러분의 관심과 기도에 다시 한번 감사드리며 응답을 기다립니다.

1999.02.12

40 번째 공개서한(1999.02.05)

영락교회 당회의 집단 범죄 조직화와 이철신 목사

믿음 안에서 한 형제인 당회원에게

이철신 목사를 불법으로 취임시킨 영락교회 당회는 그렇게 한 이유가 있습니다. 자기네들의 범죄 사실을 은폐하고 계속 교회를 좌지우지하기 위해서는 속히 그렇게 해야 했습니다. 이철신 목사는 이 간악한 속셈을 간파한 후 불법 취임해서 여러분의 약점을 볼모 삼아 여러분을 이용하고 있다는 사실을 여러분도 알고 있을 것입니다. 이렇게 양쪽이 모두 비열하고 치사하게 야합한 이후 병들어 가는 것은 교회일 뿐입니다. 회개하십시오.

1. "교인과 직원의 신앙과 행위 또는 치리회의 결의나 결정이 성경에 위배되거나 성경에 의거하여 제정된 교회의 규례를 위반하는 것과 다른 사람으로 범죄 하게 하거나 덕을 세우는데 방해하는 것을 범죄라 한다(대한예수교장로회 헌법 제3편 권징 제3조)."

이철신 목사는 명백히 대한예수교장로회 헌법을 위반하고 취임했으며 당회원들은 이것을 조장했습니다. 모두 범인들입니다.

2. 사무처장이었던 시무장로의 혼외정사 중 변사 사건을 은폐하고 교인을 기망한 장로들은 범죄자들입니다.

박태원 집사님은 이러한 여러분의 범죄 행위를 지적하고 회개를 촉구했고 전임 당회장은 자신이 부재중에 발생한 이 사건에 책임을 지고 자퇴했습니다.

3. 장로가 공공연하게 박태원 집사님을 중상모략했습니다.

그 장로의 중상모략은 국가법원의 판결을 받았습니다. 교회법도 어긴 그 사람은 국가법의 심판에 따른 전과자입니다.

4. 바로 그는 "장로는 장로의 권위를 지키기 위해 절대로 사과할 수 없다."고 했습니다.

박태원 집사님에게 진작 잘못을 사과했으면 그가 법원의 판결을 받아 전과자가 될 필요가 없었습니다. 그는 아직까지도 사과하지 않고 있습니다.

5. 범죄자인 바로 그 장로의 허위날조와 중상모략을 편들어주기 위해 그 자신들 역시 범죄자들인 당회원들이 집단행동을 하였습니다.

장로들이 연판장을 작성해 법원에 제출한 청원서는 악의로 가득 찬 중상모략의 연속극입니다.

6. 범죄자인 이철신 목사와 그를 맹종하는 장로들이 자칭 재판장이 되고 검사노릇을 하며 자기 자신들이 증인 노릇까지 하면서 교회를 어지럽히고 있습니다.

자기 자신들을 신앙적으로 질책하며 충고하는 사람에게 머리 숙여 고맙다고 하지는 못할지언정 이렇게 보복을 자행하고 있습니다.

7. 여러분은 자기들의 범죄를 은폐하고 정당화하기 위해 계속 교회법을 유린하고 무시하는 몰상식한 행동을 거듭하고 있습니다.

교회헌법의 죄증설명서(권징 제7조), 고소고발의 시한(제8조), 원고 피고와 증인의 소환(제13조), 재판 및 증인 심문의 연기(제14조), 재판의 절차(제17조), 피고의 이의(제18조), 재판원의 기피(제23조), 증거조사(제26조), 증인의 자격(제27), 증인에 대한 참작 사항(제29조), 증거 조사위원(제32조), 증인의 동석 불허(제33조) 등의 조항과 관련된 명문 규정을 완전히 제쳐놓고 있습니다.

8. 여러분은 허위사실을 근거로 판결하고 있습니다.

판결의 요건(제39조)에서 증거 조사 없는 판결은 무효임을 명기하고 있습니다. 허위 날조한 중상모략에 무슨 증거가 있을 수 있겠습니까!

9. 그 장로는 지금이라도 잘못을 뉘우치고 사과하시기 바랍니다.

"장로는 집사에게 사과할 수 없다"는 생각은 누구한테서 배운 것입니까? 도대체 장로가 무엇이기에 이따위 말을 함부로 뱉어내고 있습니까!

10. "목사는 하나님의 말씀으로 교훈하며, 성례를 거행하고, 교인을 축복하며, 장로와 협력하여 치리권을 행사한다(대한예수교장로회 헌법 제2편 정치 제26조 목사의 직무)."

이철신 목사의 설교는 이제 여러분도 인정하다시피 그게 어디 교회 강단을 통해 들어야 하는 내용입니까? 교인들을 축복하기는커녕 자기 자리를 보전하기 위해 증오심에 사로잡혀 분별력을 잃고 자청해서 엉터리 재판장 노릇을 하고 있는 이철신 목사, 기독교와 교회에 관하여 도무지 무지몽매한 장로들을 가르치기는커녕 한데 어울려 불화를 조성하며 이간질하여 교회를 무법천지화하는 목사, 바로 이 사람이 커다란 빈 껍질 속에서 썩어져 가는 교회를 무대로 삼아 주잡하게 행세하며 혹세무민하고 있는 또 하나의 세기말적인 사이비 목사가 아니겠습니까! 적그리스도가 밖에 있는 것이 아니라 바로 여러분 곁에 있습니다!

여러분의 끊임없는 관심과 기도에 거듭 감사드리며 응답을 기다립니다.
1999.02.05

39 번째 공개서한(1999.01.29)

이철신 목사의 낭비벽과 게으름을 다시 논함

믿음 안에서 한 형제인 당회원에게

이철신 목사께서 우리 교회에 불법으로 부임 이후의 생활 모습은 이전에는 어떻게 생활을 꾸려갔었는지 모르나 부임 이후의 생활모습은 마치 거지처럼 살던 사람이 어느 날 갑자기 부잣집에 고용된 후 돈쓰는 데만 정신이 팔려 제 할 일을 잊고 지내는 머슴 같아서 한심하기 이를 데 없습니다.

1. 이철신 목사가 집을 여러 채 독점 사용하고 있다는 것은 그만큼 관리비용도 많이 든다는 뜻입니다.

여러 채 집을 유지하기 위한 비용은 어디서 생기는 것입니까?

2. 집이 이곳저곳 여러 곳에 흩어져 있다는 것은 그만큼 시간과 비용의 낭비가 크다는 뜻입니다.

자기가 응당 만나야 할 교인을 만날 시간은 좀처럼 내지 못한다면서 자동차 속에 앉아서 보내는 시간은 시간이 아닙니까? 교회 사무실에서조차 모른다고 할 정도로 행방이 묘연할 경우가 너무 많지 않습니까?

3. 목사는 교회 구내에 마련된 사택에 거주하는 것이 마땅합니다.

목사는 교회를 돌보아야 하는 청지기 중 한 사람이기 때문에 불철주야 교회 안팎을 돌아볼 이 책임을 마다하면 아예 교회를 떠나야 합니다. 이철신 목사가 아직 교회 구내로 들어와 정착하지 않은 상태이므로 그냥 그곳에서 아주 떠나버리기도 쉬울 것입니다. 곧 그렇게 하시기 바랍니다.

4. 집을 여러 채 사용하는 것은 헌금을 직접적으로 낭비하고 있는 범죄일 뿐만 아니라 교회 직원의 시간과 정성을 빼앗아 교회에 상처를 내는 것입니다.

집은 고장 나는 부분이 있고 수리하며 손보아야 할 물건 중 하나입니다. 교회직원을 오라 가라 하면서 그들의 시간을 빼앗고 교회 업무에 막대한 지장을 주어야 할 권리를 누가 이철신 목사에게 부여했습니까?

5. 부목사나 전도사보다 정말 교회구내로 들어와 살아야 할 사람은 담임목사입니다.

교회 구내의 사택 생활이 귀찮고 불편하다고 생각하는 이철신 목사는 담임 목사의 자격이 없는 것은 말할 것도 없고 어느 인간 사회의 책임자로서도 전혀 자격이 없는 사이비라는 사실을 스스로 증명하는 것입니다. 우리 영락교회를 진정으로 자기 교회라고 여긴다면 담임 목사부터 빗자루를 들고 교회 곳곳을 청소해야 합니다.

6. 목회자는 교인들과의 접촉을 항상 유지해야 합니다. 교회 사택은 이것을 가능하고 쉽게 합니다.

교인들과의 만남이 없거나 어려운 상황을 자발적으로 조성하고 있는 이철신 목사는 목회의 기본을 스스로 포기한 사이비입니다. 이런 목회자는 차라리 없는 것이 더 바람직합니다.

7. 이철신 목사 부임 이후에 급격히 진행되고 있는 출석 교인의 감소는 무엇 때문입니까?

목회자의 기본을 갖추지 못한 이철신 목사는 하나님의 말씀을 바로 전할 수 없는 원천적 부적격자입니다. 다수의 교인들이 내놓고 말은 하지 않지만 점점 이 사실을 확실히 인식하고 있습니다.

8. 헌금은 담임 목사의 사업 수익금이 아닙니다.

집을 여러 채나 사용하며 기사 딸린 승용차를 굴리는 사람은 그 수준에 맞게 의식주가 사치스러울 수밖에 없다는 것을 뜻합니다. 목사가 아니더라도 이래서는 안 됩니다. 교회예산 규모가 큰 것과 목사가 함부로 돈을 써도 된다는 것과는 아무런 관계가 없습니다. 오히려 더 절약해야 합니다.

9. 목사 곧 성경에 쓰여 있는 대로의 하나님의 종 머슴은 섬겨야 할 교인들의 가장 낮은 생활수준을 뛰어넘을 수 없습니다.

주인 보다 더 호화롭고 사치스럽게 사는 품팔이 머슴이 있다면 그것은 악한 종이 아니겠습니까?

10. 월요일은 쉬고, 금요일 토요일은 교회에 출근조차도 하지 않고 바쁜 척하는 이철신 목사는 대체 무엇을 하는 사람인지, 그렇게 시간 드려 준비한다는 설교는 왜 그런 수준인지 해명해야 합니다.

몇몇 사람의 측근들하고만 비밀 전화로 연락하며 숨어다니지 말고 이철신 목사는 하루의 일정을 떳떳하게 공개해서 공인다운 태도를 분명히 보여주어야 합니다. 설교는 사람들과의 만남에서 우러나올 때에라야 만 하나님께서 능력과 감동을 주시는 것입니다.

오늘은 이만 줄이려 합니다. 여러분의 관심과 기도에 깊이 감사드립니다.

1999.01.29

38 번째 공개서한(1999.01.22)

목회자의 기본이 결여된 이철신 목사의 즉각 사퇴를 촉구함

믿음 안에서 한 형제인 당회원에게

이철신 목사는 부임 이전에 벌써 많은 문제점을 안고 있었던 염려 그대로 과연 부임 이후 목회자로서의 기본 자질이 전혀 없음을 스스로 증명해 주었습니다. 앞으로 이 서한을 통해 여러 번에 나누어 그가 사이비 목사임을 거론하면서 즉각 사퇴를 촉구하고자 합니다.

1. 이철신 목사의 비인간성

자기에게는 모든 면에서 아버지뻘이나 되는 박태원 집사님의 간곡한 권면과 충고가 담긴 편지를 철저하게 무시함으로써 인격을 짓밟고도 뉘우침이 없습니다. 이런 사람이 바로 패륜아 아니겠습니까!

2. 이철신 목사의 부정직

뜯어 읽어 보고서도 천연덕스럽게 거짓말한 것이 한 번만이 아닙니다. 다른 교우의 편지도 마찬가지였습니다. 상습적으로 거짓말을 하고 있습니다.

3. 목회자의 기본이 결여된 이철신 목사

목회는 교인과의 만남에서 이루어집니다. 이철신 목사는 자기가 만나고 싶지 않은 교인은 무슨 핑계를 대고서라도 만나지 않으려고 피해 다닙니다.

4. 비밀 전화 번호를 사용하는 이철신 목사

교인들의 전화가 귀찮다고 여기기 때문에 이철신 목사의 사택 전화 번호는 철저한 비밀에 부쳐져 있습니다. 자기가 좋아하는 사람과만 통화를 하는 것이 목회 방침이라고 합니다. 교회의 모든 공식 문서에 적혀있는 것은 허위 번호입니다.

5. 헌금을 낭비하고 있는 이철신 목사의 세속적인 욕심과 허영

교회 구내에 사택이 건축되고 있는 동안 임시로 마련된 교회 사택은 남산기슭에 있습니다. 그런데 완공된 지 일 년이 지난 지금도 교회 구내 사택은 비워둔 채 이사 오지 않고 잠시잠시 사용하면서 교회 재정을 축내는 것은 말할 것도 없고 남한산성에 있는 교회 숙소도 독점하고 주말에만 사용할 뿐입니다. 교회에는 사무실과 휴게실을 따로 더 갖고 있습니다. 마치 귀족부호처럼 교회 공간을 차지하고 호사하고 있습니다.

6. 사회 윤리적 양심의 부재와 자기과시욕

운동 삼아 걸어 다니거나 대중교통을 이용해도 될 것을 새벽부터 굳이 기사 딸린 승용차를 타고 들고 나며 교회 돈 들여 아까운 자원을 낭비하면서 그만큼의 대기 오염 물질을 마구 쏟아 내면서도 사회 윤리적인 양심의 가책이 없는 무감각성과 번쩍이는 승용차에 부인과 함께 앉아 자기과시에 빠진 그 부끄러운 자세를 향한 뭇 사람의 손가락질에는 애써 눈을 감고 있습니다.

7. 교회 인사 행정의 난맥상

정상적인 절차를 밟지 않고 불법 취임한 이철신 목사의 인사 행정은 생래적으로 몰상식 바로 그것입니다. 인천제일교회에서 같이 일하던 사람을 골라 부목사로 채용하는 등의 파행에까지 도달했습니다. 자기들 끼리만의 패거리 구축작업의 마각이 마침내 드러나고 있습니다.

8. 목사가 무엇 하는 사람인지조차 인식 못 하고 있는 이철신 목사

목사는 전문적으로 교회를 봉사하도록 채용된 나그네 머슴입니다. 그런데 지금 우리 교회는 주인과 종이 뒤바뀌어 있습니다. 그뿐만 아니라 이철신 목사는 마치 자기가 절대자인 양 행세하며 잘못에 대한 반성이나 뉘우침이 없습니다. 목사는 사람이지 신성불가침한 어떤 다른 존재가 아닙니다. 사람은 사람다워야 합니다.

9. 신학교육을 전혀 받지 못한 듯한 이철신 목사

하나님의 종인 목회자는 사람에게 종노릇하는 것으로 임무를 수행하는 것입니다. 목사가 사람을 무시하며 만나기를 회피하고 전화 번호까지 숨긴다면 대체 그 사람의 정체가 무엇이겠습니까!

10. 설교 따로 생활 따로의 이철신 목사

목사의 설교는 목사의 생활을 통해 실천되고 증명되어야 합니다. 그렇지 않을 때 그 목사는 사이비가 되는 것입니다. 사이비 목사는 적그리스도의 역할을 하는 사람입니다. 이철신 목사는 곧 깨닫고 더 늦기 전에 회개하고 영락교회를 떠나야 합니다.

여러분의 깊은 관심과 기도를 부탁드리며 응답을 기다립니다.

1999.01.22

37 번째 공개서한(1998.12.22)

증오심으로 일그러진
우리 교회 당회의 회개를 촉구함

믿음 안에서 한 형제인 당회원에게

  금년초 이철신 목사께서 대한예수교장로회 헌법을 위반하고 정상적인 절차 없이 불법 취임한 이래 한 해 동안 우리 교회 안에서 발생한 부정과 비리는 바로 썩을 대로 썩은 우리 사회의 한 단면입니다. 모략중상과 표독스러운 살의(殺意)가 사람을 놀라게 합니다.

  1. 불법 취임한 무자격자 이철신 목사가 바로 몇 주일 전에 집례한 임직식은 그 자체가 무효입니다. 엄청난 선거 부정이 폭로되자 선거 관리 위원장을 희생양으로 삼아 면직시켰지만 실은 이철신 목사 자신이 책임지고 자퇴해야 하는 사안입니다. 서울노회에 부정 행위의 증거와 함께 선거 무효 소송을 제기한 김학순 집사님을 이틀이 멀다하고 쫓아다니며 손발이 닳도록 애걸복걸한 것으로 무사했다고 생각했겠지만 만일 여러분의 신앙 양심이 조금이나마 살아있다면 부끄러워하고 있을 것입니다. 회개하십시오.

  2. 초가을에 접어들어 여러분이 저질은 일을 기억하십시오. 전에 임영수 목사를 포함하여 단 세 사람이 조용히 회합한 자리에 말없이 합석만 했던 박태원 집사님을 가당치 않은 누명을 씌워 권징하고자 하여 이철신 목사는 증인도 세우지 않고 일방적으로 재판을 진행했습니다. 그러고서도 아직까지 뉘우침이 없습니다. 부임하기 이전 박태원 집사님의 간곡한 사연

이 담긴 편지를 뜯어보고서도 안 본 체 시치미를 떼며 능청 떨던 그 음흉한 모습을 여러분도 이제는 얼마간 상상해 보며 그의 됨됨이를 평가하고 있을 것입니다.

3. 초여름에 들어 이철신 목사가 발송한 문서를 말미에 복사해 놓았습니다.^{공개서한(48)} 거기에는 기독교와 교회에 대한 이철신 목사의 무지와 몰이해 그리고 편견과 왜곡이 일관되게 나타나 있습니다. 한없는 증오심과 분노는 사람의 눈을 멀게 합니다. 이런 사람에게 만일 칼이 쥐어진다면 끔찍한 살육행위가 벌어지기도 합니다. 번연히 매 주일 얼굴을 마주 대하고 인사까지 하는 사람을 바로 앞에 세워 놓고 "여기에서 떠나버렸다"고 운운하는 궤변(詭辯) 죽은 사람을 정리하듯 이름을 지워버리겠다는 살기(殺氣) 교적을 정리한다면 그것은 무덤까지 파헤치겠다는 뜻이 아니겠습니까! 인간에게 누구를 죽이고 싶도록 증오심이 발동하여 분별력이 상실되면 그게 바로 사나운 짐승입니다. 이철신 목사는 어서 속히 증오심에서 해방되시기 바랍니다.

성탄절을 맞아 우리 교회에도 다시 사랑과 화평의 계절이 돌아올 수 있기를 바라며 간절히 기도드립니다.[4]

1998.12.22.

---

[4] 편집자 주 - 원문엔 48 번째 공개서한이 첨부되어 있다.

36 번째 공개서한(1998.09.09)

이철신 목사의 답변을 기다리며

믿음 안에서 한 형제인 당회원에게

  이철신 목사와 면담이 이루어진 이후 오늘까지 거의 다섯 달이 지나고 있습니다. 미리 질의서를 보내드렸었고 이 목사께서는 그 내용을 숙지하고 있었다고 하였으며 면담 후 곧 구체적으로 서면을 통해 답변해 주겠다고 두 번 세 번 다짐을 했었습니다.

  첨부한 바와 같이 일부는 우리 교회의 현재와 가까운 장래에 관한 것이며 또 다른 일부는 더 중요한 것으로써 목회자의 기본 자질에 관한 것입니다. 목회자의 기본 자질이란 모든 그리스도인의 자질이기도 하며 그 자질이라는 것은 교회 유년주일학교 어린이도 갖추고 있어야 한다고 여러분이 가르치고 있는 것과 조금도 다르지 않다는 것을 여러분도 잘 아실 것입니다.

  이철신 목사께서 약속한 대로 속히 답변서를 보내 주도록 여러분을 통해 간곡히 부탁드립니다.

  행정 목사의 편지를 첨부한 것은 여러분이 우리 교회의 소위 행정이라는 것의 난맥상이 어느 정도인가를 인식하시고 그런 편지를 생각해 낸 사람은 반드시 인책하여 교회의 기강을 조금이나마 바로잡는 계기로 삼으시기를 요청하기 위함입니다. 참고:61

여러분의 응답을 고대합니다.

주님의 은총이 여러분과 항상 함께하시기를 간구합니다.
1998.09.09

첨부 1 면담준비서 1998.04.07.

이 철 신 목사님:

수난주간의 고통과 부활주일의 희망이 목사님과 함께 하시기를 기원합니다.
오는 14일(화) 면담에 할애된 그 짧은 시간을 아끼기 위하여 목사님에게 묻고 대답을 듣기 원하는 사항들을 대략 정리하여 미리 알려드립니다.

 1. 목회자가 섬겨야 할 교인들에게는 자기를 한 번도 보여주지 않고 극히 소수의 사람들이 내밀하게 정한대로 청빙을 받고 담임 목사로 부임하여 결과적으로는 교인들을 철저하게 무시한 경위.
 2. 부임 이전과 이후 사무처장 행정목사 7인 위원회 그리고 당회의 결의 등으로 장막을 겹겹으로 쳐서 교인들과의 자유로운 만남을 차단한 이유.
 3. 담임 목사의 사택 주소와 전화 번호가 허위로 교회 문서에 기재되어 있을 뿐만 아니라 부임 후 여러 차례 전화 번호를 바꾼 이유, 그리고 교회 전화 안내원 조차 담임 목사의 사택 전화 번호를 알지 못하고 있는 이유와 그 이유의 타당성.
 4. 검소하고 절제된 생활로 복음을 실증해 보여야 하는 목회자가 편리하고 안전하며 경제적인 대중 교통 수단을 제쳐놓고 국민과 일반 교인의 수

준을 훨씬 넘는 교통 수단을 고집하면서 교회 재정과 인력을 낭비하며 위화감을 조성하고 있는 이유.

5. 담임 목사가 교회구내에 마련되어 있는 좋은 사택을 버리고 멀리 떨어져 생활하고 있으면서 시간과 교회 경비를 낭비하고 있는 이유.

6. 작년 말 당회에서 자행한 불법적인 집사 면직과 그와 같은 결과를 초래한 발의 당사자에 대한 조치(보복 행위를 주도한 부 목사들에 대한 문책 여부).

7. 허위 사실을 공공연하게 유포시켜 개인의 명예를 손상하였을 뿐만 아니라 물리적인 위해까지 가하도록 교인들을 선동한 당회 서기 임정산 장로에 대한 문책 여부(당회 7인 위원회에서 경위 조사).

8. 교인의 정당한 의사표시를 막을 의도를 가지고 교인의 소유물을 파괴 탈취한 박국배 목사에 대한 문책 여부(당회 7인 위원회에서 경위 조사).

9. 목사들의 오만하고 방자한 행동에 대한 교육 계획 여부(인사를 먼저 해야 할 직위인데도 오히려 인사 받기를 좋아하며 마치 교인을 부리는 세속적인 의미의 권력자인양 행동하는 일부 교역자들).

10. 장로들에 대한 교육 계획 여부(기도하는 법, 장로의 책무 등 교육).

11. 여자 목사를 청빙하거나 안수하지 않는 이유.

12. 금년 교회 목표인 "엎드려 기도하는 교회"가 "The Church that pray on the ground"로 번역되어 기재된 경위(새해 첫 예배 주보).

13. 주일 예배 설교의 제목과 설교 내용이 연관성이 없고 설교로 받아드릴 수 없는 이야기들이 대부분을 차지하고 있는 이유.

14. 하나님께 드린 성가대의 찬양과 교회 장식에 대해 마치 자기를 위해 그렇게 한 것인 듯 설교단에 올라 언급하며 칭찬하는 목사의 참람한 언동에 대한 해명.

15. 예배 순서를 맡은 목사와 장로들의 역할분담의 혼란상 교정 계획 유무(중복된 기도내용, 설교전 기도 등).

16. 기념사업(50주년)의 정확한 재정규모 지고 있는 빚의 규모 지불하고

있는 이자의 액수 청산 방안 그리고 무모한 사업을 계획하고 진행시키면서 설계 변경에 따른 비용 등의 증가를 묵인방조한 관계책임자 문책 여부.

17. 분명한 부동산 투기의 목적을 가지고 매입했다가 그 계획에 차질이 생겨 방치하고 있는 방배동 토지의 처리 계획 유무.

18. 혼외 정사중 변사한 것으로 알려진 전임 사무처장 문제를 둘러싼 당회원들의 음모와 거짓 책임전가의 피해를 입고 애매하게 해임된 고유곤 목사 장로들의 부정부패에 시달리다 못해 사임한 임영수 목사 그 결과 새 목사가 부임했는데 정작 잘못을 저지르고 교회에 말할 수 없이 큰 누를 끼치고서도 여전히 태연하게 비리를 계속 저지르고 있는 장로들에 대한 문책과 진상규명 여부.

19. 장로교 헌법에 어긋나는 영락교회의 횡포를 회개하고 교회 재산을 노회에 환원하고 유지재단을 해체할 계획 유무.

20. 장로교 헌법을 무시하고 임명한 소위 서리 권사직의 철폐 여부.

21. 이철신 목사께서 하나님을 만나 보았는지의 여부.

바른 나라가 되는 첩경은 한국 교회가 바로 서는 데서 찾아야 할 것이며 바른 한국 교회는 바로 내 교회가 바른 교회가 되는 것에서 시작한다는 사실을 깨달으면서 이 질의서를 작성했습니다. 잘못된 점은 발견하시는 대로 꼭 지적해 주시고 옳게 가르쳐 주시기 바랍니다. 그 기회를 기다리고 있습니다.

우리 주 예수 그리스도의 부활을 축하합니다.

신 영 오 드림
마포구염리동 10-81
121-090
전화: 716-2006

첨부 2   영락행정980402 1998. 4. 12

신영오 교수님께

-중 략-

 귀하를 돕기 위하여 면담준비서를 확인한 결과 귀하가 하는 질문에 대한 답변을 하기 위하여 담임목사께서 귀하를 만나야 할 이유가 없다는 점을 알려드립니다.

영락교회 행정목사 배성식 인

35 번째 공개서한(1998.01.11)

영락교회 당회의 회개를 거듭 촉구하며
이철신 목사의 즉각 사임을 권면함

믿음 안에서 한 형제인 당회원에게

　지나간 15년 동안에 우리 영락교회에서 발생했던 사건들을 돌아보는 것은 말할 수 없이 참담하고 암울한 한편의 활동 사진을 들여다보는 것과 같습니다. 한 사람은 기고만장하여 세계에서 가장 큰 교회를 세운다고 큰소리치며 날뛰다가 망신스럽게도 국법을 어긴 전과자의 낙인을 받아 쫓겨났고 또 한 분은 교회 일에 짓눌려 생명이 위협받을 정도의 건강 악화 때문에 사임했습니다. 세 번째 목사는 병들대로 병든 영락교회에 부임한 이래 자기 자신의 몸과 마음이 아울러 병들어 목숨을 부지하기 위해서는 부득불 이 교회를 떠나지 않으면 안 되겠다는 말을 남기고 도망치듯 외국으로 나간 지 얼마 지나지 않아 사직원서를 우편으로 띄우는 것으로 이 교회와의 관계를 마감하였습니다. 그가 기회 있을 적마다 강조했던 것은 영락교회 당회의 부정부패였습니다. 그래서 그는 당회와 당회원들의 회개를 촉구하며 부르짖고 또 부르짖다가 지쳐 버렸던 것입니다. 교회 사무 전반을 책임진 시무 장로가 혼외정사 중 변사했던 사건의 책임을 지워 부목사 하나는 쫓아냈고 담임 목사는 사임했습니다. 이 엄청난 사건은 지금까지 쌓이고 쌓인 영락교회 당회의 죄악이 빚어낸 한 가지 현상에 지나지 않습니다. 그러고서도 그 후 여러분의 행태는 어떠했습니까? 사실을 은폐 왜곡하는 데서 한 걸음 더 나아가 온통 거짓말로 엮어진 연극 대본을 만들어 교인들을 무대에 등장시켜 교회와 세상을 속이지 않았습니까! 이런 범죄자들이 아직도 당회에 앉아서 또 다른 사고를 유발했습니다. 바로 이철신 목사 청빙입니다.

　극히 일부의 당회원들과 들러리 선 교계인사들 만으로 구성된 위원회가 자기들의 구미에 맞는 사람을 비밀리에 미리 선정해 놓고 교인들에게는 그 사람의 얼굴조차 한번 보여주지 않은 채 무조건 청빙 서류에 도장을 찍으라는 깜짝쇼를 연출했습니다. 장로로 피선되는 순간부터 어깨에 힘을 주면서 안하무인격으로 교인들을 대하는 영락교회 당회원들의 비뚤어진 자세는 이미 널리 알려져 있기에 새삼스럽게 논의의 대상으로 삼을 것이 못 된다 치더라도 이런 비정상적인 절차에 순응하여 청빙을 받아드린 이철신 목사는 도저히 용납할 수 없습니다. 정식으로 부임하기 이전부터 영락교회 교인을 아예 무시하고 있기 때문입니다. 작년 11월 중순께 우리 교회로 이사 온 이래 이철신 목사는 영락교회 교인은 만날 필요가 없다는 방침을 세우고 주로 외부 인사들과만 접촉하고 있습니다. 교회에 부임하는 목사는 그 교회에서 생활비를 받고 그 교회를 섬기는 머슴에 지나지 않습니다. 언제든지 다시 짐을 싸 들고 떠날 준비를 하고 열심히 봉사하여야 할 나그네입니다. 그런 그에게 이 교회 교인은 만날 필요가 없는 존재가 되어 있습니다. 자기의 본분을 망각한 사이비 목사를 지금 우리 교회는 청빙해 놓고 있습니다. 꼭 이철신 목사를 만나 긴한 이야기를 해야 할 사람이 있다면 그 사람은 사무처장과 행정 목사에게 그 사연을 구체적으로 미리 말해야 하고 그것이 다시 특별위원회를 거쳐 당회의 의결을 받아야 비로소 가능하도록 정해 놓았습니다. 말 그대로 할 일 없고 얼빠진 사람들이나 저지를 이런 짓거리를 현재 여러분이 벌여놓고 있습니다.

　전임 당회장이 시무하던 시기에 비해 지금은 교회적으로는 매달 기천만 원의 이자 돈을 물어야 하는 빚더미 위에 올라 앉아있고 국가적으로는 파산위기에 처해 있습니다. 그런데 이철신 목사는 정식으로 부임하기도 전에 이미 그 전보다 더 기름이 많이 들고 유지 비용이 많이 드는 새 승용차를 타고 밖으로만 나다니면서 허세를 부리고 있습니다. 소위 목사라는 사람의 직업상 양심은 제쳐 두고라도 오늘을 살고 있는 이 국가 사회의 일원으로서의 감각조차 지니고 있지 않은 한심한 작태입니다. 그저 그렇고 그런 당회원들과 잘 어울릴 수 있는 그저 그런 목사라고 지나쳐 버릴 수 없는 사태가 전개되고 있습니다.

  이런 사람이 당회장이 되어 벌써 오래 전에 정리 해고 했어야 했던 수십 명의 부목사들과 패거리를 만들어 멋대로 행패를 부리기 시작할 조짐이 일찍부터 나타나고 있습니다. 하나님의 종인 목회자는 사람들에게 종노릇하는 것으로 그 임무를 수행하는 것입니다. 그런 머슴들이 작당해서 교인의 직분을 자르고 폭언을 일삼고 심지어는 폭행도 마다하지 않을 정도로 상상을 초월한 패륜행위를 서슴지 않고 있는 목사들의 작태에 대해 일차적으로 자신들이 먼저 앞장서 저지해야 함에도 불구하고 오히려 그들과 한 짝이 되어 교회를 뒤죽박죽이 되게 만들면서 기세등등한 사람들이 바로 여러분 아닙니까! 깡패를 동원해서 담임 목사의 신변을 경호해야 한다고 주장한 뒤 교회 청년들을 선동해 폭력을 행사했다가 세상 법정에서 전과자로 낙인이 찍혔을 뿐만 아니라 명예훼손에 대한 손해를 배상해야 할 입장에 처해진 사람도 당당한 당회원으로 행세하고 있고 더욱이 청빙 위원 중 하나라는 사실을 부끄러워할 줄 알아야 합니다. 자기에게 송달된 편지를 읽어 본 후 그 내용을 다른 사람에게도 알려 주면서 정작 자기는 그 편지 내용을 모르는 체하노라고 다시 조심스럽게 풀로 붙여 봉해서 발신인에게 천연스럽게 돌려보내는 장난 아닌 장난을 누가 했다면 그런 사람은 정상적인 정신 상태를 가진 인간이라고 말할 수 없을 것입니다. 그런데 이것이 바로 이철신 목사 편지 회송 사건 아닙니까! 무엇이 두려워서 뜯어 본 편지를 황급히 덮고 안 본 척하며 무엇이 무서워서 교인을 만나지 못합니까? 현실을 외면하고 사실을 회피하는 이런 사람이 앞으로 어떻게 될지 여러분은 곰곰이 생각해 보시기 바랍니다.

거듭 영락교회 당회의 회개를 촉구합니다. 그리고 이철신 목사의 즉각적인 사임을 권고합니다. 하나님께서 여러분을 도우셔서 속히 이 서한에 응답할 수 있도록 은총 드리워 주시기를 기도드립니다.

1998.01.11

34 번째 공개서한(1997.08.05)

영락교회 당회의 회개를 촉구함

믿음 안에서 한 형제인 당회원에게

  부임한 이후 9년 남짓한 동안에 몸과 마음이 아울러 병든 담임 목사는 살 길을 찾아 도망치듯 외국으로 빠져 나간 지 달포가 지나 교회에 편지 한 장 띄우는 것으로 이 교회와의 관계를 마무리하였습니다. 병이 깊이 든 교회에 와서 그 자신도 무참히 병들어 그 좋은 자리에서 물러날 수밖에 없었다는 것이 한결같은 그의 변명이었습니다.

  그가 애초에 부임하게 된 사유는 이 교회에 엄청난 사고가 발생했기 때문이며 그가 부임한 이후에도 크고 작은 사고가 잦았습니다. 교회가 제공해 준 고층 아파트에서 안수집사가 투신자살을 하는가 하면 교회 업무의 막중한 책임을 진 시무장로가 주일 다음 날 아침 사택 아닌 외딴 집에서 불륜 행위 도중 숨진 채로 발견된 사건도 있었습니다. 특히 이 일을 빌미로 담임 목사는 부득이 사임할 수밖에 없었다고 하나 그는 주님의 날을 거룩하게 지키라는 하나님의 엄하고 확실한 계명마저 나 몰라라 한 사이비 목사였습니다. 공사 시작한 이래 지난 7월 20일 주일까지도 50주년 건축공사는 한 주일 내내 쉬지 않고 진행되고 있었습니다. 그래서는 안 된다고 하는 교인이 있다면 깡패를 동원해서라도 해치워 버리고 공사를 강행하겠노라고 공언한 사람이 바로 시무장로이며 그런 공갈 협박에 주눅이 들어 숨을 죽이고 공사 현장을 보고도 못 본 체 요란한 망치 소리를 듣고도 못 들은 체 말 한마디 못할 정도로 신앙 양심이 마비된 소위 장로가 여러분들입니다. 명색이 그래도 목사라는 그 숱한 부 목사들 역시 모두 청맹과니에다가 귀머거리요 벙어리들이라고 해야 옳습니다. 이런 월급쟁이들은 당장 내어 쫓아야 교회가 바로 섭니다. 그따위 삯꾼들은 차라리 없는 것만도 못합니다. 교회를 멸망의 길로 접어들게 하는 장본인이 바로 여러분과 그들입니다.

영락교회 당회의 무능과 부정부패는 자타가 공인하고 있는 사실입니다. 그렇기 때문에 여러분이 심기일전하여 분발해야 할 일이 그만큼 많고 그렇지 않더라도 우리 교회가 당면하고 있는 시급한 문제가 적지 않습니다. 이제 몇 가지 제시하는 사항에 관한 여러분의 답변을 기다립니다. 여러분이 더 늦기 전에 안 하시면 여러분을 제외한 온 교우들이 침묵을 깨고 일어나 교회를 살려 나가겠습니다. 우리 영락교회는 무한한 인적 자원과 어떤 일을 당하더라도 능히 감당할 수 있는 잠재력을 지닌 신앙 공동체입니다. 설사 여러분이 아무리 유능하다 하더라도 이 많은 교회 일을 여러분들의 실력으로는 도저히 이루어 낼 수 없다는 사실을 그 누구도 부인하지 못할 것입니다.

1. 당회의 철저한 회개와 그 회개에 합당한 결단과 행동
2. 늘어나는 공간의 경비 청소 유지 보수 등 활용 관리와 주차장 운영에 관련된 교회 본연의 자원봉사 계획
3. 장 단기적인 기독교 교육 선교 봉사 그리고 문화 프로그램
4. 위의 방대한 일들을 수립 진행해야 할 인적 물적 자원 활용 계획
5. 벙어리 아니면 거수기 노릇이나 하는 장로를 온 교회가 가려낼 수 있도록 하기 위한 당회 공개의 구체적 방안
6. 제직회 각 부서장의 직책에서 당회원 배제 원칙 시행
7. 담임 목사 등 교회 직원 채용의 투명성

신속한 응답을 기다립니다. 장로 본연의 자세로 되돌아가 허리 굽혀 교회를 섬기며 적절한 자질을 갖춘 형제자매들을 불러내어 주님의 일을 나누어 맡기면서 무능하기 짝이 없는 여러분이 가로채 타고 앉아 다른 사람이 봉사할 수도 없게 방해한 악폐들을 청산해야 합니다. 여러분 자신은 한 발짝 두 발짝 물러서서 감독의 직분을 수행하는 참모습을 보여 주시기 바랍니다.

　1997.08.05

33 번째 공개서한(1997.03.03)

담임목사의 사퇴를 거듭 촉구함

믿음 안에서 한 형제인 당회원에게

 인간 사회의 온갖 부정부패를 키우는 씨앗은 거짓입니다. 부정부패를 저지르는 방편도 거짓이며 그것이 곧 패망으로 향하는 첩경입니다. 이런 악의 뿌리는 즉시 솎아내어야 합니다. 교회는 먼저 그 안에 있는 거짓을 제거하는 데서부터 출발해서 이 세상을 진실 되게 하는 사명을 지니고 있습니다. 상습적으로 거짓말을 일삼으며 드러내 놓고 속임수를 쓰면서 부끄러움을 모르는 사람이 이 교회 강단에 버젓이 선다는 것은 바로 이 교회가 하나님을 모독하고 있다는 증거입니다. 우리 교회가 어서 속히 하나님과 사람 앞에서 진실된 예수 그리스도의 지체임을 회복하기 위해 거듭 담임목사의 즉각 사퇴를 촉구합니다.

 그가 감히 하나님의 존재를 무시하며 겁 없이 발하는 거짓말을 듣고 묵묵히 지켜보기만 할 것이 아니라 속히 결단을 내려 여기를 떠나게 하시기 바랍니다.

 그는 지난해 11월 27일 임시제직회를 특별히 소집하여 자기가 영락교회를 그만두는 것은 하나님의 명령이라고 공포하였습니다. 언제 그만둘 것이냐 하는 질문에 대해서 그는 1997년 2월 말이라고 확언하였습니다. 여기에는 이론의 여지가 없다고 부연 설명까지 하면서 못 박아 말한 날짜입니다. "거짓말쟁이 임영수 목사"도 사실이고 "부정부패 영락교회 당회"는 세상이 다 아는 일이라고 소리 내어 동의하면서도 머뭇거리고 있는 그가 지극히 인간적인 잔꾀와 비열함을 극복하고 하나님의 명령을 쫓도록 여러분이 그를 강권하시고 도와주시기 바랍니다. 진실하신 하나님을 빗대어 거짓말을 일삼는 범죄 행위가 더 이상 지속되지 않도록 힘써 주실 것을 간곡히 촉구합니다.

주 예수 그리스도의 평강이 충만하시기를 기원하면서 여러분의 신속한 응답을 기다립니다.

1997.03.03

32 번째 공개서한(1996.10.02)

담임 목사의 사퇴를 촉구함

믿음 안에서 한 형제인 당회원들에게

지금 우리 교회에서 자기가 지키고 일하여야 할 자리를 오래 비워 놓고 해외에 나가 가족과 함께 체류 중인 담임 목사는 영락교회에 부임하기 이전에 이미 자기 스스로 그 책무를 맡을 만한 자질이 없는 사람임을 잘 알고 있었습니다. 그간의 경위를 살펴보면 이 사실을 아무라도 쉽게 알아차릴 수 있습니다. 그가 몇몇 당회원들의 회유와 감언이설에 도취하여 자기 자신을 속이면서까지 우리 교회에 부임했다는 사실은 날이 가고 해가 바뀔수록 점점 더 분명해져서 이제는 교회 안에서는 말할 것도 없고 한국 교계에서까지 자타가 공인하는 이야깃거리가 되었습니다. 그가 어떻게 해서 아직도 영락교회 담임 목사직을 유지하고 있는지 의아해하는 사람의 숫자가 급격히 늘어나고 있습니다. 그의 말과 행동이 상식선을 너무나 밑돌고 있으며 금년 초에 해외로 도피할 때를 전후해서는 비열하다고밖에는 달리 표현할 수 없을 지경이었기 때문입니다. 지금으로부터 꼭 2년 전 새벽기도회 설교와 그 이후에 일어난 사건들을 보면 그가 얼마나 음흉하고 교활하게 영락교회를 농락하고 있는지를 곧 감지하게 됩니다. 그런 내용으로 설교를 할 지경이 되었다면 담임 목사로서의 무능함과 그 무책임을 깊이 깨닫고 이 교회를 당장 떠났어야 했습니다. 그런데 그 이후 놀랍게도 그 설교 내용에 대해 장로들에게 잘못했다고 용서를 빌고 통상적으로 녹음판매 해 왔던 특별 새벽 기도회 설교 테이프를 제작하지 않았을 뿐만 아니라 녹음 자체를 파괴하여 증거를 없애버렸습니다. 다른 때 설교와는 달리 성령께서 명하시기 때문에 아무런 두려움 없이 말하고 있는 것이라고 외친 그 설교에 대해 당회원들에게 사과하고 그 증거를 없앴던 것입니다. 공개서한(31) 그런 사람이 어찌 목사이겠으며 그가 어찌 기독교인이겠습니까! 성령의 이름을 빗대어 자기의 감정을 폭발시키고 강단에서 교인을 상대로 위협 협박하는 이런 사람은 벌써 오래 전에 교회 밖으로 축출했어야 하는 것이 아니었습니까?

그 새벽 설교에 열거되어 있는 장로들의 약점을 손에 쥔 담임 목사는 사표를 작성하여 제출하지도 않으면서 사임하겠다는 소문을 먼저 퍼뜨렸습니다. 더욱더 해괴한 것은 당회에서 사임을 허락 한다면 사표를 제출하겠고 그렇지 않다면 제출하지 않겠다며 자기가 맡은 일을 등한히 하면서 멋대로 행동하기 시작했습니다. 그중의 하나가 무조건 몇 년 쉬겠다는 것이었습니다. 그렇게 하는 것을 막는다면 사임할 수밖에 없다면서도 정작 사표는 내지 않았습니다. 담임 목사가 설교 중에 표현했던 대로 그 되먹지 못한 장로들이 감히 자기더러 사표를 제출하라고 말할 수 있겠느냐는 계산을 한 것입니다. 장로들이 담임 목사를 내어 쫓았다는 비난을 감당할 수 없을 것이라고 확신했던 것 같습니다. 과연 그의 예측대로 여러분은 그럴 만한 용기가 없었습니다. 그러면서도 여러분은 사표는 내지 않고 그만두겠다는 소문을 먼저 퍼뜨리는 담임 목사가 나쁜 사람이라고 뒷전에서 수군대기만 했고 교인들에게는 그 사람이 그래도 명색이 담임 목사인데 어떻게 장로가 직접 나서서 사표를 제출하라고 인정상 말할 수 있겠느냐고 난처한 표정을 짓고 있었습니다. 그러나 거기에 덧붙여 목사가 마음을 정하고 사표를 정식으로 제출하면 그것을 말릴 당회원은 또 어디에 있겠느냐는 말도 빠뜨리지 않았습니다.

이런 사이에 담임 목사와 당회원들이 서로의 약점을 쥐고 그것들을 일시적으로나마 은폐하려 야합한 결과가 느닷없는 안식년이 아니었습니까. 대체 담임 목사가 어느 정도의 실력을 가지고 어떤 자격으로 미국에 가서 무엇을 하고 있는지 정확하게 알고 있는 사람이 우리 교회 안에는 하나도 없다는 사실을 여러분은 어떻게 생각하십니까? 외부의 설교 부탁 같은 것은 일체 사양한 채 조용히 휴양하며 연구에만 전념하고 있다고 그의 근황을 사람을 시켜 이곳 교인들에게 전하는 한편 그곳에서는 세계적인 영락교회 담임 목사라는 거창한 광고를 내걸고 올림픽행사가 열리고 있는 도시로 가서 부흥집회를 인도하는 등의 행동을 여러분은 어떻게 보고 있습니까? 당회 안에서도 서로 감추고 속이는 것에서 한 걸음 더 나아가 이런 것이 바로 당회원들이 하나가 되어 교인과 교계를 기만하고 있는 것이 아니냐고 묻는다면 무슨 대답을 하시겠습니까?

자기의 무능을 진정으로 인식하고 있다면 서슴지 말고 사퇴하면 될 텐데 자기도 못 하면서 새로운 담임 목사가 부임할 수도 없게 그 자리에서 물러나지 않고 있는 것이야말로 참으로 심통 사나운 사람의 심술이 아니고 무엇이겠습니까! 우리 영락교회가 어쩌다가 이 처지에까지 다다랐는지 반성해야 합니다.

우리 교회는 거듭나야 합니다. 거듭남의 아픔을 체험해야 합니다. 그러기 위해 지금의 담임 목사가 부임한 이래 갈수록 난마처럼 얽히고설키는 교회 형편을 바르게 살펴보아야 할 것입니다. 여러분의 책임 있는 해명과 답변이 꼭 필요한 사항들을 몇 가지 적겠습니다.

1. 창립50주년기념사업의 현황과 전망
2. 주일에도 쉬지 않고 이루어지고 있는 교회 건축 공사에 대한 문책
3. 괴문서 살포와 김XX 집사 면직 조치의 전말과 담임 목사와의 연계성
4. 영락동산에서 벌어진 장로들의 개고기 파티 사건
5. 전임 사무처장들의 변사 사건의 진상과 현 사무처장의 자격
6. 호적을 고쳐 정년을 연장하고 있는 장로 처리 문제
7. 본전 붕괴 방지 기둥 설치의 진상과 책임 소재

8. 항존직 선거의 파행과 위법성

9. 기념사업 건축 공사에 관계된 당회원의 이권 개입 문제

지금의 담임 목사가 부임하면서 교계를 떠들썩하게 만들었다가 슬그머니 꼬리를 감춘 소위 팀목회(Team Ministry)의 완전 실패, 가스총을 휴대한 용역 경비원 채용, 헌금을 사용해서 임대했던 주차장, 교회 직원들의 무단 해임과 복직 때문에 빚어졌던 물의와 위증 사주, 목사들의 패륜행위 등 등 여기가 교회인가를 새삼 자문해 보지 않을 수 없었던 일들은 앞날을 대비하는 뜻에서도 반드시 짚고 넘어가야 합니다.

여러분의 응답을 기다립니다. 이와 같은 주장과 정당한 요구를 행동으로 옮기는 일에 여러분께서 적극 협조해 주시기 바랍니다. 1996.10.02.

31 번째 공개서한(1995.10.25)

베다니에서 삼풍까지(영락교회 50년)

믿음 안에서 한 형제인 당회원들에게

  금년은 우리 영락교회가 특별히 뜻깊게 맞고 있는 해입니다. 창립 당시 "가난한 집"이라는 뜻의 베다니 전도 교회가 반세기를 지내는 동안 영원한 것을 추구하는 교회가 아니라 세속적인 즐거움을 찾아 헤매는 사람들의 모임으로 타락해 있음을 알려 주는 한 해가 되었기 때문입니다. 여러 면에서 무어라 말하기조차 힘든 삼풍(三豊)백화점의 붕괴는 우리 영락교회의 붕괴입니다. 이렇게 단정적으로 말하는 것이 조금도 사리에 어긋나지 않는다는 점을 여러분이 누구보다 잘 아실 것입니다. 그럼에도 불구하고 이토록 무심한 교회가 또 어디에 있을 수 있겠습니까? 그것은 우리 교회가 신앙 양심에 화인을 맞았기 때문이라는 사실에도 이의를 제기할 사람이 하나도 없을 것입니다.

  창립 50주년은 친목체육대회니 음악회니 하여 축하 행사를 벌이기 전에 애통과 회개의 기회로 삼아야 할 것입니다. 그동안 우리에게 물질적인 풍요로움을 허락해 주신데 대한 감사에 앞서 오래 참으시는 하나님께서 우리 자신을 돌아보아 통회자복하고 거듭나는 기회를 허락해 주신 데 대한 감사가 먼저 있어야 할 것입니다.

  기회를 만들어 구체적이고 자세한 내용을 말씀드리겠지만 우선 다음 몇 가지 문제에 대해 당회의 책임 있는 답변과 대책을 요청하고자 합니다.

1. 삼풍백화점 붕괴사건: 이 사건을 당한 우리 교회가 언제까지 시치미를 떼고 이처럼 태연한 척할 것인지 밝혀 주시기 바랍니다.

2. 교회 건물의 안전 여부: 졸속 날림 공사를 한 것이 틀림없는 본전의 안전 검사 결과를 공개하시기 바랍니다.

3. 항존직 선거 투개표의 부정: 장로선거 투표 후 개표 시 그 일에 참여한 장로가 있어서는 안 될 부정행위를 자행했습니다. 그 전말과 권징 결과를 공포해 주시기 바랍니다. 또한 안수집사로 피선된 사람 중에는 당회가 공공연하게 선거 운동을 해준 경우가 여럿 있습니다. 이런 불법을 행한 당회는 그 잘못에 대한 책임을 져야 할 것이며 그렇게 해서 피선된 사람은 부정 당선자이므로 안수받을 자격이 없습니다. 이와는 별도로 자격이 없는 사람들이 동원되어 투표하는 사례가 갈수록 늘어나는 현상을 종식시킬 방책을 제시하시기 바랍니다.

4. 주님의 낯을 기룩하게 시키는 일: 어떤 형태의 건축 공사이건 주일에는 절대로 진행되지 않도록 거듭 다짐해 주기 바랍니다. 주일 교회 마당에 은행을 차려놓고 돈을 받는 일도 재고하시기 바랍니다.

5. 목회자의 자질 문제: 부 목사의 봉직 기간을 당회가 임의로 8년이라고 정한 것은 우리 장로회헌법에 분명히 규정한 것을 무시하는 위법입니다. 자질이 있고 필요하다면 평생 이 교회에서 봉사할 수 있어야 하며 그렇지 않으면 헌법에 기록된 대로 최소한의 연한만 마치고 물러가게 해야 합니다. 우리 교회는 패역무도한 목사가 오랫동안 자리를 지키면서 큰 영향력을 행사하고 있는 것이 큰 문제라는 사실을 간과하지 말기 바랍니다. 위임 목사라고 해서 반드시 정년 때까지 있어야 하는 것이 아니라는 점도 각별히 유념해야 할 것입니다.

6. 괴문서들과 담임 목사의 언동: 근래 그 작성자의 정체를 숨긴 문서들이 교회 안에 나돌고 있습니다. 여러분에게 각각 우송되었으리라 여겨지는 그 문서들은 잘 아시는 대로 담임 목사를 옹호하면서 장로들이나 그 관

련된 단체를 비난하는 내용입니다. 그런데 참으로 기이하게도 그 내용과 담임 목사의 언동이 거의 일치합니다. 이에 대한 철저한 규명을 요청합니다.

7. 당회의 불화와 분열상의 노출: 담임 목사가 작년 가을 새벽 기도회(94년 10월 8일) 때 행한 설교는 신선하면서도 충격적인 내용을 담고 있습니다. 우리 영락교회의 타락상을 체험적으로 잘 표현했고 그에 따라 회개를 소리 높여 외쳤다는 점은 높이 평가할 만합니다. 마침내 우리 교회의 실상을 조금이나마 제대로 파악한 것입니다. 장로들을 차마 입에 담기 어려울 정도의 어휘를 구사하면서 모질게 질타한 것도 신선한 충격입니다. 그런데 담임 목사 자신이나 장로들은 물론이고 이 교회가 그간 얼마나 달라졌는가를 생각해 볼 때 아무것도 바로 된 것이 없이 오히려 그 썩은 정도가 더 깊어지고 있는 것에 대해 참으로 큰 충격을 느끼지 않을 수 없습니다. 그런 식으로 장로들을 매도하는 담임 목사나 그렇게 당하고서도 전혀 뉘우침이 없는 장로들 모두가 그 자질에 기본적으로 문제가 있는 사람들임을 공개적으로 폭로한 것이요 그것이 지난 일 년 동안에 증명되었다는 사실을 여러분은 확실히 깨달아야 합니다. 모두 사퇴하십시오. 여러분의 결단을 촉구합니다.

하나님의 은총이 여러분에게 늘 충만하시기를 기도하며 응답을 기다립니다.

1995.10.25.

첨부: 새벽기도회 설교문(1994년 10월 8일)

특별새벽기도회 설교 1994년 10월 8일

(후반부 일부) ----전략---- 우리 영락교회 할 때, 영락교회가 뭐예요? 영락교회가 이 건물인가 말입니다. 목사를 위시해서 장로, 권사, 모든 제직을

포함한 우리 교인이 전부가 영락교회란 말입니다. 영락교회, 내가 영락교회에 다니면서도 "우리 영락교회에서 그랬어, 난 상관없어". 그 얼마나 어리석습니까? 우리 영락교회가 어떠한 일이 벌어진다고 했을 때는, "나도 영락교회 교인입니다. 자매여 용서하시옵소서. 오, 용서하십시오." 뭐 그렇게, 그런 자세, 그런데서 희망을 같게 된다구요. "아, 그 영락교회교인은 정말 다르구나! 정말 다르구나! 영락교회 교인들은 뭔가 신앙교육이 제대로 되어 있구나!" 이렇게 다른 사람들이 생각을 한다구요. 우리가 그런 의식의 사람, 그런 마음의 사람을 갖지 않으면 오늘 이 시대를 살아가는 그리스도인다운 그리스도인이 되기가 참 어렵습니다. 그리스도인다운 그리스도인, 그리스도인이 된다는 것은 뭡니까? 교회 내규 많이 만들어 놓고, 행정 많이 만들어 놓고, 서로 감투들 나누어 쓰고 해서 자기 부서를 위해서 그저 이기주의로 일을 하는 거, 그게 교회입니까?---중략--- 여러분들 교회를 위해서 열심히 일하다가, 한 부서를 맡아서 일하다가, 혹시 그 부서에서 일하다가 무엇이 잘못되어서 고통과 어려움을 당한다고 할 적에 여러분들, 그 부서에서 일하다가 어려움을 당하면, 그분들을 위해서 기도하고 같이 아파하나 말입니다. 제가 여기 와서 목회를 해 보면서 그런가. 못봤어요. 전부 다 자기는 외인이구, 자기는 전부 의인이구, 전부 다 그것을 향해서 비난을 합니다. 마치 전연 관련이 없는 것처럼 그렇게 비난을 하는데, 그건 얼마나 잘못된지 모릅니다. 한 부서를 위해서 열심히 일하다가 거기에 있는 우리 지체가 고통과 어려움을 당하고 있다면은, 같이 책임감을 느끼고, 같이 아파하고, 같이 기도해야 되겠는데, 어디 그렇게 하면은 비아냥거리고, 비웃음하고, 말을 불려나가면서 자꾸 눈덩이처럼 쌓이게 해 가지고 공격하고, 매장 시킬려구 하고, 어떤 때는 생각을 "이것들이 교인들인가?" 그렇게 생각이 되요. "이게 교회가, 사회만도 못하지 않는가!" 그런 생각이 들어요. 그 지체가 고통을 당할 때는 우리가 같이 아파하고 그래야 됩니다. 그런데 매장해 버릴려고 그러고, "나는 깨끗하고 나는 의인이라"고 생각을 하고요. 여러분들, 우리 영락교회에서 박조준 목사, 김윤국 목사 사건이 있을 때, 최소한도 영락교회 당회나 영락교회에서 참회의 눈물을 흘리면서 이 사회에, 최소한도 신문에나 당회의 이름으로, 교인들의 이름으로, 사과하며 참회한다고 하는성명 한번 낸나 그말입니다. 그런 일이 있을 때마다 "나쁜 목사, 죽일 놈 목사 때문에 이 교회가 그랬다"고 얘기하고, 한 번도 성명으로 내지 않았어요. 그러나 여러분들, 다른, 혹시 그게 시대에 뒤떨어진 일, 무슨 일을 할 때는, "우리가 성명을 한 번 내야 되지 않나, 내야되지 않느냐?" 그런데 정말 성명을 내야 할 때는, 상황이 어떠한 선언문을 내야 될 때는 한번도 안하고 입 싹 땊아버리구 말이지요. 그래서 하는 말입니다. 이게 우리가 나쁜, 고쳐야 될 자세입니다. 이게 우리가 고쳐야 될 자세예요. 박조준 목사, 김윤국 목사 사건이 있었지만은 그 사건 그 목사가 악했기 때문에 그랬나 말입니다. 여러분들이 책임이 있다구요. 그렇게 될 때는 당회 전원 이름으로 이 교회 교인 여러분과 이 율법사앞에 "우리가 당회원으로서 회개합니다. 용서하옵소서. 우리도 책임이 있습니다." 그래야지요. 목사가 어려움을 당해서 감옥에 들어갔을 때, 가서 울고 불고 그 마당에서 한 사람들 결국 뭐에요? 제직들은 다 빠져버리고 힘없는 아녀자들만 나서서 그저 울고불고 기도하고 말이지요. 영락교회가 앞으로 이런 자세를 취하면 이 교회 희망이 없습니다. 그리고 원로목사님, 원로목사님 하면서 말이지요, 자기는 그 마음 단 하나도 본따라가지 않으면서, 서로 시기하고 물고 질투하면서 말이지요. 여러분 이거 고쳐야 되요. 이거 회개해야 합니다. 이 민족과 국가 앞에서 무엇을 영락교회 이름으로 성명을 내야 하겠는가? 그게 중요해요. "우리는 반공단체니까 용공세력은 안된다. 허락지 않는다." "산업선교는 우리 허락지 않는다." 그따위 성명을 내야 되겠나 말입니다. 제일 중요한 것은 여러분, 우리 깨입시다. 깨어납시다! 이거 비판이 아닙니다. 나도 영락교회 일원으로서 내 자신을 비판하면서 이야기 하는 거예요. 이런 낡은 자세, 이런 마치 세상사람과 좀 못한 열등한 의식구조를 말이지요.----중략--- 7년 동안 목회했는데 철저히 느껴지는 건 뭡니까? 제 앞의 두 목사가 "그럴 수밖에 없는 분위기였다." "교회가 그런데." 그저 공감이 되고 그들이 동정이 간단 말입니다. "그들이 나쁜놈이 아니었다." 그런 생각이 든단 말입니다. 오늘 회개합시다. 특별새벽기도회가 왜 있습니까? 왜 있습니까? 회개해야 되요, 회개! 좀더 크리스챤다운 마음의 자세를 갖도록 합시다. 비굴하지 맙시다. 너무 약게 살려 그러지 말라 말입니다. 왜 그렇게 사람들이 비굴해요! 울 때 같이 울고 같이 아파하고 그래야 되는데, 뭐이 잘랐다고 "나는 안 그랬습니다. 나는 안 그랬습니다." 당회원으로서도, 당회에 책임이 있는데도 불구하고 나와서, 전부 당회원으로서 당회를 매도하구, 당회를 공격하는, 이런 그릇된 자세... 이게 뭐 장로요? 이 뭐 장로야! 여러분, 제가 오늘 이 얘기 할려고 전연 준비 안했습니다. 여기서 그 원고를 갖고 와 있어요. 이건 난 성령이 시켰다고 이야기, 말하고 싶습니다. 여러분 이 집회 끝난 다음에 저에 대해서 무슨 매도를 하고 무슨 공격을 해도 좋습니다. 잘못 됐어요, 철저히 잘못 된 교회예요! 이거 고치지 않으면 안 되요. 이 교회는 조직이 아니야요! 이 교회는 알 수 없는, 인격이 아닌, 시커먼 분위기, 율법적인 분위기가 꽉잡고 있는 것 같애요. 숨통이 터지지 않아요. 여러분 목사가 할 일이 따로 있고 장로가 할 일이 따로 있어요. 교육, 선교. 이런 것들은 목사가 아니면 할 수가 없어요. 그래 저는 목회를 할 때 장로가 할 일은 목사가 전연 손 안 댑니다. 사무처의 일, 관리하는 일, 서무부일, 그리고, 또요, 이 50주년일, 전부 장로에게 일임합니다. 그러나 목사가 할 수 밖에 없는 예배, 교육, 선교는 목사로 하여금 손 대게 합니다. 그런데 무엇이 잘못 되어서 말입니다, "목사가 독식한다. 목사들이 마음대로 한다..." 일부 선교교육이 어떻게 비전문가들이 할 수 있는가 말입니다. 그것만 봐도 여러분이 이 목사가 얼마나 장로가할 일, 교인들이 할 일을 갖다가 철저히 구분해서 시키고 있다는 것을 알 수 있는데, 쩍하면 매도해요. "저것 또 제 마음대로 할려고 한다. 제 맘대로 할려고 한다..". 되먹지 않았어요! 도저히! 여러분, 이런 분위기 속에서 목회는 자꾸 목사가 정신과 마음이 병들어 가요. 병들어 간다구요! 이런데서 어떻게 기도를 하고, 이런데서 어떻게 목사의 건전한 아이디아를 내걸고 할 수 있느냐 그 말입니다. 철저히 기업화되어가는 교회, 자기 부서 맡은 것은 절대로 남이 타치도 하지 못하게 하고, 목사가 친히 무엇을 얘기 해도 자기 권한이 제일이라 하고… 이런 이기주의들 말이지요. 이것 회개해야 합니다. 이거 회개해야 되요! 이따위 공동체 분위기 가지고는 여러분들, 우리가 온전한 신앙생활을 할 수 없습니다. 여호와는 나의 목자시니 내게 부족함이 없으리로다. 나로 하여금 푸른 풀밭에 눕게 하시고 잔잔한 물가로 인도하시도다. 살아 계신 하나님이 이 공동체의 주인이 되어야 합니다. 우리는 그의 인도를 따라서 우리 모두 잔잔한 물가로 쉴만 한 곳으로 우리는 그분을 따라서 가야 되요. 가야되요! 권사 노릇 할 수 없으면, 책임 못하면, 아예 권사 그만 두세요! 난 목사가 목사할 수 없으면 그만 두겠어요. 왜 권사 명의만 가지고 전부 밖에 나가서 영락교회 욕멕히면서 그렇게 하나 말입니다. 장로 일 볼 수 없으면, 그 장로가 뭐예요? 딱 자기 할 일 해버리고 사표 내세요. 그만 두세요! 은퇴해 버리세요! 그거 뭘 그거 가지고, 일도 감당할 수 없는 거 가지구, 쥐고 있을려고 그래요. 안수집사도 마찬가지예요. 여호와 하나님이, 여호와 하나님이 교회의 주인이 되야 됩니다. 여호와 하나님이 잔잔한 물가로 쉴만한 곳으로 인도해 가야 합니다. 기도합시다. 통성으로 기도합시다.

----후략----

30 번째 공개서한(1993.10.15)

영락교회의 존재 의미

　믿음 안에서 한 형제인 장로님
　교회 안에서는 바르고 참된 예배와 사랑의 친교 그리고 올바른 기독교 교육이 반드시 시행되어야 합니다. 우리 교회의 예배가 형식적이요 지나치게 무대 위의 구경거리처럼 되었다는 것은 예배가 참례자들의 공동 의식임을 도외시한 까닭입니다. 아직도 콩나물시루 같은 여건은 개선하지 않고 이루어지고 있는 주일 학교와 부실한 성경 공부의 현황을 시급히 타개해야 합니다.
　영락교회가 내 교회요, 그곳에서 내가 해야 할 일이 있고 책임져야 할 부분이 있다고 하는 소속감이 생기도록 교회와 교인 사이의 관계를 밀착시킬 수 있게 이끌어야 합니다. 뒷전에 앉아 아무에게도 관심이 없고 또 아무에게서부터도 관심의 대상이 되지 않은 채 들고 나는 교회는 사랑의 공동체가 아닙니다.
　당회는 우리 교회의 현실적인 문제점들을 전반적으로 하나하나 면밀히 검토하여 대책을 수립해야 합니다. 딴 데 정신을 쏟을 형편이 아닙니다. 이런 모든 문제들에 대한 여러분의 청사진을 속히 제시해 주시기 바랍니다.
　우리 교회의 나이가 어언 50살을 바라보고 있는 이때 우리는 새삼스럽게 왜 하나님께서 영락교회를 이 땅에 세워 놓으셨느냐 하는 근본적인 뜻을 새겨 보아야 할 것입니다. 영락교회를 통해 하나님께서 영광을 받으셨느냐 아니냐 하는 것은 인간의 어리석고 교만한 판단으로 그렇다 아니다 할 일이 아닙니다. 최후의 심판대 앞에서 하나님께서 판단해 주실 것입니다. 우리가 스스로 오만해진 마음에서 그리고 우리 교회에 아부하는 사람들의 입술을 통해 이 교회가 하나님께 영광을 돌렸고 지금도 돌리고 있다고 읊조리는 행동은 그야말로 망령스럽기 그지없는 것입니다. 심판하실 이는 하나님이시요 우리와 같은 사람이 아닙니다.

그러나 한 가지 분명한 사실은 꼭 기억해야 합니다. 한때는 많은 교회가 영락교회를 본받자고 하던 시기가 있었습니다. 그래서 우리 영락교회는 한국 교계에서 모범적이라고 손꼽히는 교회 중의 하나였습니다. 세계적으로도 그렇게 명성이 알려졌었다는 것도 사실이었습니다. 그런데 지금은 사정이 완전히 달라졌다는 사실도 분명합니다. 교회가 저래서는 안 된다고 하여 가장 집중적으로 손가락질을 받고 있는 교회 중의 하나가 된 것입니다. 여러분은 애써 이 엄연한 사실을 외면하려고 하지 않아야 합니다.

우리 영락교회가 이제는 자기도취와 자만심에서 깨어나 정신을 똑바로 차려야 할 때가 마침내 또 한 번 닥쳐온 것입니다. 썩은 한국 사회와 더불어 어깨를 나란히 하여 함께 썩어져 있는 영락교회의 모습을 세상 사람들이 주시하고 있다는 사실에 눈을 떠야 한다는 말입니다. 영락교회의 대형화, 물량주의, 황금만능주의와 배금주의, 교인의 비인격화, 비민주성 등 일일이 예를 들어 말하기조차 어려울 만치 한국 사회의 온갖 비리와 부조리가 영락교회에 응축되어 있다는 서글픈 사실을 정면으로 바르게 볼 수 있어야 합니다.

영락교회를 본받자고 하던 것이 영락교회를 본받지 말자고 하게 된 처지로 떨어진 이유가 무엇이겠습니까? 그것은 아주 단순합니다. 영락교회가 누가 보기에도 하나 같이 교회의 존재 의미를 저버렸기 때문입니다. 교회가 무엇이냐 하는 질문에 대한 대답 역시 아주 단순합니다. 교회는 예수 그리스도의 몸이요 우리는 그의 지체입니다. 교회의 머리는 예수 그리스도입니다. 따라서 교회는 그의 몸으로써 행동해야 하며 우리는 그의 지체로써 살아가야 합니다. 그리스도를 닮은 삶의 모범을 보여 주기 위해 하나님께서 영락교회를 이 땅에, 이 역사적인 시기에 세워 놓으셨는데 우리는 그 뜻을 저버리고 있는 것입니다.

특별히 목회자가 된 사람들은 전 생애를 그리스도의 지체로서의 삶을 살기로 하나님과 사람 앞에서 서약한 사람들입니다. 그 약속을 저버린 목사들이 들끓는 영락교회와 한국 교계는 썩은 것입니다. 입으로는 복음을 전하지만 삶으로는 예수 그리스도의 손과 발 노릇을 하지 않고 딴 짓을 하면서도 활개치고 다니는 사람들이 우리 교회에 있기 때문에 영락교회가 썩었다는 것입니다.

예수님께서 세상에 오신 것은 세상 사람들에게 위로를 베풀기 위함이었습니다. 예수님의 탄생은 위로의 선포와 함께 펼쳐졌습니다. 하늘로 올라가시며 보내 주신 성령도 위로의 영입니다. 만일 여러분이 예수 그리스도의 지체요 성령의 감동을 입은 존재들이라면 여러분이 자리를 잡고 있는 곳에는 위로가 있어야 합니다. 하나님의 아들이 낮아지고 또 낮아지셔서 인간이 되신 것은 그렇게 함으로써 낮고 천한 인간을 위로하시기 위함이었습니다. 그러므로 교회도 낮아질 대로 낮아져야 합니다. 성도들의 삶 역시 그리스도의 지체답게 낮아질 대로 낮아져야 합니다. 이것이 예수 그리스도의 겸손한 마음가짐을 우리도 지녀야하는 이유이며 예수처럼 청빈한 생활을 영위해야 하는 당위성입니다.

기독교인이건 아니건 간에 글을 읽을 수 있고 귓전으로나마 기독교가 무엇인지를 들어 본 일이 있는 사람은 교회가 어떠해야 하며 성도들의 삶이 어떠해야 하는지를 잘 알고 있습니다. 영락교회를 포함한 한국 교회가 자기만족과 자기도취에 깊이 빠져있을 때 성경을 읽을 줄 아는 세상 사람들이 남녀노소를 불문하고 모두 일어나 우리 앞에 성경을 펴들어 보이고 있는 듯한 이 부끄러운 현실을 여러분은 바로 인식해야 합니다. 세상 사람들이 성경을 펴들고 교회를 향해 소위 성도라고 자칭하는 사람과 목회자라고 하는 사람들을 향해 회개하라고 외치는 이 세태를 바로 볼 수 있어야 한다는 말입니다.

 소위 목사라고 하는 사람이 호화 저택에서 돈 많은 부자처럼 사는 것이 성경 말씀과 어긋난다는 것은 세상이 다 아는 이야기입니다. 자원을 많이 소비하고 연기를 많이 뿜어내는 고급 승용차보다는 중용 승용차 그보다는 소형 그리고 실제로는 대중교통 수단을 이용하는 것이 더 목사다운 목사에 가까이 가는 생활 태도라는 사실도 세상은 잘 알고 있습니다. 사치와 낭비는 비성서적이라는 사실을 세상 모두가 알고 있다는 말입니다.

 그런데도 이런저런 이유와 구실을 붙여 세속적으로 자기를 나타내 돋보이려는 목사들 때문에 교회가 썩는 것입니다. 박 아무개 목사가 당회장일 때 만일 자기가 대중 교통수단을 항상 이용한다면 사람들이 아마 자기를 성자라고 하겠지만 자기는 성자가 되기 싫고 자기도 인간이므로 인간적으로 좀 편하게 멋있게 살고 싶고 그렇게 하고 있노라고 거침없이 말하는 소리를 들어 본 일이 있습니다. 바른 길을 번연히 알고 있으면서도 인간적인 욕망과 편안함에 못 이겨 그 길을 피해 가는 이런 사이비 목사들이 있기 때문에 교회가 썩은 것입니다. 현재 우리 교회의 당회장의 생활 방식이 이 사람과 별반 다르지 않음을 여러분도 잘 보고 있을 것입니다. 그 당사자를 포함한 여러분은 어서 속히 결단해야 합니다. 어느 누구 보다 먼저 담임 목사는 성경 말씀 그대로 살아가는 삶의 모범을 보여 주어야 합니다.

 기독교인인지 아닌지조차 분간하기가 어려울 정도의 목사들의 언행은 우리 교회 강단에서 들려지는 설교를 들어 보면 어렵잖게 짐작해 볼 수 있습니다. 특히 담임 목사의 설교는 근본적으로 설교라고 할 수 없을 경우가 너무 잦습니다. 예수님의 말씀을 들으려고 먹을 것을 싸들고 다니던 나이 어린 소년도 있었듯이 설교는 어른 아이를 막론하고 학식이 있거나 없거나를 막론하고 누구나 알아들을 수 있는 말과 내용이어야 합니다. 학식이 어느 정도 있거나 전문 지식이라도 가진 사람들이어야만 그 뜻을 알 수 있는 술어와 용어를 쓰는 것은 설교가 무엇인지조차 모르기 때문일 것입니다. 설교는 자기 지식 자랑하는 기회가 아니며 설교 순서가 자기 자신의 인생 경험이나 여행 경험을 사람들에게 소개하는 시간이 아닙니다.

 학문이 깊고 지식이 많아도 그것을 나타내지 않는 것이 겸손입니다. 이런 겸손한 목회자만이 아는 것이 적고 세상에서 배운 지식이 별로 없는 사람들에게 위로를 베풀 수가 있는 것입니다. 전문적인 지식과 학술 용어를 많이 동원하면 할수록 하나님의 말씀의 참뜻은 점점 더 흐려지는 것입니다. 사실 대부분의 경우 확고한 신앙을 가지지 못한 목사일수록 이렇게 해서 자기 자신의 신앙적인 결손을 감추어 보려는 경향이 있습니다. 이런 사람들의 말은 생활과 일치할 수가 없습니다. 확신이 서지 않는 심정으로 내뱉은 말을 어떻게 실천할 수가 있겠습니까! 우유부단하고 무책임한 목회자가 될 수밖에 없는 것입니다. 이런 목회자들이 판세를 쥐고 있기 때문에 교회가 활력을 잃고 썩는 것 아니겠습니까! 목회자들이 예수의 몸에 단단히 붙어 있는 지체로서 바른 삶을 사는데도 교회가 썩을 수 있겠습니까! 포도나무에 제대로 접하고 있는 가지에 어떻게 썩은 열매가 달릴 수 있겠습니까! 우리 영락교회가 지금 이렇게 되어서는 안 되는 교회의 본보기로 나마 한국 교계에 어떤 교훈을 던져 주고 있다는 점에서 우리 교회의 존재 의미를 찾게 되는 것은 참으로 슬픈 일입니다. 세상에 있는 교회 역시 인간이 모인 집단이므로 흥망성쇠의 때가 있게 마련이라는 사실을 깨우쳐 주기 위해 하나님께서 우리 영락교회를 존속시켜 주고 계실 것입니다. 우리 교회가 지금 어느 단계에 처해 있습니까? 쇠퇴하고 있는 단계에 와 있는 것이 아니겠습니까! 그런데도 거창한 건축 공사는 무엇을 위한 것입니까? 그것은 결국 호화찬란한 무덤에 지나지 않을 것입니다.

 영락교회 당회는 무덤과 같은 정적에 잠겨있습니다. 서로들 무엇인가 숨기고 있으면서 마음을 털어놓지 못하고 속으로만 앓고 있는 환자들의 집단으로 밖에는 비쳐지지 않습니다. 영락교회는 스스로 깨닫고 회개할 수 있는 능력을 이미 상실해 버린 교회입니다. 여러분은 이 점을 솔직하게 시인하여야 합니다. 그리고 이 나라 뿐만 아니라 전 세계에 흩어져 살면서 영락교회를 기억하고 생각하며 이 교회가 다시 생명력을 찾아 소생하기를 바라며 하나님께 간구하는 믿음의 형제자매들의 부르짖음을 들을 수 있어야 합니다. 한 걸음 더 나아가 그들에게 도움을 청하는 솔직함과 긴박감도 지닐 수 있어야 합니다. 지금 곧 진정한 친구를 찾아 나서야 합니다. 여러분의 오만과 독선은 패망을 불러드릴 뿐입니다.

교회는 믿는 이들을 가두어 두는 우물이 아니라 넓고 넓은 은혜의 바다이어야 합니다. 그런데 예를 들어 여러분 중에서 영락교회 밖으로 눈을 돌려 우리 교단이나 교계를 위해 봉사하는 사람이 몇이나 됩니까? 거의 없지 않습니까? 여러분은 자기도취와 기만에 빠져있는 우물 안 개구리들과 같다고도 말할 수 있을 것입니다. 급기야 이제는 우리 교단 안에서조차 외톨박이가 되어 따돌림 받고 있다는 사실을 왜 아직까지도 깨닫지 못하고 있습니까? 교회는 지나간 과거에 집착하여 사람들을 묶어 놓는 곳이 아니라 올바른 인생관과 세계관을 제시하며 항상 새로운 역사를 출발시키는 열린 문이어야 합니다. 영락교회의 앞날이 어떻게 될 것입니까? 앞으로 다가오는 5년 10년을 어떻게 맞을 것입니까? 이 세상에서 지내는 동안 우리에게 주어진 시간 속에서 단계단계 마다 하나님의 뜻을 구체적으로 올바르게 실천하지 않고서는 도저히 영원한 삶에 도달할 수가 없는 것입니다. 한국기독교 역사의 이 시점에서 영락교회를 향한 하나님의 뜻이 무엇인지를 구체적이고 실제적으로 말해 줄 수 있는 사람이 여러분 중에 단 한 사람만이라도 있어야 할 것 아닙니까! 영락교회는 지금 목표를 잃어버린 채 표류하고 있다는 사실에 눈을 떠야 합니다. 큰 몸집을 제대로 주체하지 못하고 병들어 이리 비틀 저리 비틀거리고 있는 이 교회의 모습을 직시하여야 합니다.

교회는 하나님께서 선택하여 세우신 형제자매들이 한 자리에 모이는 곳입니다. 그런데 그 모임은 다시 흩어지기 위한 것입니다. 세상에 속한 일을 도모하기 위해서는 뭉쳐야 살고 흩어지면 죽는다는 말이 있지만 기독교 역사를 통해 우리가 배우는 것은 이와 정반대입니다. 세속적인 성공과 그

것을 성취하는 방도에 따라 팽창해 가면서 물량화되고 있는 것이 바로 한국 교회의 타락상 아니겠습니까! 교회는 흩어져야 살고 뭉치면 죽습니다. 모여 들어가기만 하고 다시 흩어져 나오지 못하는 교회가 있다면 그것이 바로 무저갱 아니겠습니까! 그렇기 때문에 하나님께서는 시시때때로 채찍을 들어 교회를 흩어버리고 계신다는 사실을 기독교 역사는 증거해 주고 있습니다. 영락교회는 더 이상 채찍 맞아 흩어지는 교회가 되어서는 안 될 것입니다. 지금은 우리 스스로가 흩어져야 할 때입니다. 그 아픔과 고통을 믿음과 용기로 감내해야 할 때인 것입니다. 그때를 이미 놓쳐 버린 것이 아니기를 간절히 바랄 따름입니다.

영락교회는 우리들만의 교회가 아니요 한국 기독교인들의 교회요 이 민족의 교회이며 세계 속의 교회임을 항상 잊지 말아야 합니다. 이 교회는 인류 역사와 현실에 대한 책임도 느낄 수 있어야 합니다.

또 한 가지 분명한 것은 하나님께서 세상을 심판하실 때 우리 영락교회도 그 심판대 앞에 설 것이라는 사실입니다. 이 시대, 이 장소에 영락교회가 존재하도록 섭리하신 하나님의 뜻에 비추어 이 영락교회가 심판을 받을 것입니다. 그런데 교회에 대한 심판은 곧 영락교회 교인들에 대한 심판이 아니겠습니까! 뿐만 아니라 영락교회를 구경거리로만 생각하면서 입을 다물고 시시비비의 말 한 마디 건네주지 않았던 모든 믿음의 형제자매들도 역시 그 심판을 모면하지 못할 것입니다.

여러분의 응답을 아직도 고대하고 있습니다. 인류 역사의 이 시점에서 이 땅에 우리 영락교회를 예수 그리스도의 몸으로서 존재케 하신 하나님의 섭리를 우리 모두에게 밝혀 줄 책임과 의무가 누구보다 먼저 여러분에게 있지 않겠습니까!

하나님의 은총이 늘 여러분에게 충만하시기를 간구합니다.
1993.10.15

29 번째 공개서한(1993.10.05)

한국 교계의 독버섯 영락교회

믿음 안에서 한 형제인 장로님

 우리 영락교회가 직접적으로 한국 교계에 끼친 영향이 결코 적다고 할 수가 없으며 간접적으로 이 나라 사회에 던져 준 영향 또한 무시할 수가 없습니다. 그것이 정상적인 일이며 응당 그래야 합니다. 따라서 좋은 영향은 좋은 대로, 그리고 나쁜 영향에 대해서는 나쁜 대로 우리 교회가 받아드려야 할 칭찬과 함께 걸머져야 할 책임도 있는 것입니다.

 그런데 우리가 기다리는 하나님의 최후 심판은 선행과 악행을 저울에 올려놓고 달아보아 서로 비교하거나 한 쪽이 다른 한 쪽을 상쇄하는 것이 아니라고 성경은 가르칩니다. 하나님의 자녀들은 의례히 선한 일만을 행하도록 요구받고 있습니다. 이것이 믿음의 은총을 입어 변화되고 그 믿음을 고백한 신자들의 당연한 의무이기 때문입니다. 악한 것은 그 모양이라도 버려야 하는 믿는 자들의 순간순간의 모든 삶은 기본적으로 선한 것이어야 합니다.

 세상이 교회를 쳐다 보며 내리는 판단은 지난 날 한국 교회가 우리 국가 사회에 얼마나 긍정적인 영향을 주었고 공헌을 하였느냐 하는 것보다는 현재 어떻게 하고 있느냐 하는 점에 쏠려 있습니다. 지나간 과거 보다는 현재가 중요하며 계속 이어질 미래가 더 중요하기 때문입니다. 반성과 회개

그리고 갱신은 현재와 미래를 위한 것입니다.

  한국 교회가 제 자리를 올바로 지키지 못하고 부정부패에 물들었다고 하면서 조목조목 열거하는 것을 보면 부끄럽고 또 부끄럽게도 그 모두가 우리 영락교회와 직접적인 관계가 있는 항목들이요, 그 근원을 따지면 바로 우리 영락교회에 귀착된다는 사실을 발견할 수가 있습니다. 잘못 되어가는 영락교회의 뒤를 밟아 가며 본받다 보니 그런 교회들로 인해 한국 교회가 애꿎게 전반적으로 손가락질 당하는 처지에 놓이게 되었다고 해서 지나침이 없을 것입니다. 한국 교회를 향한 손가락질은 결국 우리 영락교회를 향해 초점이 맞추어져 있습니다. 이 점을 여러분은 똑바로 깨달아야 합니다. 한국 교회가 거듭나야 한다는 외침은 바로 영락교회가 거듭나야 한다는 소리임을 속히 깨달아야 합니다. 또한 깨닫는 대로 곧 회개해야 한다는 질책의 소리도 똑똑히 들어야 합니다. 몇 가지만 나열하여 생각해 보아도 이 점이 명백해집니다.

  교회의 내형화와 물량주의 그리고 교만: 교회의 대형화 추세가 분명히 잘못된 점 중의 하나라는 지적은 아주 적절합니다. 대형 교회는 필연적으로 외형적인 크기만을 지상 목표로 삼는 방향으로 나아가게 마련이기 때문입니다. 그런데 한국의 대형 교회는 영락교회를 시작으로 해서 출현한 것입니다. 어느 정도의 성장 단계에 이르렀을 때 결단하여 교회의 본질을 상실하게 될 것이 분명한 대형화의 길을 끊어 버렸어야 했는데 우리는 그 모범을 보여 주지 못했습니다. 교인수가 증가하고 동산 부동산이 많아짐에 따라 스스로 잘난 체하면서 날이 갈수록 점점 말할 수 없이 교만해졌습니다.

  개교회주의와 교단의 유명무실화: 영락교회가 창립되게 된 역사적이고 정치 사회적인 특수 여건이 어쨌든 간에 영락교회의 성장은 우리 장로교단의 기본 틀을 깨어버리는 결과를 초래했습니다. 지역별로 노회가 결성되어 있도록 규정된 교구제도가 완전히 파괴되었습니다. 우리 교회가 속해 있는 서울노회의 경계 지역 밖에 거주하거나 그 경계 밖으로 이사 가게 된 교인은 정상적으로는 새로운 지역에 있는 우리 교단 산하의 한 교회로 교적을 옮기는 것이 원칙입니다. 영락교회 교인 구성의 특수성은 이 원칙을 위반하게 만들었고 우리 교회의 뒤를 잇는 교회가 줄지어 생겨남에 따라 개교회주의가 만연하게 되었습니다. 교단 간의 연합 사업은 물론이고 교단 내의 협력 사업에조차 무관심해지는 경향으로 흐르게 되었습니다. 교단의 역할과 권위가 약화됨에 따라 교파 분열과 교회 난립을 통제할 수가 없게 된 것입니다. 교단의 기초가 밑바닥에서부터 흔들리고 뿌리가 뽑힐 지경이 된 것입니다.

목회자의 권위주의와 교회의 비민주화: 초기의 우리 교회는 그 인품으로나 학문으로나 존경받기에 손색이 없는 목회자가 있어서 그와 함께 교회를 섬길 수가 있었습니다. 그가 권위를 주장하지 않아도 우리는 목회자로서의 그의 권위를 주저 없이 인정하였습니다. 그런데 불행하게도 그의 뒤를 이은 사람은 무조건 거의 절대적인 목회자의 권위를 내세우며 요구했습니다. 목사에게는 무조건 복종해야 하고 무조건 그가 계획하는 목회를 도와야 한다고 주장하였고 그렇지 않을 경우에는 서슴지 않고 저주하기를 일삼았습니다. 하나의 인간이 절대적인 권위를 내세우며 더욱이 그것을 하나님의 권위와 동일시 할 때 그 결과가 어떻게 될 것인지는 너무나 분명한 것입니다. 목사가 바로 독재자였습니다. 사실 지난 불행한 정치적 상황 속에서 정의를 부르짖는 외침 한 마디 용기 있게 내지르지 못하고 오히려 정권과 결탁하면서 편안하게 지내온 교회가 바로 우리 영락교회 아닙니까! 우리는 이 민족의 역사 앞에 참으로 무릎 꿇고 사죄해야 합니다. 세상을 변화시키는 것이 아니라 세상의 정치 풍조를 타고 교회도 세상과 꼭 같이 썩기 시작했는데 우리 영락교회가 그 교회였습니다.

교세 경쟁: 한국에서 제일 큰 교회라는 것이 아니라 세계에서 가장 큰 교회를 세우겠다는 사람이 우리 교회보다 더 큰 교회가 생겨나는 것을 마음 편히 지켜볼 리가 없었습니다. 교세 확장을 위한 소위 교인 쟁탈전이라는 어처구니없는 말이 우리 영락교회와 여의도의 어느 한 교회 사이에서 벌어졌던 일을 지칭하는 것임을 여러분은 잊지 않으셨을 것입니다. 교세를

급속도로 확장하고 있는 상대방 교회의 목사를 공공연하게 비난하고 매도하던 사람이 바로 우리 교회의 박 아무개 목사가 아니었습니까! 거기에 맞추어 덩달아 교인 이탈 방지라는 헛된 일에 주의와 노력을 기울였던 사람들이 당회원들이요 맹신적인 우리 교인들이었습니다.

상업주의와 기복사상의 팽만, 그리고 교회 출석의 유행화: 교세 경쟁을 벌여 사람들의 관심을 끌어 드리고 많이 모이게 하기 위해 동원한 방법이 상업주의입니다. 교인을 고객으로 생각하고 그 고객의 기호에 맞는 상품을 개발하는 식으로 예배가 진행되었습니다. 화려하게 꽃으로 치장한 강단과 사람을 위압하는 듯한 높은 강대, 소매에 비단줄이 쳐진 박사 가운을 걸친 설교자, 훈련 잘 받은 성가대, 파이프오르간처럼 보이도록 장식해 놓은 플라스틱 파이프 등등이 그 본보기입니다. 예배드리는 것은 둘째 치고 우선 훌륭한 구경거리를 제공해 주고 있습니다. 고객에게 편리하도록 새벽부터 오후 늦게까지 여러 번 꼭 같은 순서로 예배를 반복해 주는 장치도 마련한 것 아닙니까! 예를 들어 수일 오전에 골프치고 싶은 사람은 첫 번째 예배에 참석하고 가면 되고 그보다 더 일찍 골프장에 나간 사람을 위해서는 오후 예배가 기다리고 있게 만든 것입니다. 기독교인이 되어 교회에 출석하는 것이 한낱 유행거리가 되었고 휴일에 시간이나 보내기 위한 심심풀이 정도가 되게 만든 것입니다. 기독교인 행세를 하고 교회에 출석하는 것이 연예인이나 정치가의 인기 관리를 위한 좋은 방편이 되기도 했습니다.

이런 상업주의적 교회에서는 구원의 요건인 책망과 회개의 말씀 대신 교회에 열심히 출석하고 헌금을 많이 하면 그만큼 복을 많이 받게 된다는 설교 아닌 설교가 울려 퍼지게 되는 법입니다. 자기와 경쟁관계에 있다고 생각한 상대방 목사를 기복사상에 물든 이단이라고 정죄하는데 앞장섰던 박 아무개 목사에게 당신의 설교 역시 다른 점이 없지 않느냐고 물었을 때 그는 그것을 시인하면서 그래야만 교인들이 좋아서 많이 모여들지 않느냐고 태연하게 대답하는 데에는 그만 아연실색했던 기억이 생생합니다.

목사의 세속적인 직업화: 이 점에 관해서는 박 아무개 목사의 경우를 들어 이미 간단히 언급하였고 임영수 목사의 경우에도 마찬가지임을 밝혔습니다. 더욱이 교인을 차별하지 않고 진실한 마음으로 섬기며 봉사해야 할 목사가 자기의 본분을 완전히 망각하고 상전노릇을 하면서 행패부리는 일도 근래 잦아지고 있습니다. 교회 안에서 나이 어린 목사가 어른에게 반말로 온갖 욕지거리를 다 퍼부어 대고 심지어는 물리적인 폭행까지도 사양하지 않을 지경에 우리 교회가 도달해 있다는 사실을 여러분은 외면하지 않아야 합니다. 이런 집단은 교회냐 아니냐를 논의하기에 앞서 정상적인 인간 사회라고 조차도 이야기할 수가 없습니다. 이 점에 관해서는 기회 있는 대로 다시 거론하고자 합니다.

 더 많은 점들을 들어 말씀드릴 수가 있겠지만 오늘은 이만 그치려 합니다.

 여러분의 응답을 다시금 고대합니다.

 하나님의 은총 속에 내내 평안하시기 바랍니다.
 1993.10.05

28 번째 공개서한(1993.09.25)

영락교회에 아부하는 사람들

믿음 안에서 한 형제인 장로님
 간절한 기도의 눈물과 희생과 봉사의 땀이 마르지 않았던 우리 교회는 칭찬받을 만하였고 순교의 핏빛이 선명하게 남아있는 동안의 영락교회는 스스로 들이 내세우시 않았어도 예수 그리스도의 밝은 빛을 내 뿜을 수가 있었다고 말할 수 있었을 것입니다. 그때 우리 영락교회에는 나라 안팎에서 많은 사람이 찾아 들었고 우리 교회의 마당을 밟거나 강단에 섰던 사람 중에는 한국 역사는 물론이고 세계 역사에 기리 기록될 인물들이 적지 않았습니다. 그이들이 신실한 마음을 가지고 찾아올 만큼 영락교회는 은혜와 사랑이 풍성한 모임이었으며 그들의 칭찬에는 꾸밈이 없었습니다.
 교회가 필요로 하는 것은 하나님께서 미리 아시고 넉넉하게 준비해 놓으셨음을 믿고 의심하지 않았기 때문에 지금처럼 이자 수입이 탐날 정도로 많은 돈을 은행에 쌓아 놓지 않았습니다. 헌금은 모이는 대로 선교와 교육과 봉사를 위해 다 썼습니다. 누가 손을 내밀기 전에 우리 교회가 먼저 살펴보고 도와주기를 힘썼기 때문에 거기에는 조금도 불순한 동기가 끼어들지 않았습니다.
 어느덧 교회의 규모가 팽창하고 비대해짐에 따라 성도의 교제가 메마르게 되는 것과 동시에 교회의 전반적인 일이 사무적이고 기계적이 될 수밖에 없는 상태에서 국민 생활 수준의 향상과 더불어 계속 불어나 쌓이는 헌금을 하나님의 뜻에 합당하게 쓸 수 있는 준비가 미처 되지 못했을 때 담임 목사가 바뀌었습니다. 교회의 본질과 성장에 관한 신학적인 토대가 아직 확립되어 있지 않는 시기에 대변혁의 계기를 맞아야 했습니다. 따라서 새로운 전기를 마련하지 못한 채 세류를 쫓아 계속 팽창하는 길을 걷게 되었던 것입니다. 껍데기만 점점 커지면서 속은 그만치 더 공허하게 되어갔습니다. 동시에 우리 영락교회 역시 세상 사람들의 못된 풍조를 그대로 본따 졸부근성을 나타내면서 잔뜩 교만해지기 시작했던 것입니다.

그럼에도 불구하고 무한정 커지는데 따른 위험을 알려주는 친구가 하나도 없었습니다. 모두가 잘한다 잘한다 하면서 듣기 좋은 말로 칭찬만 해 주었습니다. 참으로 불행한 일이었습니다. 돈이 많은 영락교회에 아첨하면서 돈을 받아가는 사람들과 영락교회의 교세를 빌어 자기의 명예와 지위를 높이고 싶어 하는 사람들이 그 역시 인간적인 명예와 황금에 눈이 먼 영락교회 담임 목사 주위를 둘러싸기 시작했고 이런 사람들이 교계 안에서 한 패거리를 만들어 세력을 넓혀가는 현상도 빚어냈습니다. 소위 큰 교회와 작은 교회, 돈이 많은 교회와 그렇지 못한 교회의 구분이 뚜렷해지면서 교계 안에서 위화감과 이질감이 깊어져 갔는데 그 장본인이 바로 우리 영락교회였습니다.

명예와 돈에 눈이 어두워진 우리 교회의 담임 목사는 자연스레 정치권과 손을 잡고 그것을 배경으로 삼아 출세하여 대통령 직속의 어떤 자문 기구의 위원으로 발탁되기도 할 정도로 정권에 아부하면서 자기의 욕망을 채워나간 내력은 여러분이 더 상세히 아실 것입니다. 그럴수록 영락교회와 그 박 아무개 목사 주변에는 친구라고는 간 곳 없고 아첨꾼들만 그득하게 되었고 여러분 자신들 또한 그를 떠받들고 앞세우는 아첨꾼들이 되었던 것 아닙니까! 주객이 전도된 한심한 현상이었습니다.

그 사람이 기고만장하여 교회법을 무시하고 나라의 법과 사회 규범을 비웃으며 절대적인 목사의 권위를 주장하고 행사할 때 여러분은 잠잠히 입을 꾹 다물고 있었을 뿐만 아니라 그것을 오히려 조장하지 않았습니까? 이른바 하나님의 기름부음을 받은 목사에 대해 이러쿵저러쿵하는 것은 하나님을 모독하는 것과 꼭 같아서 저주 받아 마땅한 일이라며 겁을 주면서 교인들의 입을 막으며 선동하던 사람들이 바로 여러분 아니었습니까! 이런 집단은 철저히 썩게 마련입니다. 그 대가를 지금 우리 교회가 치루고 있는데도 여러분에게는 조금도 깨달음이 없고 회개가 없습니다.

 그 망나니짓을 자행하던 박 아무개 목사를 닮아가고 있는 현재의 담임 목사는 오히려 잘못된 체제 그 속에 안주하고 있습니다. 한 발자국도 거기에서 벗어나려는 의지를 보이지 않는 채 실천이 뒤따르지 않는 말장난을 농하고 있지 않습니까! 박 아무개 목사가 거짓말을 상습적으로 하고 대단한 허풍장이였다는 것을 뒤늦게나마 깨달아 알게 된 사람들이 현 담임 목사 역시 그보다 더 하면 더 하지 못하지 않다는 말을 할 지경이 되어있는 형편을 여러분은 보고 있습니까? 우리 영락교회에 속하지 않은 사람 중에서 우리를 위히여 사랑으로 진정한 충고를 해줄 만한 사람은 찾아보기 어려울 것입니다. 어느 목사가 여러분의 귀에 거슬리는 충고를 한다면 대형 교회를 이룩하는 데 실패한 그 목사의 시샘에 지나지 않는다고 일축해 버릴 것이며 목사가 아닌 사람이 충고를 하면 목회라고 하는 전문 분야에 관해 무엇을 알기에 말이 많으냐고 핀잔을 줄 것이 틀림없습니다. 다른 교회에 속한 형제가 충고를 하면 남의 교회 일에 참견하지 말라고 눈을 흘기고 우리 교회 교인이 잘 잘못을 거론할라치면 교회 안에 불화를 일으키는 사탄의 자식이라고 욕하면서 입을 틀어막으려고 안간힘을 쓸게 분명합니다. 이것이 바로 여러분이 잔뜩 속에 품고 있는 마음가짐이요 우리 교회의 현실 아니겠습니까! 진정한 친구를 다 잃어버린 영락교회 당회의 목사 장로들은 속에 있는 말 없는 말로 서로에게 아첨하면서 이권 사업에 몰두하게 되었습니다. 그런 중에서도 시시비비를 가려 주어야 하는 담임 목사의 입을 막기 위해 그에게 호화 주택을 비롯해 온갖 사치스럽고 낭비적인 생활을 권장하고 제공해 주어 이리떼와 한통속을 만들었고 양의 가죽 노릇을 하는 앞잡이로 삼고 있는 것입니다. 교회 안에서조차 서로 솔직하게 의견을 제시할 수 없는 풍토를 지닌 영락교회의 목사 장로들의 귀에는 아부, 아첨하는 말들만 들릴 것입니다.

 박 아무개 목사가 당회장이 된 시기는 우리나라 현대 역사상 가장 불행한 시기였던 유신독재 시대의 개막과 맥을 같이 합니다. 유신독재가 한국 정치계의 현상이었다면 담임 목사의 독재는 교회의 부정부패를 예고하는 시발이었습니다. 세상을 맑게 하고 구원의 길로 인도해야 할 교회가 세상의 정치 행태와 어깨를 나란히 하고 같이 썩어들어가는 길을 택했던 것입니다. 영락교회가 그 선두에 서서 한국 교계에 영향력을 행사했었기에 이제 마침내 변혁된 정치계로부터 거꾸로 교회 갱신을 요구받는 처참한 지경으로 굴러떨어지게 된 것입니다. 이 현실을 누구보다 먼저 똑바로 보아야 할 사람들이 바로 우리 교회 당회원 여러분이 아니겠습니까! 특히 권력자들과 친분을 맺고 그것을 내세워 거드럭거리면서 세상에 무서운 것도 없고 부러울 것도 없는 듯 행동하면서 이런 사실을 자랑삼아 강단에 올라 설교 시간에도 떠들어 대던 그 박 아무개 목사의 허상과 잔상이 여전히 우리 교회에 어른거리고 있다는 사실을 모를 리 없건 만 여기에 몸을 의탁하고 하루하루를 무사히 넘겨보려는 임영수 목사는 자기 주변을 자세히 둘러보아야 할 것입니다.

 어떤 사람을 친구로 삼고 살며 행동하는가를 알아보면 그 사람의 사람됨을 알 수 있듯이 우리 교회 목사 장로들의 친구가 누구인가는 대단히 중요합니다. 여러분의 행태를 얼핏 보기만 해도 한 가지 분명한 사실이 떠오릅니다. 예수 그리스도를 여러분이 친구로 삼아 살고 있지 않다는 것이 엄연한 현실이라는 점입니다. 거짓말을 일삼으며 우유부단한 목사가 예수를 친구로 삼고 있지 않음은 분명하지 않습니까! 돈에 정신 팔린 장로들과 그 주위에 모여드는 아부꾼들이 예수를 친구로 삼고 사는 사람들이 아닌 것도 분명합니다.

 예수님이 밀려나 있고 그가 주신 말씀이 지켜지지 않으며 그의 삶의 모범이 비웃음의 대상이 되고 우리를 위해 보내 주신 성령의 인도하심을 공공연하게 외면하는 집단이 어찌 교회이겠습니까! 이토록 교회가 썩었다는 것을 세상이 먼저 보고 그 썩는 냄새를 감지하고 있는데도 정작 그 당사자는 표정하나 고치지 않고 태연한 여러분의 모습에 세상 사람들은 혀를 내두르고 있습니다.

참된 회개는 청산유수같이 내뱉는 공중 기도 속에서 헛되이 말로 반복되는 것이 아니라 생활 속에서 맺어지는 열매가 있어야 되는 것입니다. 유창한 언변이 뱉어내는 말솜씨를 가지고 성경 구절을 구구절절이 뇌까리면서 행실로는 복음을 부정하는 위선자들이 바로 사이비 목사요 장로들이 아니겠습니까! 이것이 바로 영락교회의 목사 장로의 모습 아닙니까! 여러분은 진정으로 회개해야 합니다.

여러분의 응답을 기다립니다.

하나님의 긍휼과 크신 은총이 항상 여러분과 함께 계시기를 기도합니다.
1993.09.25

27 번째 공개서한(1993.09.15)

삯꾼 목사들

  믿음 안에서 한 형제인 장로님

  우리 영락교회의 목사들이 단순한 월급쟁이 인가 아닌가 하는 것은 그들 각자의 생활 태도를 보아 판단할 수가 있습니다. 월급을 받고 생계를 유지하기 위한 하나의 방편으로 목사 노릇을 하는 사람인지 아니면 진정한 목회자의 일을 하고 그 봉사 사역에 대한 응당한 사례를 받는 사람인지를 구별해야 한다는 말입니다. 단순한 월급쟁이 목사는 교회에서 내보내어야 합니다. 그래야 교회가 살아있는 공동체 구실을 할 수가 있습니다. 물러나야 할 삯꾼 목사들이 우리 교회에 있기 때문에 이 교회가 썩었다는 것이요 그런 목사들이 이 사회에서 너무 많이 행세하기 때문에 한국교회가 썩었다는 것 아니겠습니까! 목사라는 것은 여느 직업과 기본적으로 차이가 있습니다. 목회 활동이라는 것은 자기의 인간적인 선택에 의해 이루어지는 것이 아니라 하나님께 선택받아 그 부르심에 응답하는 행위입니다. 인간이 이 세상에 태어나서 자라며 늙어가고 병에 걸리기도 하면서 종내는 죽고 마는 것이 사람들이 미리 알 수 있게 정해진 시간표에 따라 진행되는 것이 아니기 때문입니다. 그러므로 이렇게 살다 가도록 하나님께서 창조하시고 극진히 사랑하시는 인간을 대상으로 하는 목회에는 근무 시간이라는 것을 정할 수가 없습니다. 그렇다고 해서 근로 초과 수당을 지급해 줄 수도 없는 것이 목회자의 사역입니다. 이것이 바로 목회가 일반 사회의 노동법을 초월할 수밖에 없는 이유이며 졸지도 않고 주무시지도 않으시면서 일하시는 하나님과 더불어 일하는 사람이 목회자이기 때문에 거룩한 직무라고까지 추켜세우는 소치인 것입니다.

　목사의 사택은 교회에서 제공하는 교회 부속 건물의 일부입니다. 그에게 주어지는 승용차 역시 교회의 것입니다. 따라서 교회가 마련해 주는 자동차는 움직이는 교회의 부속 공간입니다. 교회가 목사들에게 이런 대접을 하는 이유를 목사들은 똑바로 이해해야 합니다. 다시 말하면 목사들이 교회에 나와 일을 하건 사택에 머물러 있건 혹은 승용차 안에 있건 간에 언제나 교회 안에 있다는 사실을 한 순간도 잊지 말아야 한다는 것입니다. 현역 목회자는 항상 교회 안에서 생활하고 활동하는 존재라는 뜻이며 여러분이 그 사실을 알고 있거나 말거나 목회자는 교회에서 살아야 한다는 말은 바로 이것을 일컫는 것입니다. 다르게 표현하면 목사에게는 정해진 근무 시간이 따로 없으며 그렇기 때문에 출퇴근 시간이 있을 수 없습니다. 교회에 출근하고 교회에서 퇴근한다는 말 자체가 있을 수 없는 것입니다.

　그럼에도 불구하고 이 기본 원칙을 망각하고 출퇴근하는 목사들이 우리 교회를 무기력하게 만들고 있으며 생명력을 잃고 썩어가게 만들고 있습니다. 목사 사택이 교회 구내 밖에 멀리 떨어져 있어서 교회에서 살아야 하는 목회자의 생활의 기본을 지키기가 어렵게 하고 있습니다. 구실을 붙이기 좋게 만들고 있다는 말입니다.

　목사의 사역 상 출퇴근 시간이 없기 때문에 교회 안에서 살아야 하므로 교회 안의 모든 집회에 참석하는 것이 원칙이며 주일 저녁 예배와 삼일 기도회는 물론이요 새벽 기도회에도 반드시 참례해야 합니다. 그런데 이와 같은 의무를 사택이 구내에서 멀리 떨어져 있다는 구실을 붙여 이행하지 않는 사람이 바로 담임 목사인 형편에 다른 교역자들은 굳이 말해 무엇 하겠습니까! 집회에 얼굴을 나타내는 목사가 오히려 화제의 대상이 되는 한심한 교회가 우리 영락교회입니다. 잘못되어도 크게 잘못된 것입니다.

현역 목회자가 따로 부업을 갖고 돈을 모으는 일은 대단히 비윤리적인 일종의 범죄행위입니다. 돈 봉투를 받는 것과 꼭 같은 파렴치 행위입니다. 왜냐하면 목회자는 보통 말하는 공직자보다 더 높은 의미의 공직자이기 때문에 사사로운 축재를 해서는 안 되는 것입니다. 다른 교회에 가서 설교하고 사례비를 받아 챙기는 일이라든지 특별한 경우에 강의를 하고 강사료를 받는 것 등도 곧 부정행위이며 부정 축재입니다. 목회자가 봉사료나 팁(tip)을 받아 챙기는 사람이 되어서는 안 되는 것입니다. 이런 사람은 필연적으로 부수입을 찾아다니노라고 본업을 소홀히 하게 마련이며 거기에 따라 사람을 차별하게 되는 것입니다. 이런 행태가 바로 한국 교회의 부패 타락상인 것입니다. 정해진 직업과 월급이 엄연히 있는 사람에게 따로 건네주는 금품이 곧 돈 봉투요 촌지 아니겠습니까! 우리 교회 목사들은 목회의 원칙을 어기지 말고 항상 명실공히 교회 안에서 살아야 합니다. 여러분은 이미 양심이 마비되고 감각이 둔해져서 아직도 깨닫지 못하고 있지만 썩는 냄새를 세상이 먼저 알아차리고 지금 교회를 향해 회개하라고 외치고 있는 서글픈 현실을 똑바로 대면할 수 있어야 할 것입니다.

참 목회자의 모범을 보일 수 있는 사람만이 담임 목사가 되어야 합니다. 부수입이 없이는 생활하기가 어렵다면 정정당당하게 교회에 사례비 인상을 요구해야 합니다. 우리는 이런 정당한 요구에 흔쾌히 부응해야 합니다. 그러나 그렇게 하기 전에 장로들은 목사들의 생활을 세밀하게 살펴보며 부족함이 없도록 돌보아야 합니다. 돈 봉투 받은 것을 담임 목사가 개인적으로 저축해 두고 있다는 말은 그 사람 개인적인 탐욕의 소치인 동시에 그의 생계를 책임지고 뒷받침해 주어야 할 우리 교회를 향한 원망이기도 하다는 사실을 당회원들은 깨달아야 합니다. 여러분을 신뢰하고 또 여러분이 제구실을 잘 해왔고 지금도 잘 하고 있다면 그가 왜 구태여 부수입을 찾아 나서서 그것을 받아 따로 저축해야 할 필요성을 느끼겠습니까! 이 점에 대해 여러분은 깊이 반성해야 합니다.

삯꾼 목사는 안일무사만을 추구합니다. 번연히 잘못되어 있다는 것을 인정하면서도 장로들의 눈치를 살피노라고 그 잘못을 고치지 못하는 사람이 담임 목사인 교회는 죽어가는 교회입니다. 월급을 많이 주고 편하게 대접해 주는 교회를 찾아 자리를 옮기는 삯꾼 목사들은 소신껏 말하고 행동할 수가 없는 법입니다. 여기보다 더 좋은 자리가 없기 때문에 신앙 양심을 팔아서라도 여기에서 자리를 지켜야겠다고 작심한 삯꾼 목사는 마치 이리떼가 뒤집어 쓰고 있는 양의 가죽과 같은 존재일 것입니다. 껍데기만의 양이요 껍데기만의 목사일 뿐입니다. 이리떼가 가자는 곳에 가고 하라는 말만 하게 될 것입니다. 가끔 자기가 살아있는 착한 양이라는 듯이 사람들을 현혹시키기 위해 옳고 지당한 설교도 할 수 있을 것입니다. 그러나 그것이 거짓이요 위선적인 말장난일 뿐이라는 사실은 그의 행동이 증명해 줍니다. 입술로는 진리를 선포하지만 행동과 생활로는 그 진리를 부정하는 사람들이 삯꾼 목사입니다. 이런 삯꾼 목사들을 우리는 과감히 내어 쫓아야 합니다. 그리고 양의 가죽이 벗겨져 그 정체가 드러나게 될 이리떼와 같은 당회원들은 참으로 회개하여야 합니다.

 당회원들이 개개인으로는 인간적으로 약하고 바르지 못해도 서로 돕고 의지하면서 진심으로 한데 뭉쳐 일한다면 인간 능력의 한계를 뛰어넘는 선한 일을 할 수가 있는 것입니다. 그런 곳에는 하나님이 함께 계셔 주시기 때문입니다. 그런데 안타깝게도 우리 교회 당회는 정반대로 악한 일을 하는 데 더 많은 힘을 쏟고 있습니다. 그래서 우리 교회가 썩었다는 것 아니겠습니까! 한국 교회가 썩었다고 하는 말을 들을 때 여러분은 우리 영락교회만은 예외라고 생각하시지 말기 바랍니다. 바로 우리 교회가 썩은 교회의 본보기입니다. 한국 교회가 갱신되어야 한다고 말할 때에 여러분은 영락교회를 생각하여야 합니다. 한국 교회의 삯꾼 목사들을 언급할 때 여러분은 우리 교회의 삯꾼 목사를 생각할 수 있어야 합니다. 여러분의 결단을 촉구합니다.

 하나님의 은총이 여러분과 내내 함께 하시기를 간구합니다.
 1993.09.15

26 번째 공개서한(1993.09.05)

담임 목사의 사치와 허세

믿음 안에서 한 형제인 장로님
 교회의 담임 목사가 교회 구내를 벗어나서 멀리 떨어진 곳에 사택을 쓰고 산다는 것은 잘못된 일이므로 자기는 반드시 교회 구내에 머물겠다고 하는 조건을 강하게 내세웠기 때문에 새로 부임하는 목사를 위해 미리 사 놓았던 아파트를 부득불 팔아버리고 교회 구내에 있는 집을 잘 수리할 때에는 교인들이 한결같이 그 목사의 생활 태도를 칭송했습니다. 첫 번째 사택은 그렇게 해서 살아 보지도 않고 그냥 처분했고 교회 구내에 적지 않은 비용을 들여 수리한 집은 좀 살다 보니 주위가 소란스럽다고 하여 그 옆으로 다시 옮길 때에도 교회 구내에 눌러살고 있는 것에는 변함이 없으므로 담임 목사의 신실성에 많은 사람이 경의를 표했었습니다.
 그런데 그 담임 목사가 그 후 1년이 좀 넘은 시점에서 돌연 교회 구내 밖으로 사택을 옮겨 줄 것을 요구했고 그에 따라 멀리 떨어진 남산기슭의 고급 저택을 사서 그곳에 거주하기 시작했다면 처음 이 교회에 부임 당시의 그의 언행에 비추어 너무나 큰 차이가 벌어져 있음을 발견하게 됩니다. 호화 주택으로 분류되는 넓은 평수의 집이요 경관이 좋은 자리에 놓여있고 시간을 내어 화단을 돌볼 수 있으리만치 만족스러운 주거 환경이라는 점 등은 그가 설교 시간을 통해 때때로 공개하는 것을 직접 들어 보아 알 수가 있을 뿐입니다. 우리 교회에 부임하기 이전 이웃 교회의 담임 목사 시절에 비하면 문자 그대로 호화 생활임에는 틀림이 없을 것입니다.

 문제는 여기에서 그치는 것이 아닙니다. 우리 교회 교인들을 위해 발간하는 어느 문서나 책자를 찾아보아도 담임 목사의 사택이 어디에 있는지 알 수 있는 방도가 전혀 없습니다. 지금 우리 교회의 담임 목사의 주거는 사택이 아니라 별장이라는 말이며 그곳에서 담임 목사는 교인들과의 내왕을 될수록 피하고 멀리하고 있다는 것입니다. 아침 출근 시간에 교회 사무실에 나왔다가 퇴근 시간에 맞추어 귀가해 버리는 전형적인 월급쟁이인 것입니다. 그나마 교회에 나와서 만나는 사람들과 해야 할 일들이 너무도 힘들고 괴로워서 자기는 더 많은 휴식의 필요성을 느낀다고 설교 시간에 누누이 강조하는 것을 듣노라면 생계를 유지하기 위해 마지못해 일에 매달려야 하는 가련한 임금 노동자를 연상하게 됩니다. 소명을 받아 일하는 목회자의 생활 태도가 그래서는 안 됩니다.

 멀리 떨어져 있으니까 교통 수단이 따로 있어야 하고 또 자주 사용하여야 할 수밖에 없습니다. 이런 것들이 바로 사치요 낭비입니다. 물자와 돈을 공연히 소비해야 한다는 것뿐만이 아니라 그렇게 하면서 허비되는 시간과 노력이 너무 아까운 것입니다.

 이보다 더 큰 문제가 있습니다. 한국 교회가 부흥하는 데 있어서 가장 큰 요인으로 작용했으며 우리 교회의 경우에도 예외가 아니었던 새벽 기도회를 담임 목사가 인도하지 못하는 것은 물론이고 참석조차 하기가 어렵고 실제로는 거의 참석하지 않는다는 사실입니다. 일 년에 한 차례 씩 담임 목사가 인도하는 새벽 기도회가 특별 행사로 전락해 버린 이상한 교회가 바로 우리 영락교회입니다. 새벽 기도회에는 부목사들은 말할 것도 없고 아직도 목회 훈련 중에 있다고 할 수 있는 전도사들의 얼굴을 보기가 힘듭니다. 제직들의 얼굴도 보기가 어렵습니다. 꾸준히 참석하는 교인이 오히려 신기하게 여겨질 지경입니다. 이러고서도 영락교회가 영적인 활력을 유지할 수가 있을 것이라고 기대하는 사람은 아마 없을 것입니다. 껍데기만 덩

그러니 서있는 채로 죽어가고 있는 교회가 된 것이 아니겠습니까! 훨씬 더 나이가 많고 더 복잡한 여러 가지 일을 하고 있는 선후배 목사들도 스스로 운전하고 다니는데 우리 교회 담임 목사는 왜 그렇게 안 하는지도 의아스럽습니다. 겉 늙은이 테를 내어 목사로서의 권위를 나타내 보이려는 생각에서 나온 행동이 아니기 바랍니다. 당연히 그래야만 하는 일을 하지 못하게 할 정도로 육체적으로나 정신적으로 버거운 직무라면 자기 자신과 가족의 생계를 어떻게 꾸려나갈 것인가 하는 걱정에 앞서 몸과 마음의 건강을 위해 그 직책을 버릴 수 있는 결단이 있어야 할 것입니다. 혹은 교육적인 의미로 말해서 자기가 하나님께로부터 받은 은사와 맞지 않는 일에서는 속히 손을 떼고 하나님께서 정해주신 은사에 맞는 일을 찾아 하는 것이 옳지 않겠습니까! 한시라도 머뭇거릴 이유가 도무지 없을 것입니다.

그에게 교회 일이 얼마나 힘겹고 그가 얼마나 휴식을 절실하게 필요로 하는가 하는 것은 이 교회에 부임하고서 겨우 3년 밖에 지나지 않았는데도 느닷없이 안식년을 요구하면서 훌쩍 외국으로 떠나 버렸던 사건이 잘 말해줍니다. 삼 년 일하고 안식년이라는 것은 듣도 보도 못했던 엉뚱한 행동이었습니다. 그래도 우리 교회는 그런 어처구니없는 일도 너그럽게 보아주었습니다. 그런데도 예고조차 없이 교회를 비우는 일이 너무 잦은 감이 있습니다. 왜 그러는지 설명해 주시기 바랍니다.

정상적인 궤도에서 벗어나 예측할 수 없는 언동을 아무 거리낌 없이 하는 임영수 목사의 또 다른 점은 소위 그의 설교에서 나타납니다. 설교 도중에 이름 있는 어느 학자들을 거명하고 자기가 읽었다는 책의 내용을 소개하는 것 등은 자기 지식 자랑에 지나지 않습니다. 더욱이 자기보다 인생의 경험이 더 풍부한 어른들을 향해 감히 자기의 생애나 인생 경험을 예로 들어 말하는 것도 우스운 일입니다. 꼭 외국에 갔다가 겪은 이야기라고 하면서 들먹이는 것도 이제는 진부하기 짝이 없습니다. 목사는 설교 시간에 세상에서 가장 위대했던 사람 곧 예수님 이야기만 하면 됩니다. 그렇지 않을 때에는 신구약 성경에 나타나 있는 인물과 사실을 들어 말하여도 충분하고 남습니다. 그 외의 것은 다 헛된 것입니다.

　결국은 한낱 웃음거리 밖에 되지 않을 것을 들어 굉장하게 떠드는 일이 교회에서는 없어야 합니다. 임영수 목사의 이른바 공동 목회(Team Ministry)라는 것을 아직까지 기억하고 있는 사람이 몇이나 됩니까? 웃음거리였습니다. 담임 목사 한 사람에게 국한된 웃음거리가 아니라 영락교회가 웃음거리가 되었던 것입니다.

　그 후에는 어디 가서 구경하고 온 기독교 공동체 이야기를 하면서 그런 곳이 마치 천국과 같이 느껴졌다고 여러 번 말하고 교회 밖에 나가서도 그렇게 한다고 합니다. 그것도 웃음거리에 지나지 않습니다. 천국은 믿음을 지닌 우리 마음속에 이미 이루어져 있는 것입니다! 만일 임영수 목사가 진정 믿음이 있는 사람이라면 그의 마음속에도 천국이 이루어져 있는 것을 왜 깨닫지 못하는지 모를 일입니다. 그의 가정이 참으로 기독교 가정이라면 바로 그곳이 천국인 것을 왜 모르는지도 알 수 없습니다. 우리 교회가 이처럼 썩은 교회가 아니라면 이곳이 바로 하나님이 다스리시는 천국인 것입니다. 이 사실을 바로 앞에 놓고 다른 데서 천국을 찾아 헤매는 그의 노력과 수고는 헛된 것입니다. 세계를 아무리 여러 번 돌아다니며 구석구석을 뒤져 보아도 헛수고일 것이며 심지어 우주선을 타고 하늘 끝까지 날아가 보아도 헛일일 것입니다.

　하나님의 뜻이 이루어진 삶의 현장이 곧 천국이므로 그 뜻을 이루도록 노력하는 것이 믿는 이들의 책임과 의무일 뿐임을 깨달으시기 바랍니다. 아직도 그렇게 방황하고 있는 사람은 목회자의 사명을 감당할 수가 없을 것이 분명합니다. 소경이 소경을 인도할 수 있겠습니까! 한 걸음 더 나아가 우리 교회의 근본 문제는 소경이 눈뜬 사람들을 인도하고 있다는 데서 찾아보아야 하지 않겠습니까! 우리는 목사의 직무를 하나님께서 내려주신 귀한 소명으로 받아 즐겁게 수행하는 담임 목사를 원합니다. 목회라고 하는 직무가 즐거워야 할 이유가 있습니다. 그것은 하나님과 동역자가 되어 수행하는 과업이기 때문입니다. 그러므로 힘들어야 할 까닭이 조금도 없는 일입니다. 교인들과 만나고 교제하며 그들을 바른 신앙의 길로 인도하는 일이 너무 좋아서 그 일을 하지 않으면 오히려 몸에 이상이 생기고 마음이 불안해지는 하나님의 일군을 원합니다. 무책임하게 무기명으로 여론 조사 같은 것이나 실시해서 그것을 토대로 목회 계획을 세운다고 갈팡질팡하는 섣부른 사이비 목사가 아니라 하나님께서 지시하시는 대로 확신을 가지고 당당하게 소임을 감당하는 목회자를 원합니다. 정직하게 행동하며 약속을 지킬 줄 아는 사람을 원합니다.

목회자가 될 수 없는 사람이나 되어서는 안 되는 사람을 담임 목사로 둔 교회가 있다면 그것은 교회의 불행일 뿐만 아니라 목사 그 당사자 자신의 불행이기도 합니다. 목회는 아무나 맡을 수 있는 사역이 아닙니다. 이 점에서 우리 영락교회와 담임 목사는 속히 결단해야 합니다. 지난 몇 해 동안 서로 알아보고 경험한 것으로 충분하다고 생각합니다. 더 이상 시간을 끌지 마시기 바랍니다.

여러분의 응답을 고대합니다. 하나님의 은총 속에 내내 평안하시기 바랍니다.

1993.09.05

25 번째 공개서한(1993.08.25)

영락교회 당회의 비밀주의-은폐 날조행위

믿음 안에서 한 형제인 장로님

세상에서 이해득실이 걸려있는 중요한 일은 사람들이 서로 비밀로 합니다. 자기만이 알고 있어야 만 이익이 돌아오기 때문입니다. 남이 모르는 것을 자기는 알고 있는 것으로써 어떤 특권층에 속하고 싶을 때에도 비밀은 늘어납니다. 물론 나타내 보일 수 없는 범죄 행위나 그렇지는 않더라도 떳떳하지 못한 행동 역시 비밀에 부치려고 애쓰는 것이 사람들 사이에서 흔히 보는 현상입니다. 서로 적대 관계에 있는 사람이나 집단 사이에는 더 많은 비밀이 있게 마련이며 때로는 생존을 위해 목숨을 내걸고 비밀을 지켜야 할 경우도 없지 않습니다. 비밀을 지키기 위해서는 거짓말도 많이 해야 하는 것이 보통입니다.

예수님의 지체요 택함을 받은 성도들의 사랑과 신뢰로 이루어진 공동체인 교회에서는 공통의 문제를 놓고 피차 비밀이 있을 수 없습니다. 있어서는 안 되는 것입니다. 그런데 우리 영락교회에는 비밀이 너무 많습니다. 이런 상태의 집단은 감히 그리스도의 교회라고 말할 수 없습니다. 비밀을 만들고 그것을 지키기에 급급하고 그 비밀을 알아내려고 쓸데없이 힘을 낭비하면서 때로는 서로 으르렁대는 난장판이 벌어지기도 하기 때문입니다.

제직회에 속한 제직이 제직회 회의록을 공람할 수 없다면 영락교회 밖에 있는 사람 중에 그것을 곧이곧대로 믿을 사람이 하나도 없을 것입니다. 당회가 허락해야만 그렇게 할 수 있다는 엉뚱한 규칙이 정해져 있다는 사실을 안다면 어이가 없어 웃지 않을 사람이 없을 것입니다. 공람이 금지되는 이유는 간단합니다. 제직회 회의록이 사실 그대로를 기록한 것이라기보다는 중요한 대목이 누락되거나 변조되고 날조된 부분이 많기 때문일 것입니다.

당회 회의록은 절대 비공개입니다. 변조하고 날조한 부분이 너무나 많기 때문입니다. 있지도 않은 회의록을 만들어 제직의 직분을 박탈한 일이나, 불법 치리회를 열어 무고한 교인을 책벌한 기록 등이 탄로 날 것이기 때문입니다.

임영수 목사가 부임한 이후에는 소위 행정 부서에서 날조하고 위조한 문서들이 부쩍 늘었다는 사실도 특기할 만합니다. 한번 잘못한 것을 숨기기 위해 두 번 거짓말을 해야 하고 그 거짓말이 탄로 나니까 더 많은 변명과 또 다른 거짓말을 꾸며 내어야 하는 일을 우리 교회 담임 목사 자신부터 습관화하고 있다면 이것 또한 곧이들을 사람이 드물 것입니다. 그러나 여러분은 너무나 잘 알고 있습니다. 이런 담임 목사의 습관화된 언동 때문에 그가 얼마나 여러 번 수사기관에 불려 다녔는가하는 사실 말입니다. 그러고서도 아직 깨닫는 바가 없는 듯하여 안타까울 뿐입니다. 오히려 이제는 익숙해져서 그런 악습을 즐기는 듯하는 기색도 엿보입니다. 이런 사람이 바로 세상에서 목사들의 부정직성을 공개적으로 거론하며 비난하게 만드는 빌미를 제공하고 있는 것이 아니겠습니까! 잘 알려져 있지도 않고 누구인지도 잘 모를 교회의 목사가 거짓말을 좀 했다고 해서 세상 사람들이 목사들을 싸잡아 의심하지는 않을 것입니다. 영락교회처럼 널리 알려져 있는 교회의 담임 목사가 눈에 띄게 위선적인 언동을 하니까 전체 목사들에 대한 평가도 부정적인 것 아니겠습니까! 당회 안에는 불신이 존재하지 않습니까? 그렇지 않습니다. 당회원 사이에는 원천적인 불신감이 팽배해 있습니다. 도대체 당회장이 장로들의 행적을 뒷조사하는 교회를 상상해 볼 수 있겠습니까? 그런데 여러분께서 잘 아시는 대로 이런 일이 우리 교회에서는 심상하게 발생했습니다. 어떤 당회원은 도무지 당회장과는 말이 통하지 않는다고 답답한 심정을 토로하기도 합니다. 당회원들끼리 서로 물고 뜯는 일들을 하나하나 들어 말한다면 너무나 부끄러워 얼굴을 바로 들고 다닐 사람이 없을 것입니다. 이렇게 어지러운 당회를 가진 우리 교회가 그래도 이만치나마 버티고 있는 것은 오로지 하나님께서 오래 참으시며 회개할 때를 기다리고 계시는 무한하신 은총과 자비 외에 다른 것이 없을 것입니다.

  제직회나 당회가 시원스럽게 열려있지 못하고 당회원과 당회원 사이의 마음 문 또한 굳게 닫혀져 있는 교회에서는 진정한 대화가 있을 수 없고 솔직한 의견 교환이 있을 수가 없습니다. 그런데 대화가 끊어지고 서로 숨기는 것이 의례적인 사람들의 모임은 그 명칭이 어떻고 형식이 어떻든 간에 결단코 예수 그리스도의 교회는 아닙니다. 성도의 교제가 겉치레로만 이루어지는 곳이 어찌 교회이겠습니끼! 이런 의미에서 우리 영락교회는 교회가 아니라는 사실을 너무나 분명하게 보여준 사건이 지난달 실시되었던 소위 "교인 신앙의식 구조 조사"라는 여론 조사였습니다. 임영수 목사 스스로가 의식적이건 무의식적이건 간에 우리 교회는 교회가 아니라는 사실을 그 여론 조사 행위를 통해 고백한 것입니다. 스스럼없이 의견을 발표하고 논의하며 결론을 이끌어 낼 수 있는 기구가 제직회요 당회입니다. 정정당당하게 자기를 밝히고 목사와 의견 교환을 할 수도 있고 당회원뿐만 아니라 누구도 그렇게 할 수 있고 해야 하는 것이 정상이 아니겠습니까! 자기를 숨기고 또 그 비밀을 보장해 준다는 조건을 붙여 교인의 의식 조사를 한다는 것이 대체 교회에서 있을 수가 있는 일이라고 여러분은 생각하십니까? 제직회는 제쳐 두고라도 도대체 당회는 무엇 하는 곳입니까? 교인의 인격을 도외시한 무기명의 여론 조사 결과를 가지고 교회가 무엇을 어떻게 하겠다는 것입니까? 당회장이 당회를 신뢰하지도 않을 뿐 아니라 사실은 영락교회의 당회라는 것이 필요조차 없는 기구라는 속생각을 이런 방식으로 여러분에게 통고하고 있다는 점을 깨닫지 못하십니까! 장로들에 대한 철저한 불신의 표시임을 아직도 눈치채지 못하기에 그냥 보고만 있는 것 아니겠습니까! 교회는 교회 밖의 세상을 향해서도 비밀이 없어야 합니다. 언제 누가 어떤 시각으로 들여다보든지 맑고 깨끗해야 합니다. 모든 것이 투명해서 의혹을 살만한 여지가 조금도 남아있지 않아야 합니다. 그런데 자기 교회에 속한 교인들에게까지도 숨길 것이 많은 우리 영락교회가 사회를 향해 모든 것을 활짝 열어 놓는다는 것은 도저히 불가능할 것입니다. 이렇게 감추어지는 것이 많이 쌓이면 쌓일수록 내부에서 썩어가는 것도 그만큼 많아지게 되는 법입니다. 부정부패는 비밀주의가 심하면 할수록 걷잡을 수 없게 커지는 것입니다. 교회라고 해서 예외가 아님을 영락교회가 증거해 주고 있습니다. 실은 숨기는 행위 그 자체가 곧 썩은 것입니다.

우리 교회가 얼마나 썩었고 또 계속 썩어가고 있는가 하는 점을 또 다른 면에서 극명하게 보여주는 실례가 있습니다. 즉 영락교회 행정 장정과 내규입니다. 여기에 수반되는 규정이 각 분야별로 얼마나 많은지 일반 교인들은 상상조차 할 수 없을 것입니다. 그 내규 규정집도 물론 비밀문서에 속해 있습니다. 어떤 사회나 집단을 막론하고 규칙과 법이 많을 수밖에 없도록 사태가 진전하는 현상은 멸망의 벼랑 끝에 서있다는 것을 뜻합니다. 예수님께서는 수백 가지의 법이나 내규는커녕 열 가지 계명도 마다하시고 사랑이라는 오직 한 가지 계명 밖에는 우리에게 부여하지 않으셨습니다.

숨겨진 비리와 구조적인 부패상이 교인들에게 하나하나 알려지는 것이 두려워 남자 제직을 동원해서 폭력을 휘두르고 여자 제직을 시켜 욕지거리를 내뱉게 만드는 비열한 짓을 임영수 목사는 조장하지 않아야 합니다. 심지어는 비상 범죄 신고 전화를 하여 경찰서에서 경관을 출동시킬 정도로 겁을 먹고 전전긍긍할 것이 아니라 지금 당장이라도 진심으로 회개하고 잘못을 고쳐서 마음의 평화를 얻도록 노력하는 것이 목사와 장로들이 해야 할 제일 첫 번째 일입니다. 특별히 당회장 목사의 각성과 반성 그리고 회개를 촉구합니다.

 여러분의 응답을 기다리겠습니다. 하나님의 은총이 여러분에게 늘 풍성하시기를 기도합니다.
 1993.08.25

24 번째 공개서한(1993.08.15)

교역자의 음성수입-돈 봉투(촌지)

믿음 안에서 한 형제인 장로님
  신뢰할 수 있는 사람인가 아닌가는 그가 돈 문제에 관해 어떤 태도를 취하면서 살아가느냐 하는 것을 관찰해 보면 잘 판단할 수가 있다는 말은 틀림이 없는 사실일 것입니다. 돈을 가지고 그의 인격을 가늠해 볼 수 있다는 것은 여러분도 일상생활에서 늘 경험하는 일일 것입니다.
  담임 목사가 교역자 회의에서 뿐만 아니라 여러 교인 앞에서까지 공개적으로 돈 봉투(촌지)를 서로 주고받지 말라고 강경한 어조로 말을 할 정도라면 우리 교회 교역자 중에는 신뢰할 만한 사람이 하나도 없거나 있다고 해도 퍽 드물다는 뜻이요 그와 동시에 그들에게 돈 봉투를 건네주는 교인들의 인격을 의심한다는 뜻이기도 합니다. 이렇게 주고받는 것은 기본적으로 검은 돈입니다. 교회 안에서 저질러지고 있는 지하 경제 행위인 것입니다.
  교인이라는 이름을 내세우는 사람이라고 해서 뒷돈을 주고받는 잘못된 행동이 조금도 없을 수야 없겠지만 그것이 공개적으로 경고를 발하게 만들 정도라면 그 부정과 부패가 심화되었고 또 심화되고 있다는 단적인 증거입니다. 우리 교회는 돈이 넘쳐흐르고 돈이 의미하는 온갖 부정적인 행태와 죄악이 가득 차 있습니다. 흔히 듣는 대로 영락교회에 들어서면 돈 썩는 냄새가 코를 찌른다는 말 그대로인 것입니다.

우리 교회에서 횡행하는 돈 봉투는 특히 몇 가지 점에서 근본적으로 비성서적입니다. 그 하나는 세속적인 물질 위주의 생활 태도요 또 다른 하나는 이와 같은 비신앙적인 행위를 가능하게 만들고 더욱 더 조장하고 있는 목사의 절대적 권위주의와 신격화입니다. 이것들은 성서적인 생활 윤리와 기독교의 신학적인 기초 위에서 올바른 교육을 하지 못하고 겉치레에만 치중해 온 우리 교회가 필연적으로 맞닥뜨리게 된 위기 현상입니다. 신앙 지도 원칙이라느니 교회의 목표라느니 해서 헛된 구호만 있고 그것을 구현하기 위한 영적인 신앙 훈련과 교육이 없기 때문에 빚어지는 교회의 타락상 중의 하나가 바로 돈 봉투로 나타나는 현상입니다.

우리 교회 초창기의 그 가난하고 어려웠던 시절에 하나님께서는 일용할 양식을 허락해 주셨습니다. 그런데 일용할 양식보다 더 많이 풍족한 물질적인 복을 누리게 될 때부터 돈에 대한 애착심이 싹트기 시작했고 순수한 신앙이 퇴색하여져서 돈의 좋은 점과 돈의 위력을 맛보기 시작하다가 지금은 돈에게 모든 것을 위탁하게끔 되었습니다. 믿는 자에게 능치 못할 일이 없다고 하는 성경 말씀 대신 돈이 있으면 못할 일이 없다는 황금만능주의가 우리 교회를 움직이고 있다는 말씀입니다. 일용할 몫 이상으로 많은 만나가 착착 은행에 쌓여가고 있고 그렇게 쌓아둔 물질과 돈은 반드시 썩게 마련이라는 성경의 가르침이 우리 교회에서는 잊혀진 지 이미 오래되었습니다. 이 세상에서 살아가는 동안 누릴 수 있는 모든 행복이 물질적 조건의 풍부함에 있고 그것을 얻을 수 있는 돈만 있으면 불가능한 것이 없다고 생각하는 풍조가 교회까지 썩게 만들고 있습니다. 이런 교회는 이미 기독교가 아닙니다.

박 아무개 목사가 한창 여러 가지 거창한 일을 벌이면서 돈을 긁어모을 때에는 헌금이 곧 투자라는 말까지 설교 시간에 강단에서 크게 외쳐댔던 것을 여러분은 분명히 기억할 것입니다. 교회에 바치는 헌금이 많으면 많을수록 더 많은 재물의 복을 받게 된다는 참으로 어처구니없는 망발이 영락의 강단에서 쏟아져 나올 지경이었습니다. 이 썩은 교회에 내는 돈이 곧 하나님께 바치는 헌금이라고 교인들을 기만하고 우롱했던 것입니다. 그런 사고의 틀이 여전히 우리 교회에서는 깨어지지 않고 특히 여러분 사이에서 매우 강하게 작용하고 있다는 사실을 속히 깨달으시기 바랍니다.

 겸손하고 청빈한 신앙생활을 실천하는 목사에게는 돈 봉투라는 말이 생길 수 없습니다. 누구에게서 어떻게 받았든지 모두 교회 재정으로 전달되고 조금도 자기 자신을 위해서는 쓰지 않기 때문입니다. 초창기의 영락교회는 이런 교역자들이 이룩한 것이 아니었습니까! 지방으로나 해외로 여행을 한 후에도 남은 비용은 다시 교회로 반환하는 교역자들에게는 돈 때문에 문제가 생기는 일이 없었습니다. 거기에는 헌금과 돈 봉투의 구별이 없이 모두 헌금이었습니다. 이런 가운데서만 목사의 권위가 바로 설 수 있고 그가 하나님의 종인 것을 의심하지 않게 되는 것입니다.

 하나님께 드리는 모든 것은 어차피 사람의 손을 일단 거치게 마련입니다. 그런데 겸손하지도 않고 청빈하지도 못한 사람이 담임 목사가 되면서부터 헌금과 돈 봉투가 구별되기 시작했습니다. 헌금으로 내는 돈은 교회 재정으로 들어가고 돈 봉투는 목사의 호주머니 속으로 들어가서 담임 목사 노릇 십여 년에 그렇게 모은 돈이 세상 사람들조차 깜짝 놀랄 정도로 큰 금액이었습니다. 돈을 사랑하는 담임 목사를 비롯한 부목사와 전도사들이 응당히 헌금으로 들어가야 할 것을 가로채는 일을 거리낌 없이 하면서도 양심의 가책을 조금도 느끼지 못하고 오히려 그것을 부추기는 파렴치한 행위를 서슴지 않고 있었던 것입니다.

 이런 짓을 합리화하기 위해 여러분은 기름부음을 받은 하나님의 종인 목사를 비판하는 것은 곧 하나님께 대한 불경이요 저주받아 마땅한 일이라고 맹신적인 교인들을 가르쳐 온 것 아닙니까! 목사를 하나님의 자리에 올려놓은 것입니다. 목사가 즐거워하는 것은 하나님께서도 즐거워하시는 것이요 따라서 목사를 기쁘게 하는 것은 하나님을 기쁘시게 하는 것이라고 감히 가르치고 있는 것입니다. 절대적인 목사의 권위를 주장하면서 목사를 신격화하고 있다는 말입니다. 명색은 기독교이지만 실상은 하나의 사이비 기독교가 되었고 담임 목사가 교주 노릇하는 썩고 또 썩은 교회가 된 것입니다.

여기에서도 문제는 탐욕스러운 목사의 행각이 온 천하에 폭로된 후에 이 교회가 조금도 반성하지 않고 회개는커녕 여전히 썩은 습관을 버리지 않고 있다는 데 있습니다. 돈 봉투 주고받는 것을 공개적으로 경계해야 할 정도가 되었다는 말입니다. 더욱 해괴한 것은 임영수 목사가 다른 교역자들에게는 돈 봉투를 절대로 받지 말라고 하면서 자기는 여전히 받고 있으며 받아서는 따로 저금을 하고 있다는 말을 한다는 사실입니다. 그래서 부목사와 전도사들 뿐 아니라 이 말을 전해들은 교인들이 너나 할 것 없이 한결같이 담임목사의 정신 상태를 의심하고 있다는 수군거림이 교회 안팎에 파다합니다. 여러분은 이것을 모르고 있습니까? 알면서도 입을 다물고 담임 목사에게 충고 한마디 하지 않는 것입니까? 영락교회 교인들이 교역자에게 바치는 돈 봉투는 여러 가지 의도를 내포하고 있습니다. 목사가 이 봉투를 받고 특별히 여러 가지 복을 많이 내리게 기도해 달라는 부탁이기도 하며 수험생의 입학을 위해, 직장에서의 승진을 위해, 사업의 번창을 위해 특별히 기도해 달라는 부탁이기도 합니다. 말하자면 목사를 무당쯤으로 생각하고 있는 것입니다. 그러니까 봉투가 두툼하면 할수록 그 만큼 복도 많이 받는다고 생각하는 것입니다. 교회 안에서 장로, 집사 선거가 있을 때에는 교역자들이 상종하게 되는 여러 교인들에게 말 한 마디라도 좋게 퍼뜨려 달라는 의미를 담은 선거 운동 자금이기도 합니다. 이 이외에도 일일이 예거할 수 없을 정도로 많은 명목을 담고 있습니다.

이제는 목사들이 돈 봉투가 있을 만한 곳을 찾아가게끔 되었고 심지어 어떤 경우에는 기독교인으로서는 말할 것도 없고 일반 사회에서도 바람직하지 않은 사업을 시작하는 곳에까지 가서 복을 빌어주고 봉투를 받는 일도 생기게 되었습니다. 예를 들어 당회원 중의 한 사람이 사회 돌아가는 풍조에 편승해서 매춘을 조장하고 비윤리적인 남녀 관계를 맺는 행위를 조장하여 거기에서 돈을 버는 사업에 손을 대었는데 목사가 그런 곳에까지도 불려가서 사업의 번창을 빌어 주고 돈 봉투를 받았고 그런 당회원에게 교회의 중요한 부서를 맡기기도 했던 일에도 여러분은 수수방관하고 있지 않았습니까! 교회의 모습이 이래서야 어찌 되겠습니까! 당회원 여러분은 오늘 거론한 문제에 대해 심사숙고하시기 바라며 특히 임영수 목사는 자신의 태도를 분명히 밝혀 주기 바랍니다. 담임 목사부터 자성하고 회개하는 결단을 보여 주기 바랍니다.

여러분의 응답을 기다립니다. 주님의 은총 속에 내내 평안하시기 바랍니다.

1993.08.15

23 번째 공개서한(1993.08.05)

영락교회의 인권유린-남존여비

믿음 안에서 한 형제인 장로님

 사람을 사람대접하지 않고 무시 천대하거나 멸시하고 고통스럽게 만들면서 괴롭히는 일이 우리 교회 안에서 너무 빈번하게 발생한다고 말하면 여러분은 곧이듣지 않을 것입니다. 교회 밖의 사람들은 더더구나 그럴 것입니다. 왜냐하면 교회야말로 가장 사람을 아끼고 위하며 사랑을 실천해야 하는 곳이라고 알고 있기 때문입니다.

 그런데 그 이전의 일들은 제쳐두고라도 임영수 목사가 부임한 이후에만도 너무나 어처구니없는 사건들이 잇달아 생겨났습니다. 임 목사가 목사요 기독교인이라는 사실은 겉으로 표방하고 있는 그 사람의 신분이지만 실제로는 일반적으로 정상적인 소양을 갖춘 사람인지도 의심할 수밖에 없을 지경으로 상식에서 벗어나는 일을 많이 저질러 오고 있습니다. 기독교인이라면 도저히 상상조차 할 수 없는 일들을 태연히 감행하고 있다는 말입니다. 결국 그 때문에 검찰이나 노동청에 소환당해 조사를 받은 일이 한두 번이 아니고 범법 사실이 발각된 사례가 또한 그러한데도 전혀 가책을 느끼거나 부끄러워할 줄 모를 정도로 마비된 양심을 지니고 있습니다. 당회원들조차 대부분 잘 눈치 채지 못 하는 사이에 생겨나는 참으로 부끄럽고 창피한 일들입니다.

영락교회의 주도권을 쥐고 있는 장로들은 돈에 미친 사람들이라고 해서 지나친 표현이 아닙니다. 그 첫 번째 실례가 주차장 임대 사건입니다. 헌금을 많이 낼 수 있는 교인들은 대개가 자가용 승용차를 몰고 교회에 출석하는 사람들이므로 이런 사람들을 위해 교회 헌금으로 주차비를 대 주어야 다른 교회로 가지 않을 것이라는 설명과 함께 극동빌딩주차장을 돈을 내고 빌린 일이 있었습니다. 결국 말썽이 안 생길 수가 없어서 계약을 취소할 수밖에 없었습니다. 주차비까지 물어 주면서 돈 있는 교인을 붙잡아 놓으려 하는 사고방식이 여러분을 돈에 미친 사람들이라고 부르게 만드는 것 아닙니까! 한 직장에 오래 근무하면 자연히 급료가 오르게 마련입니다. 그런데 이렇게 의당히 올려주어야 하는 월급이 아까워서 강제 퇴직시키고 새 사람을 채용하는 행위는 문자 그대로 악질입니다. 공연히 트집을 잡아 위협하고 회유하여 내어 쫓는 일은 성경 말씀에 어긋나기 이전에 이미 세상 법의 제재를 받게 됩니다. 교회 직원 몇 사람을 이렇게 했다가 임영수 목사가 혼이 날 지경으로 검찰과 노동청에 불려 다닌 사실을 알고 있습니까? 가장 기본적인 노동법조차 어긴 일이 하도 많아 일일이 거론하기 힘들 정도로 일꾼들을 인간 대접해 주지도 않고 혹사하고 있는 현실을 여러분은 관심 있게 살펴보아야 합니다. 죄 의식이 전혀 없이 비리와 불법을 저지르면서 책임 있는 자리에 앉아 있는 담임 목사에게 모든 것을 맡기고 그냥 보고만 있을 때가 아닙니다. 소위 목사라는 사람이 이런 짓을 한 번도 아니고 여러 번 저지르고 있다는 것은 무엇을 말해 주고 있습니까? 그런 사람이 어찌 기독교인이겠습니까! 기독교인으로서의 자질이 없는 사람이 기독교인 행세를 하고 더구나 목사 노릇까지 할 수 있으니까 교회가 썩었다는 것 아니겠습니까! 오래 근무한 직원에게 지급하는 인건비가 아깝다고 그런 직원을 해고하고는 돈이 좀 적게 드는 용역회사 사람들을 불러드렸습니다. 단지 돈을 아낀다는 명목 하나를 내걸고 교회가 무슨 권력 기관인 양 가스총을 허리에 차고 정복을 입은 경비원을 정문에 세워 놓는 등 웃을래야 웃을 수도 없는 한심한 작태를 벌였었습니다. 결국 그것도 교회가 해도 될 일은 아니었습니다. 제대로 기독교 교육을 받은 사람이라면 교회에서까지 이런 어처구니없는 짓을 버젓이 하지는 못할 것입니다.

 잘못을 저지르고서도 법에 의한 처벌을 모면하는 방법은 거짓 증언하는 것뿐입니다. 엄연히 법을 어긴 행위를 여러 번 하고서도 목사나 장로들이 처벌받지 않은 것을 보면 그들이 얼마나 교묘하게 거짓 증언을 많이 했는지를 잘 짐작하고도 남습니다. 거짓말쟁이 목사 장로들이 우리 교회를 좌지우지하고 있으니까 우리 교회가 썩었다는 것 아닙니까! 이런 교회가 한국 교계를 대표한다니 한국 교회가 썩은 것입니다. 그래서 이제는 오히려 세상 사람들이 교회를 향해 회개하라고 외치는 지경에까지 다다른 것 아니겠습니까! 물론 이와 같은 범죄 사실에 대해 장로들은 담임 목사에게 책임을 돌릴 것이며 임영수 목사는 장로들을 탓할 것입니다. 그게 우리 교회 당회의 상투적인 책임전가 방식입니다. 우리 교회 목사 장로들은 진정으로 통회해야 합니다.

 여자로 태어났나고 하는 단 한 가지 이유 때문에 남자에 비해 차별 대우를 받아서는 안 된다는 것은 너무나 명백합니다. 꼭 같은 교역자이며 학력으로나 경력으로 또는 실력으로 볼 때 조금도 못한 점이 없는데도 여 교역자는 남자 교역자보다 급여액이 적은 것은 무슨 까닭입니까? 남자 교역자는 근무 연수에 따라 급여액이 올라가는데 여자 교역자는 이런 정상적인 대우조차 받지 못하는 것은 어떤 이유입니까? 여자라고 해서 같은 교역자인데도 정년이 5년 10년 빨라야 하는 것 역시 우리 교회 당회가 일방적으로 정해 놓은 부당한 규정인 것입니다. 여자의 평균 수명이 남자보다 길고 그 능력 또한 보다 오래 지속된다는 점에서도 부당하기 이를 데 없는 차별 대우입니다. 성경에 근거한 교회법을 들추어 볼 필요도 없이 문명한 사회에서는 있을 수 없는 여러분의 독단적인 횡포임을 속히 깨달으시기 바랍니다.

 영락교회는 기본적으로 여자를 깔보는 풍조에 젖어 있습니다. 교회법을 공공연하게 위반하면서 권사를 임명하는 것에서 보듯이 여자란 가짜 직분이나 안겨주고 일이나 시키면 그만이라는 것이 여러분의 생각입니다. 물론 그런 생각과 거기에 따른 온갖 비하 행위를 잠자코 받아들일 뿐만 아니라 감지덕지하는 여자들의 의식 구조도 비성서적이며 문젯거리입니다. 바로 이점이 우리 교회가 기독교 교육을 제대로 펼치지 못하여 여자 교인들의 의식 수준을 성서적으로 바로 잡아주지 못하고 있다는 증거입니다. 이런 가짜 권사들을 앞세워 교인들을 선동하고 때로는 특정인을 모욕하는 역할도 맡기는 등 철저하게 여러분의 입장을 세우기 위한 이용물로 삼고 있는 비열한 행위를 그만 그치시고 여자에게도 인격을 부여하여야 합니다. 그러면서도 자기가 져야할 책임을 아내에게 미루고 변명을 하던 전임 박 아무개 목사와 같이 떳떳하지 못한 사람이 다시 있어서는 안 됩니다. 임영수 목사가 이런 점에서도 그 박 아무개 목사를 닮아 가는 것이 크게 우려될 일 중 하나임도 특별히 밝혀 둘 필요가 있습니다. 힘이 있어 보이는 사람에게는 허리를 굽혀 아부하고 그렇지 못하게 보이는 사람은 무자비하게 짓밟아 버리는 비열한 행동을 곧 그쳐야 합니다.

어른이 된 여자들을 대우하는 것을 미루어 어린이들을 어떻게 취급하고 있는가는 묻지 않아도 잘 짐작할 수가 있습니다. 어린이들의 교육을 위해 써야 할 돈은커녕 그들이 바친 헌금까지도 꼭꼭 챙겨 여러분의 허영심을 만족시키는 일에 쓰고 있는 현실을 반성해야 합니다.

세상에서의 하나님의 공의의 실현이라는 영락교회 신앙 지도 원칙을 한 번 쯤 다시 새겨보시기 바랍니다. 전임 당회장 김윤국 목사님, 의로운 싸움을 계속하고 있는 김명오 집사님, 그리고 평화의 뿌리를 발행하면서 하나님의 공의를 외치고 있는 노병례 선생님에 대한 여러분 특히 임영수 목사의 몰상식한 태도와 가혹한 행위에 대해서는 구체적으로 지적하여 반성과 회개를 촉구하는 기회를 따로 마련하고자 합니다.

여러분의 응답을 기다리며 우리 주님의 은총 속에 평안하시기를 기원합니다.

1993.08.05

22 번째 공개서한(1993.07.25)

부동산 소유욕과 공원묘지 조성

믿음 안에서 한 형제인 장로님
 영락교회의 황금만능주의와 물량주의는 목사 장로들로 하여금 돈에 눈이 멀도록 했을 뿐만이 아닙니다. 어떻게 하면 더 넓은 땅을 차지해서 세상에 과시해 보는 것은 물론이고 자기들의 끝없는 소유욕을 영락교회라는 이름을 빌어 충족시켜 볼까 하는 데에도 골몰하게끔 만들었습니다. 영락교회가 부유한 교회라는 말 속에 들어있는 세속적인 칭찬과 부러움을 확대시켜 보려고 애쓰게 되었던 것입니다. 스스로도 한국장로교의 장자 교회니 무어니 하면서 재산을 가지는 것이 당연한 권리인 양 거침없이 땅을 늘려나가고 있었고 지금도 여전히 그렇게 하고 있습니다.
 여러분이 지니고 있는 집단 우월감은 우리 교회가 많은 재산과 많은 수의 교인을 가지고 있다는 점 이외에는 그 근거를 찾아보기 힘들 지경으로 지극히 세속적이며 물질적인 것이 아닙니까! 사람들의 눈에 뜨이도록 크고 많은 것 외에 진정으로 교회다워야 할 필요불가결한 조건들을 너무나 많이 결여하고 있다는 사실을 덮어둔 채 헛된 우월감에 젖어있는 우리 영락교회는 커다란 껍데기만의 교회인 것입니다.
 재물이 많이 쌓인 곳에는 반드시 벌레들이 모여들게 마련입니다. 도둑도 들끓게 되는 법입니다. 목사와 장로들이 그 벌레들이요 도둑으로 변한 실례를 멀리서 찾을 것도 없이 지난 십수 년 동안의 우리 교회 역사가 곧바로 실증해 주고 있다는 사실을 아직도 외면하시렵니까! 그렇기 때문에 교회도 청빈해야 합니다. 우리 교회는 지나치게 가진 것이 많습니다. 항상 썩을 가능성을 지닌 위험한 교회요, 사실은 벌써 썩은 교회요, 지금도 계속 썩어 들어가고 있는 교회가 된 것 아니겠습니까! 영락교회와 교인들의 부동산 소유욕은 죽은 후에 가서까지도 이어지고 있습니다. 썩어 없어져 버릴 시체를 위해서도 어떻게 하면 더 넓고 좋은 자리를 마련해 볼까 하는 일에 골몰하고 있는 사람들이 모인 교회가 되었습니다. 영락의동산(교회 공동묘지)에는 시체가 묻혀있지 않는 묘가 많이 있습니다. 미리 자리를 잡아놓은 것들입니다. 소위 좋다고 하는 자리를 골라 남이 차지하지 못하게끔 먼저 봉분부터 만들어 놓았고 더러는 비석까지 세워놓았습니다. 좋은 자리는 서로 서로 양보해서 교우들 간에 우애를 표시하지는 못할망정 이게 무슨 짓들입니까! 지금도 조금 세력이 있는 장로들은 자기 가족이나 친척을 위해 정해진 매장 순서를 어기고 좋은 자리를 차지할 수 있다고 합니다. 게다가 특별히 돈을 많이 드려 단장해 놓은 묘도 적지 않고 눈에 띄게 커다란 비석을 세워놓은 묘도 발견할 수 있습니다.

교회는 교인들에게 죽음에 대한 성경의 교훈을 올바르게 가르칠 책임이 있습니다. 우리 교회의 장로들은 자신들부터 먼저 성경의 가르침을 바로 알아 실천해야 할 것이며 또한 올바로 가르쳐야 할 것입니다. 교회묘지에 묏자리 보는 사람들마저 드나든다는 한심한 소문도 심심치 않게 들리는 것을 여러분은 유념해야 합니다.

지난 1970년대 초에 발효된 녹지대 설정에 영락동산이 묶여 버린 후에는 묘지로서의 사용이 불가능해졌습니다. 그런데도 우리 교회는 계속 그 사실을 숨긴 채 매장해 왔습니다. 그것은 그 쪽 공무원들에게 뇌물을 주면서 불법에 대해 눈을 감게 하는 것으로 가능했던 것입니다. 죽은 시체를 묻기 위해 살아있는 사람들이 꼭 지켜야 하고 그래야만 이 국가 이 사회가 정의롭게 유지될 수 있는 법질서를 깨버린 것입니다. 영락동산에 매장하기 위한 금품수수의 범죄가 탄로난 후 공무원 몇몇은 징계를 받았고 우리교회는 창피한 꼴을 보이게끔 되었던 사실을 여러분은 잊지 않으셔야 합니다. 이런 일에서조차 부정부패한 행태를 저지른 장본인이 바로 우리 영락교회입니다.

제5공화국 정권 말기에 영락의동산은 공원묘지조성 허가를 받았습니다. 정권교체기에 이루어진 일이었고 사실은 불가능한 일이었는데도 우리 교회가 교섭을 잘해서 가능하도록 만든 것입니다. 이런 사정은 그때 교섭을 맡았던 당회원 한 사람이 제직회 석상에서 자랑삼아 한 발언 내용에 잘 나타나 있습니다. 정치가 어지럽고 온 국민이 이 나라의 민주화를 위해 힘을 쏟고 있을 때 우리 영락교회는 뒷전에서 공동 묘지 허가 획득을 위해 부패한 정권과 교섭을 벌여 변칙적으로 허가를 따낸 것이었습니다. 반사회적이요 썩은 교회의 면모를 극명하게 노출시킨 사건이었습니다.

정작 더 큰 문제는 그 이후부터입니다. 공원묘지로 허가가 났기 때문입니다. 문자 그대로 공원묘지이므로 모든 사람에게 개방되게 되었다는 사실입니다. 이 점을 여러분은 우리 교인 일반에게 숨기고 있습니다. 여러분은 교회 앞에 솔직해야 하고 정직해야 합니다.

어느 공원묘지와 마찬가지로 영락의동산이라는 공원묘지에는 영락교회 교인뿐만 아니라 다른 교회 교인도 묻힐 수가 있으며 좀 더 나아가서 기독교와는 무관한 불신자도 그렇게 될 수가 있습니다. 영락의동산에 묻히기를 원하는 어떤 사람에게도 그것을 거절할 명분이 없어졌다는 의미에서 공원묘지인 영락의동산은 영락교회와는 아무런 관계가 없는 장묘사업체의 땅이 되어버린 것입니다. 하나의 독립된 사업체로서의 영락의동산이지 영락교회의 독점적인 소유가 아니라는 사실을 분명히 밝혀 놓아야 합니다.

그럼에도 불구하고 공원묘지 조성에 교인들의 헌금을 막대하게 투입하는 이유가 무엇입니까? 어떤 근거와 법에 의해서 교회의 헌금이 하나의 장묘사업체로 슬그머니 넘어갈 수가 있습니까? 이권 관계가 큰 이와 같은 수

익 사업체에 교회가 간여하여 거저 돈을 대준다는 발상이 어떻게 생겨날 수가 있습니까? 도대체 이 교회가 어떻게 되었길래 이처럼 엄청난 불법과 비리가 저질러질 수가 있단 말입니까? 결국 누가 이 모든 이권 관계를 손에 쥐게 될지 지켜볼 것입니다. 당회장 임영수 목사는 이 점에 대해 정직한 해명을 지체 없이 하여야 합니다.

교회에서 지출된 묘지 조성 공사 대금을 둘러싸고 분분하게 빚어지고 있는 불미스러운 소문과 그 진상은 차라리 지엽말단적인 것입니다. 돈이 있는 곳에 의례히 추잡한 이권 다툼이 뒤를 잇는다는 사실이 우리 영락교회에서는 일상적으로 발생하는 현상이기에 그렇습니다. 멀리 떨어져 있는 산골짜기에서 벌어지는 토목공사에 쓰이는 돈에 말썽이 없다면 영락교회의 체질상 오히려 이상할 것입니다. 여러분의 숨김없는 응답을 기대합니다.

우리 주님의 은총 속에 평안하시기 바랍니다. 1993.07.25

21 번째 공개서한(1993.07.15)

부동산 투기

믿음 안에서 한 형제인 장로님

우리 영락교회가 교회 이름을 내걸고 우리나라에서 가장 해서는 안 되는 일이라고 하는 것들 중에서도 가장 못된 일 즉 부동산투기를 한다면 아마 그 말을 곧이들을 사람이 없을 것입니다. 그러나 여러분들은 확실히 알고 있습니다. 강남 방배동에 있는 교회 땅은 원래부터 부동산 투기 목적이 개입되어 있었다는 사실 말입니다. 그것도 아주 악질적인 의도였습니다.

첫째로, 그 땅을 매입할 때 그 당시 담임 목사이었던 박 아무개 목사 개인 이름으로 등기한 것을 들 수 있습니다. 교회 헌금을 가지고 개인 이름으로 땅을 사서는 안 된다는 기본 상식을 여러분이 왜 몰랐겠습니까? 개인 이름으로 구입하고 등기를 해야만 다시 팔 수 있기 때문에 그렇게 한 것 아닙니까? 그런데 그 비열한 불법거래가 발각되고 세금이 많이 부과되게 되니까 영락교회 당회가 어떻게 했습니까? 목사와 장로들이 서로 짜고 담임 목사를 고소하여 영락교회 앞으로 이전하기 위해 천연덕스럽게 법정에서는 법을 모르고 그렇게 했다고 거짓말을 한 것입니다. 영락교회 당회에는 몰상식한 목사 장로들만 모여 있다는 것을 세상에 알린 사건이었습니다. 그 때의 부패한 행정부와 사법부가 그 거짓말을 알고서도 속아 주었습니다. 그것이 우리 영락교회가 자랑하는 막강한 실력이요 영향력이기도 했습니다.

　그 땅을 매입하는 과정에서 벌어졌던 거간비 착복 사건, 당회 공식 석상에서 일어났던 욕지거리와 싸움질 등을 여러분은 벌써 잊어버리지 않았을 것입니다. 참으로 영락교회의 목사 장로들은 철면피들이었습니다.

　둘째로, 일단 매입이 끝난 다음부터 영락교회의 모든 것을 총동원하여 벌인 청탁 행위입니다. 온갖 길을 다 뚫어 보았고 부탁해 볼 만한 사람은 직접적이건 간접적이던 다 접촉했고, 할 수 있는 모든 수단을 다 써보았던 것 아닙니까? 되지 않을 일을 시작해가지고 되게 하려고 애쓰고 수고하다가 결국은 안 될 일이니까 안 되고 만 것입니다. 그런 와중에서도 영락교회가 하나님의 이름을 내걸고 추진하는데 이 대한민국에서 안 될 일이 어디 있겠느냐고 호언장담하던 여러분의 모습이 눈에 선합니다.

　셋째로는 일이 이렇게 되니까 그 땅을 다시 팔아 버릴 수도 없게 된 것입니다. 십수억 원이라는 귀한 헌금이 그냥 땅속에 묻히고 만 것입니다. 그 땅 위에 하나님께서 자기더러 세계에서 가장 큰 교회를 세우라고 사명을 부여해 주셨고 자기는 그렇게 해서 세워질 교회를 환상 속에서 분명히 보고 있다고 강단에서 외치던 사기꾼 목사의 정체가 드디어 탄로나게 된 것입니다. 거짓은 오래가지 못하는 법입니다. 더욱이 교회가 부정행위를 통해 교회당을 짓겠다는 것이 어찌 무사히 그대로 넘어갈 수 있는 일이었겠습니까! 그때 교회창립40주년기념사업을 발표할 시에도 박 아무개 목사와 함께 당회원 일부가 교회 안팎으로 소문을 먼저 퍼트리고 난 후에야 영락교회 교인들에게는 일방적으로 발표만 했었습니다. 요즈음 교회창립50주년기념사업과 마찬가지였습니다. 일이 이렇게 틀어지고 난 다음 누구 하나 책임지는 사람이 없이 흐지부지되고 말았고 쫓겨난 그 박 아무개 목사에게 모든 것을 전가시켜 놓고는 여러분에게는 아무런 책임이 없다고 손을 털었던 것 아닙니까! 박 아무개 목사가 돈에 맛을 들이도록 만든 것도 여러분이었으며 그러다가 부동산 투기에까지 끼어들도록 공모한 것도 우리 교회 당회인데 그렇게 사람을 버려 놓고 결국 도망가도록 만든 것도 여러분 아니었습니까! 그런데도 여러분은 아무 책임이 없고 그것은 그 한 사람의 개인적인 일일뿐이라고 잘들 말을 하고 있습니다. 그러나 그것은 엄연한 영락교회의 현실이며 역사입니다. 스스로 속이지 마시기 바랍니다.

넷째로는 아직도 여러분은 부동산 투기 심리에서 벗어나지 못하고 있다는 점입니다. 방배동 땅이 그동안 값이 많이 올랐기 때문에 사실은 돈을 번 것과 마찬가지이며 만일 그 땅의 사용 규제가 풀리면 수십 배 아니 수백 배의 땅값 상승이 필연적이므로 버린 땅이 결코 아니라는 등 여전히 자기 합리화에 열중하고 있다는 사실을 지적하고저 합니다. 그러나 그 땅에는 이미 군사 도로가 주위를 둘러 펼쳐져 있고 그동안 도시 가스 저장소까지 그 안에 설치되어 그 근방에는 접근하기조차 위험할 정도로 쓸모 없게 된 사실 등은 우리 교인들 모두가 반드시 알아야 할 사항인 것입니다.

이제 여러분께서 왜 우리 영락교회 당회가 여러분 당회원들조차 대부분이 눈치채지도 못하는 사이에 교회 헌법에 어긋나는 영락유지재단을 만들고 그 소유로 모든 부동산을 이전해 놓았는지를 짐작할 수 있을 것입니다. 본당 건물만은 명분을 지키기 위해 서울노회유지재단에 그대로 남겨 놓는 얕은 꾀를 부리고 있다는 것은 이미 말씀드렸습니다. 독자적인 유지 재단에 옮겨 놓아야만 당회 안의 소위 주도 세력이라고 자처하는 몇몇 사람들의 의도대로 부동산을 팔아 버릴 수 있기 때문이었다는 것은 누구나 금방 알아차릴 수 있을 것입니다. 실제로 방배동으로 이사 가기 위해 이곳 터전을 모두 팔아 버릴 계획을 세웠었습니다. 만일 그렇게만 되었다면 교인들에게 특별 헌금을 강요하지 않고도 큰 교회당을 지을 수 있는 재원을 넉넉히 마련할 수가 있었을 것이며 일단 이렇게 되었다면 교인들에게 숨겼거나 말거나 당회원들 대부분과 의논했거나 말거나 그 과정이 정당했거나 그렇지 못했거나 간에 결과적으로는 돈을 벌었고 잘 되었으니 그 몇몇 사람들이 부동산 거래를 참 잘했다는 칭찬도 들었을 것입니다. 이득이 생기는 일이라면 수단과 방법을 가릴 필요 없이 일단 저지르고 보는 것이 교회를 위하는 것이라고 생각하는 사람들이 우리 교회를 좌지우지하고 있는 것입니다.

영락교회를 이런 장사치들의 소굴이 되도록 방치한 책임이 바로 여러분에게 있고 여러분 자신이 집단적으로 그런 장사치 노릇을 하고 있다는 사실을 속히 깨달으시기 바랍니다. 부동산투기 심리와 배금주의가 이토록 깊숙이 교회에까지 침투해 있다는 사실에 새삼 아연해질 따름입니다. 그렇게 해서 세운 교회당이 어찌 하나님의 거룩한 집이겠습니까! 그런 것은 하나님께서 반드시 헐어버리실 바벨탑일 것입니다. 더 이상 영락교회 당회가 조직적인 범죄 집단의 길을 계속 밟아가지 않아야 할 것입니다. 교회 안에서부터 먼저 사회악의 뿌리를 뽑아버려야 합니다.

창립50주년기념사업이라는 수백억짜리 공사를 앞에 놓고 당회원들 사이에 암투가 심하게 벌어지고 있다는 소문은 지금까지의 경험으로 보아 근거가 없지 않을 것입니다. 돈에 미친 사람들이 가만히 있지 않을 것은 분명하고 어쩌면 이번에도 한탕하려고 이 거창한 사업을 꾸몄는지도 모를 일입니다. 그 추이를 면밀히 지켜볼 것입니다. 땅을 사놓았는데 못쓰게 되었다고 미안해서 거간비를 다시 내놓은 장로를 보지 못했고, 원로 목사님 기념사업회의 공금이 수억 원이나 몽땅 없어졌는데도 책임 있는 자리에 있던 사람 중에 어느 누구 하나 책임지는 것을 보여주지 못하고 있는 여러분이 앞으로 또 무슨 일을 저지를지 알 수가 없는 노릇입니다. 창립40주년 기념사업을 한다고 하면서 모아놓았던 수십억에 달하는 돈은 지금 어디에 있습니까! 아무도 그 행방을 모르게 사라져버리고 말지 않았습니까! 창립50주년기념사업 역시 시작부터가 잘못된 것입니다. 이번 일 또한 무사하게 성사될 수가 없을 것입니다.

여러분의 응답을 다시금 고대합니다. 하나님의 은총 속에 내내 평안하시기 바랍니다.

1993.07.15

20 번째 공개서한(1993.07.06)

영락교회의 몰역사성과 한탕주의

믿음 안에서 한 형제가 된 장로님

여러분이 교회 창립 35주년기념사업을 벌이면서 본당을 개축하여 원래의 모습을 훼손한 것은 과거의 역사적인 중요성을 인식하지 못 하는 야만적인 행위였습니다. 본래의 모습을 훼손했을 뿐만 아니라 아주 괴상한 구조물로 만들어 놓고 말았던 것입니다. 강대가 앞으로 툭 튀어나와 공중에 덩그러니 떠있고 성경 말씀이 새겨져 있던 전면은 괴이한 크기의 금속제 십자가로 막혀 가리어져 버렸으며 우리 고유의 자개상인 성찬상은 어디론가 치워지고 어느 돈 많은 한 교인의 이름이 깊이 새겨진 돌로 깎은 상이 놓여졌습니다. 교회당 안에 다락을 다는 것은 교회당이 무엇을 하는 곳인지를 잘못 알고 있었던 그 당시의 담임 목사와 그 주변 인물들의 난폭한 파괴 행위였습니다. 교회당을 공연장처럼 만들어 놓은 것입니다.

강단에서 펼쳐지는 구경거리를 위주로 교회 건물을 망가트려 놓았다는 사실은 이곳을 둘러보는 사람들이 이구동성으로 아쉬워하는 일인데도 우리 영락교회 교인들만 그것을 모르고 있을 뿐입니다. 물론 교회당 안에 있어서는 안 될 온갖 장식과 허식 가식 그리고 장치들은 우리 영락교회의 속물근성 내지는 졸부근성을 적나라하게 보여주고 있는 것들입니다. 기독교의 역사 특히 개신교의 역사는 이런 것들을 하나하나 제거하는 작업으로 끊임없이 이어져 왔습니다. 교회당 내부는 지저분한 실내 장식의 대상이 아닙니다.

  소위 교회 창립40주년기념사업은 무엇이었습니까? 강남(서초구 방배동)에 넓다란 터를 잡고 거기에 세계에서 가장 큰 교회당을 짓는 것이 아니었습니까! 그것만으로 그치지 않고 이곳에 있는 역사적인 교회를 아예 없애 버리려고 했던 데에 더 큰 문제가 있었던 것입니다. 이곳 교회당과 교회 부지를 팔아버릴 계획을 그 당시 당회장과 몇몇 장로들은 실제로 세웠었고 또 한 편으로는 세계에서 가장 큰 교회를 강남에 세우는 데 방해가 될까 보아 이 교회 건물을 기독교 어느 기관에 기증해 버리고 영락교회가 강북에서는 없어지게끔 하려고 미리 미리 헛소문을 일부러 퍼뜨리고 다닌 사람들이 바로 그 부류에 속한 목사와 장로들이 아니었습니까! 한경직 목사님의 능력을 사울왕의 것에 비한다면 박 아무개 목사의 것은 다윗왕의 것에 비견할 수 있다며 사람들을 모으고 돈을 거둬들이고 거창한 계획을 정당한 절차도 밟지 않은 채 먼저 소문을 퍼뜨리고 다니던 때가 아직도 기억에 생생합니다. 그런데 지금 그 창립40주년기념사업이 어떻게 되어있습니까? 세계에서 가장 클 것이라는 교회당의 모형을 당회장실에 만들어 놓고 오고 가는 사람들에게 자랑하며 광고하던 그 사람은 어디에 있습니까? 그 때 여러분 중에는 영락교회가 강남으로 더 크게 되어 이사를 가게 되니까 교회의 이름도 바꾸어야 한다고 은밀하게 이야기하는 사람도 없지 않았습니다. 인기 있는 목사와 그 주위에 모여드는 사람들과 거기에 따라서 쌓이는 돈을 가지고 한바탕 큰 노름을 펼쳐 보이려고 했었습니다. 과거의 영락교회는 건물을 파괴하고 팔아버리는 것이 상징하듯 말살시켜 버리고 무슨 일을 한 번 크게 새롭게 벌려 보려고 단단히 계획했던 것입니다.

  강남에 그 당시 사 놓은 토지는 그 후 어떻게 되었습니까? 애당초 교회를 지을 수 없는 땅을 왜 샀습니까? 영락교회라는 거대한 집단이기적인 괴물이 그것을 사 놓고 얼마나 많은 사람을 동원해서 청탁과 교섭을 벌였습니까! 그래도 안 되니까 박 아무개 목사는 그 당시 이 나라의 최고 통치자를 원망하기 시작했고 공개적으로 흉을 보기 시작했던 것이 아닙니까? 자기가 영락교회의 담임 목사가 된 것은 세계에서 가장 큰 교회를 세우라는 하나님의 뜻이 있어서인데 그 것을 못 하게 하니까 물불을 가릴 정신조차 잃어버리고 말을 함부로 하기 시작했던 것이 아닙니까! 이런 사람을 담임 목사로 두었던 우리 영락교회는 진정 부끄러움을 알아야 하며 지금이라도 반성하고 회개해야 합니다.

창립40주년기념사업이 물거품이 된 것은 그것이 정당한 절차와 순서를 밟지 않았다는 점에서 당연했습니다. 그런데 소위 창립50주년기념사업은 어떻습니까! 언제 우리 교인들의 의사가 수렴되었습니까? 여러분 사이에서는 의견의 일치가 이루어졌고 모두가 만족한 마음으로 그 일에 참여하고 있습니까? 한번 말을 꺼낸 것이니까 또 소문이 벌써 그렇게 도니까 체면상 그냥 밀어붙이는 수밖에 별도리가 없다는 것 아닙니까! 광복50주년을 맞는 해가 우리 영락교회창립50주년과 일치합니다. 이 땅이 두 조가으로 쪼개진 역사와도 일치하며 특히 우리 영락교회의 교우들이 이산 가족이 되기 시작한 시기와도 일치합니다. 한국교회 역사가 100여년을 지나 한 발자국 더 나아가야 할 긴박한 시기와도 일치합니다. 그런데 창립50주년과 수백억 원이 든다는 거창한 건축 공사는 대체 무슨 상관이 있습니까! 그 건축 공사에 쓸 돈을 어떻게든 모으기 위해 주일에도 교회 안에 버젓이 은행을 차려 놓고 장사하게 하는 것은 어디서 배운 짓입니까? 이런 것이 새로운 역사의 시작입니까! 우리 교회가 창립50주년을 맞아 기념하는 것은 좋은 일입니다. 그런데 기념사업을 계획하고 헌금을 거두어 들여 쓰는 데에는 생각이 있어야 합니다. 이 세상에서 마치 우리 영락교회만이 존재하는 듯 돈을 써서는 안 되는 것입니다. 교회창립50주년을 맞아 그 감사와 감격의 표현으로 우리 장로교 교단을 위해 해야 할 일은 없습니까? 우리나라의 교회와 교계를 위해 해야 할 일은 없습니까? 바로 우리의 이웃을 위해 치러야 할 값진 일은 없습니까? 이 나라 이 사회를 위해 써야할 돈은 어디에 있습니까? 서울에서 단지 100여 리, 1000여 리 밖에 떨어져 있지 않는 곳이지만 우리의 도움을 필요로 하는 사람과 일이 있다는 사실을 한 번이나마 생각해 본 적이 있습니까? 산 넘고 바다 건너에서 궁핍하게 목숨을 이어가고 있는 하나님의 자녀들, 우리 형제들을 위해서 50주년이라는 감격적인 사건을 당해 할 수 있고 해야 할 일이 그다지도 없어서 또다시 토목 공사를 벌이고 건축 공사를 하겠다는 것입니까? "내 돈 벌어 내가 쓰는데 무슨 참견이냐?" 하는 식의 지극히 극단적으로 자기중심적이고 반사회적인 행태 이외에 무슨 의미가 지금 벌이고 있는 50주년사업에 담겨져 있습니까? 대체 영락교회는 이웃을 가진 교회입니까? 누가 우리의 이웃입니까?

이곳으로 쫓겨 도망 나온 우리들이 이북에 남아 있는 우리 동포들을 위해 50주년을 맞아 지금 무엇을 하고 있습니까? 아주 여기에 기둥을 단단히 박고 눌러 앉을 계획을 세우는 것입니까? 우리 영락교회가 영락교회다워야 할 요소를 잊지 않아야 합니다. 우리 교회야말로 어느 교회보다 가장 통일을 염원하고 그 준비를 해야 할 교회입니다. 여기가 불안하다고 하여 외국으로 이민이나 떠나고, 자리가 좁다고 하여 끝없이 집안을 늘리고 있을 교회가 아닌 것입니다.

우리 교회의 내일은 어떻습니까? 언제까지나 4부, 5부 예배드리며 비정상적인 교회로 남아있을 것 같습니까! 분명히 교회 역사는 우리에게 이와 같은 현상이 오래 가지 않는다고 가르쳐 줍니다. 현재 사람이 많다고 해서 마구 늘릴 것이 아닙니다. 곧 닥쳐올 내일을 바라보며 거기에 맞게 계획을 세우고 능동적으로 적극적으로 대처해 나가야 합니다. 교회를 교회답게 정상화해야 한다는 말씀입니다. 이렇게 되기 위해 진실로 땀을 흘리고 피를 흘려야 할 것입니다.

우리 교회는 지난날의 모든 역사에서 교훈을 얻어야 하고 현재 우리들의 주위를 살펴볼 줄 알아야 하며 장래를 멀리 바라보며 하나님의 섭리를 깨달아 아는 데 전념해야 합니다. 소위 35주년기념사업의 야만적 교회 파괴 행위, 40주년기념사업의 물거품, 그 연장선상에서 이루어지고 있는 50주년사업의 몰역사성과 한탕주의를 여러분은 다시 한 번 곰곰이 정신 차려 헤아리시기 바랍니다. 지금처럼 이래서는 안 되는 것입니다.

　여러분의 응답을 기다립니다. 주님의 은총 속에 내내 평안하시기 바랍니다.

　1993.07.06

19 번째 공개서한(1993.06.25)

영락교회의 물량주의

믿음 안에서 한 형제인 장로님

목사 노릇을 세속적인 명예와 인기를 얻는 수단으로 여기는 사람과 그런 사람을 우두머리로 삼아 집단 이기주의를 충족시키고 싶어 하는 한 떼의 무리가 필연적으로 취할 수밖에 없는 길은 단 하나 뿐입니다. 세상 사람들 눈에 확 뜨이고 감탄을 자아내며 쉽게 선망의 표적이 되도록 모든 것이 크고 많고 화려하게 안팎을 꾸미는 것입니다. 그렇기 때문에 세계에서 가장 큰 교회당을 지어야 하며 더 많은 교인을 끌어 모아야 하고 더 화려하고 사치스러운 장식을 다는 것이 이 집단의 궁극적인 목표가 되었던 것입니다.

인간 개인의 욕심은 말할 것도 없고 집단이기주의에 빠진 사람들의 허영심 또한 끝이 없어서 자기가 영락교회 담임 목사가 된 것은 하나님께서 자기로 하여금 세계에서 가장 큰 교회를 만들기 원하시기 때문이라고 확신하고 그에 따라 행동할 지경으로 자기기만에 빠져들도록 정신을 잃어버리게끔 되었었고 세속적으로 타락해 버린 영락교회는 자기도취 속에서 허둥대며 방황하였던 것입니다. 지금은 이 모든 것이 한낱 허망한 꿈이었음을 여러분도 깨달으셨을 것입니다.

헛된 환상과 그 거짓에 홀려 하나님을 향해 울부짖었던 여러분의 어처구니없는 기도와 간구를 우리 교인들은 아직 기억하고 있을 것입니다. 미친 짓이라고 해도 보통 미친 짓들이 아니었습니다. 하나님에게까지도 시침을 뚝 떼고 거짓말 기도를 드린 것이 그 몇 번이었는지 참으로 부끄럽고 죄송스러운 세월이었습니다. 그런데도 과거의 이런 불경한 행동을 반성하거나 회개한 일이 우리 영락교회에 한 번이나마 있은 적이 있었습니까! 우리는 무엇보다 먼저 통회하는 일부터 시작해야 합니다.

 돈이 많고 건물이 크고 사람이 많은 것 그 자체가 반드시 나쁜 것은 아닐 것입니다. 그런데 물량주의라는 것은 항상 사람의 눈을 의식하여 거기에 좋고 맞게 행동하는 생활 태도이므로 하나님의 뜻이라는 요소는 빠져있게 마련입니다. 적고 많음은 언제나 상대적이고 비교적인 것이기 때문에 큰 것은 더 큰 것보다 작은 것이요 더 큰 것은 그보다 훨씬 더 큰 것보다 여전히 작은 것입니다. 한국 교회가 물량주의의 죄를 짓고 있고 그 대표적인 실례를 영락교회에서 찾을 수 있다고 할 때의 그 물량주의는 교회의 본질을 상실해 버릴 수밖에 없을 정도로 큰 것을 말하는 것입니다. 물량주의에 빠진 교회는 가진 것이 크고 많음만을 중요시하면서 인간조차도 물건으로 취급하는 지극히 세속적이고 비정한 집단에 지나지 않습니다. 필연적으로 그렇게 되고 맙니다.

 하나님과 물신을 동시에 섬길 수는 없습니다. 영락교회의 물량주의는 교회라는 간판을 내걸고 물신을 섬기고 있는 인간들의 집단이기 때문에 하나님께서 그렇게 사랑하시는 교인 하나하나의 인간이 우리 영락교회에서는 이 집단의 재산 목록 중 한 가지에 지나지 않는다고 말할 수 있습니다. 전체적으로 사람 숫자만 많으면 됐지 누가 누구인지는 알 바가 아니며 알 수도 없을 정도가 아닙니까! 한 해에 수백 명의 교우가 죽어 세상을 떠나고 수천 명이 교회를 떠나고 들어오는 데도 자기가 아는 사람은 드물고 그러니까 슬픈 생각도 기쁜 생각도 없으며 위로를 베풀어야 할 대상도 새로 사귈 친구도 없습니다. 누가 다쳐도 모르고 죽어도 모를 정도로 가장 비인간적인 집단이 우리 영락교회인 것입니다. 이런 것은 결코 교회가 아닙니다.

그럼에도 불구하고 여러분은 이처럼 교인 수가 많은 것이 바로 이 교회가 성공한 교회라는 표지라고 자랑합니다. 가치 판단이 아예 전도된 것입니다.

물량주의는 의례히 비인간화를 초래하며 많은 것을 관리하고 경영하기 위해 중앙집권적인 권위를 내세우고 독재체제를 구축하지 않을 수 없게 만듭니다. 영락교회처럼 사무적이며 관료주의적인 조직체는 지금 우리나라 어디에서도 찾아보기 힘들게 되었습니다. 군중을 동원해서 개개인의 양심적인 언행을 억누르지 않으면 체제를 유지할 수 없기 때문에 비민주적인 집단이 될 수밖에 없고 바로 우리 영락교회의 모습이 이렇게 되어 있다는 사실을 여러분 중에서 아무도 부인하지 못할 것입니다. 이 경우의 군중이란 잘 길들여진 짐승과 같아서 우두머리가 지시하는 대로 움직이는 비인격적인 존재들의 떼거리가 되고 맙니다. 이점 또한 여러분이 기회 있을 적마다 내세우는 자랑거리가 아닙니까? 당회에서 결정하고 시행하려고 하는 일에 어느 누가 감히 이의를 제기할 수 있습니까? 만일 그런 사람이 있다면 여러분은 당장 "사탄"이 하나 나타났다고 정죄하기를 일삼고 있지 않습니까? 그뿐입니까? 언필칭 6만 성도를 내세우며 기세가 등등할 때에는 정당하게 이의를 제기하는 한 사람이나 극소수의 사람들을 그 6만이라는 교인을 동원해서 짓이겨 버리던지 그렇게 해서도 입을 막을 수 없으면 교회 밖으로 축출해 버릴 수도 있다고 공언하면서 협박하고 공갈치던 사람들이 바로 담임 목사요 장로들이 아니었습니까? 아직도 이런 짓을 계속하고 있는 형편 아닙니까? 사람들의 눈에 확연히 띄게 만들기 위해 무엇이나 큰 것을 추구하다 보니 눈에 보이지 않는 근본적인 것, 정신적인 것, 영적인 것에는 소홀하게 되었습니다. 크게 건물을 짓고 과대하게 치장하는 풍조가 자연스럽게 불어왔고 급기야는 사람들의 눈길을 끌어 좋게 보이도록 필요 없는 것까지도 가져다 주렁주렁 장식하게 되었습니다. 허식과 가식 그리고 위선이 우리 영락교회의 구석구석에 자리 잡게 되었던 것입니다.

여기가 교회라는 것을 표시하기 위해 건물 밖에 십자가를 설치하는 것은 필요할 것입니다. 그런데 이미 교회인 줄 알고 찾아온 사람들이 모이는 예배당 안에는 십자가가 필요 없는 것입니다. 더더구나 십자가가 우상화되어 경배의 대상이 되어서는 안 된다고 하여 우리 교단에서는 교회 안에 그런 것을 설치하지 못하게 금하고 있습니다. 이렇게 금지하고 있다는 사실을 아는 사람조차 드물 정도로 교회의 기강이 해이해져 있습니다. 십자가를 건물 내부 장식품쯤으로 치부해서는 안 되는 것입니다. 하나님께 예배드리고 하나님을 경배하는 장소에 이런 장식품이 무엇을 위한 것입니까? 비싼 값을 드려 요란스레 강대 앞에 놓는 꽃 장식은 분명 하나님께서 가증스럽게 여기실 것입니다. 꽃 장식은 사람의 안목을 즐겁게 하기 위한 것이 아닙니까! 그것은 여러분의 눈을 즐겁게 하는 것은 하나님께서도 기뻐하시는 것이라고 하는 미망에 빠져 하나님의 판단을 여러분의 판단 수준으로 끌어내리는 참람한 범죄입니다! 이런 비기독교적인 허식과 가식이 영락교회에서부터 시작되어 크고 많은 것을 따르는 세속적인 여러 교회로 교파를 초월해서 썩은 물처럼 번져 나갔습니다. 전자오르간을 설치해 놓고서 플라스틱파이프를 벽에 붙이고서는 그럴듯하게 칠을 해놓아 마치 파이프오르간처럼 보이게 장식하는 등의 한심스러운 짓거리들이 벌어지게도 되었습니다. 그러나 십자가를 장식품 정도로 여겨 강단에 설치하지 않고도 성경의 가르침에 따라 아름답게 지어 놓은 알찬 교회가 이 땅에 적지 않은 것을 볼 때마다 우리는 위안을 받습니다. 우리 교회의 전자오르간보다 훨씬 더 성능이 좋은 전자 악기를 설치해 놓고서도 가짜 파이프 장식을 하지 않은 양심적인 성도들의 모임인 깨끗한 교회도 적지 않습니다. 우리 영락교회는 이런 교회들 앞에서 부끄러움을 느낄 줄 알아야 합니다. 그리고 곧 그 부끄러움을 진심으로 깨닫고 회개해야 합니다. 회개에는 용기가 필요합니다.

　원래 우리 교회는 지금처럼 허황되고 풍선처럼 부풀려진 껍데기만의 교회가 아니었습니다. 십자가를 장식품으로 만 생각할뿐 십자가의 길을 잃어버린 교회가 아니었으며 겉으로 나타나 보이게 하려고 실내 장식이나 그럴듯하게 꾸며 놓고 지금처럼 무당이 굿하는 집안 마냥 우중충하게 무엇을 어지럽게 매달아 놓은 것과 같은 교회도 아니었습니다.

 우리는 영락교회의 뿌리를 찾아 회복하여야 합니다. 처음 믿음과 그때의 사랑을 되찾아 다시 참된 교회가 되어야 합니다. 모든 허식과 가식, 거짓을 버리며 통회해야 합니다.

여러분의 응답을 기다리며 주님의 은총이 늘 풍성하시기를 기도합니다.

1993.06.25. 6.25를 기억하며

18 번째 공개서한(1993.06.15)

영락교회의 집단이기주의

믿음 안에서 한 형제인 장로님

 형제가 겪고 있는 고통과 어려움을 함께해 주고 대신 맡아 주어야 할 우리 교회가 이를 외면하고 영락교회라는 자기 교회의 이익만을 추구하고 있게 된 형편을 살펴보시기 바랍니다. 우리 교회가 기독교와는 무관한 지극히 비열하고 세속적인 가치를 추구하며 그것을 위해 너무 많이 잘못된 행동을 자행하고 있다는 사실을 지적하고자 합니다.

 순수한 동기와 목적을 가지고 시작한 영락교회가 세월의 흐름과 함께 사람 수효가 늘어나고 헌금 액수도 커지면서 교계와 일반 사회의 주목의 대상이 되어 갔습니다. 초창기의 우리 영락교회는 순수했고 모범적인 교회라고 불리우기에 합당했다고 생각합니다. 그런데 그렇게 성장하는 사이에 우리는 영락교회라고 하는 모임 자체를 자랑스러워하게 되었습니다. 그에 따라 이 자랑스럽고 대견한 모습을 계속 유지하며 확대시키고 싶은 인간적인 욕망이 자연스럽게 움트기 시작하면서부터 우리 영락교회는 집단이기주의의 올가미에 걸려들기 시작했습니다. 하나님의 영광만을 위하여 존재하여야 할 교회가 인간의 자긍심을 키워주고 인간적인 욕망과 성취감을 충족시켜주는 집단으로 변질된 것입니다.

 한경직 목사께서 우리 교단의 헌법에 명시되어 있는 바대로 은퇴하실 나이가 가까워 옴에 따라 교회 안에는 커다란 진통이 있었다고 합니다. 교회 밖에서도 적지 않은 관심이 쏟아져 들어왔을 것입니다. 그 고비에서 우리 교회는 불행하게도 잘못된 결단을 내렸던 것입니다. 성경이 가르쳐 주시는 대로의 올바른 길 대신 지극히 세속적이고 인간적인 길을 택했던 것입니다. 영락교회가 정식으로 타락의 길에 접어들기 시작한 것입니다. 영락교회를 통해 하나님께서 하시고자 원하시는 일이 무엇인가 하는 것은 제쳐 놓고 그 대신 영락교회에 대해 사람들이 기대하고 있는 것과 이 교회를 통해 영락교회 교인들이 인간적으로 욕망하는 것을 따르기 시작했던 것입니다.

그렇게 해서 담임목사로 선택된 사람이 박 아무개 목사이었습니다. 예수님의 제자가 되기로 서약한 사람으로서 예수를 닮아 그 속마음과 생활이 한 목사님과 비슷하기라도 한 사람을 고를 생각을 하지 않고 사람들의 마음에 들어 인기를 끌 만한 사람을 선택의 기준으로 삼았기 때문에 마침내 겉으로 나타나는 대로 한 목사님의 말씨를 놀라울 정도로 잘 모방한 사기꾼을 담임 목사로 추대했던 것입니다.

세상이 이제는 다 알게 된 바대로 박 아무개 목사는 대한민국의 건강한 남자라면 누구나 치루어야 하는 병역의무를 기피하기 위해 호적을 허위로 작성하여 나이를 속인 사람이며 병역의무의 연령이 다 차자마자 자기의 실제 거주지인 서울을 피해 강원도 어느 도시의 재판소에서 소송을 벌여 자기 본 나이를 찾은 사람입니다. 그 속인 나이를 가지고 대학을 다녔고 놀랍게도 신학교까지 졸업하고 목사 안수를 받았고 그 속인 나이를 가지고 우리 교회에 부목사로 부임하였던 것입니다. 그러고서도 양심의 가책을 조금도 느끼지 않았습니다. "이북에서 월남한 사람치고 호적 몇 번 고치지 않은 사람이 어디 있느냐?"라고 오히려 반문하며 대들던 사람이었습니다. 그 사람을 당회장으로 영입하면서부터 우리 영락교회는 그와 함께 온갖 망나니짓을 거리낌 없이 자행하는 공범자가 된 것이 아니었겠습니까? 나라의 법을 지키자고 하면 "대한민국에서 법대로 해서야 어디 되는 일이 있느냐?" 하며 오히려 그런 말을 건네는 사람을 비웃었습니다. 교회를 화려하게 치장하고 멋을 부려보려고 색유리를 밀수해서 들여다가 창틀에 끼우고 큰 사업을 속히 벌여 볼 조급한 생각에서 부동산 투기 수법을 써서 수만 평의 땅을 사들였고 그것을 크게 자랑하며 떠들기도 했던 것이 아니었습니까! 우리 교단의 헌법을 지키자고 하는 사람을 향해서는 "이렇게 큰 교회를 이끌어 나가는데 교회 헌법대로 하면 일이 안 된다."라고 정면으로 반박한 사람이 바로 그였습니다. 불법적인 장로 선출, 가짜 제직 임명, 여러 건의 교회 소송 관계 등이 모두 교회법을 어기면서 행해진 사건들이었고 그 결과가 아니었습니까! 그 박 아무개 목사의 말솜씨를 이용해서 영락교회라는 인간 집단을 영광스럽게 하려고 계획한 우리들의 어리석음과 그 어리석음을 역이용하여 자기의 인간적인 욕망을 채우려한 그 사람의 의기가 잘 투합해서 빚어낸 결과가 바로 이 순간에도 연연히 이어지고 있는 영락교회의 집단 이기주의입니다. 영락교회의 명예를 높이고 영락교회에 이득을 가져다주기 위해서는 무슨 짓이나 다 거리낌 없이 할 수가 있고 교회를 위하는 것이 곧 하나님을 위하는 것이므로 영락교회를 위한 것은 곧 하나님을 위한 것이고 영락교회에 이익이 되는 것은 곧 하나님의 영광을 위한 것이라는 어처구니없는 괴변을 펴면서 교인들에게 겁을 주며 말 한마디 제대로 못 하게 입을 틀어막으면서 지금까지도 여러분은 깊은 환각 속에서 헤매고 있습니다. 아직도 여러분은 하나님의 이름을 팔아 허울 좋은 영락교회라는 인간 집단의 이익과 명예를 추구하고 있다는 말입니다. 우리 교회가 그야말로 문자 그대로 썩은 교회의 대표적인 본보기가 된 것입니다.

 오늘의 문제는 돈을 챙겨 미국으로 도망치려다가 붙잡혀 하는 수 없이 이 교회에서도 쫓겨난 그 사기꾼 목사 때 벌여 놓은 온갖 불법과 부조리가 10여년이 지난 이 시점에서도 고쳐지지 않고 그대로 시행되고 있다는 사실입니다. 뿐만 아니라 여러분에게서 반성이나 참회의 모습을 도무지 찾아볼 수 없다는 것입니다. 더더욱 안타까운 것은 임영수 목사가 날이 갈수록 그 박 아무개 목사를 여러 면에서 닮아 가고 있다는 사실입니다. 말로는 우리 교회가 새로워져야 한다고 하면서도 실제로는 지난날의 잘못된 관행과 습관을 조금도 고칠 생각이 없다는 말을 직접 듣고 제 귀를 의심해 보기도 했습니다.

 임영수 목사가 이 교회에 부임한 이래 무엇이 어떻게 달라지고 새로워졌습니까? 십자가를 버젓이 높이 매달아 놓고 성경말씀에 어긋나는 행동을 자행하는 것은 여전하고 태극기를 강대 밑에 세워놓고는 아직도 나라의 법을 어떻게 교묘히 어길 수 있는지를 연구하는 것도 여전하며 우리 예수교장로회의 교단기까지 앞에 전시해 놓은 채 교회 헌법을 우습게 여기고 짓밟는 짓들도 여전히 계속하고 있지 않습니까! 교회당 안에 십자가는 무슨 장식이며 국기와 교단기를 가져다 장식하는 것이 무슨 소용이 있으며 의미가 있습니까! 이런 것들이 신령과 진리로 하나님께 드려야 하는 예배와 무슨 상관이 있습니까! 그런 격에 어울리지 않는 장식품들을 모두 치워 버리고 진심을 하나님께 바쳐야 합니다. 그렇게 특별나게 꾸며놓고는 그런 특별한 교회이므로 그런 영락교회 위주로 모든 것을 해석하고 판단하며 일을 벌려도 괜찮다는 마음을 지니고 스스로 우쭐해서 자기만족에 빠진 영락교회는 어서 속히 미망에서 깨어나 정신을 차리고 회개하여야 합니다. 또한 이런 집단 속에 몸을 감추고 자기 이익을 챙기기에 바쁜 목사와 장로들은 누구 보다 먼저 깊이 반성해야 합니다.

 근년에 들어서서는 소위 50주년기념사업이라는 것을 내세워 놓고 우리 나라의 사회형편이 어떻고 이웃의 사정이 어떠하며 형제들 교회의 필요가 무엇인가는 전혀 아랑곳하지 않고 우리 교회에는 필요하다고 하면서 세상 모두가 감탄할 정도의 거창한 건축 공사와 거기에 따르는 수백억에 이르는 막대한 비용 조달에만 온 정신을 쏟으며 골몰하고 있는 것이 현실 아닙니까? 우리 교회의 이런 집단이기주의는 반사회적인 것입니다. 이런 것 때문에 사회의 안정이 뒤흔들리는 것입니다. 자기중심적인 이기주의는 어떤 형태의 것이던 하나님의 뜻과는 정반대의 것입니다. 교계 안의 각종 연합

사업은 물론이고 사회적인 협력 운동에 대해 가장 소극적인 자세를 취하고 있는 교회가 자타가 공인하는 바와 같이 바로 우리 영락교회 아닙니까! 의도와 목적이 불분명한 소위 50주년사업이라는 이름의 변칙 불법 행위를 자세히 지켜볼 것입니다. 다시 한 번 이 공개서한을 통해 담임 목사의 본심을 확인해 보고자 합니다. 꼭 회답해 주시기 바랍니다.

여러분의 응답을 기다립니다. 주님의 은총이 여러분과 늘 함께하시기를 기도합니다.

1993.06.15

17 번째 공개서한(1993.06.05)

영락교회의 황금만능주의와 배금주의

믿음 안에서 한 형제인 장로님
 본래 이북의 공산체제를 벗어나 맨주먹만 가지고 남쪽으로 내려온 피난민들이 모여 창립한 교회가 우리 영락교회입니다. 무엇보다 신앙의 자유를 찾아 목숨을 내걸고 월남 하였기에 하나님께서 일용할 양식을 부족함이 없게 허락해 주셨음을 감사하게 여겼습니다. 끊임없이 기도했고 모이기에 힘썼고 열심히 일을 한 결과 생활의 안정도 이룩하게 되었고 재물을 쌓아 놓을 수도 있게 되었던 것입니다. 베다니전도교회라는 이름으로 시작한 교회의 명칭 그대로 전도에 힘썼고 어려운 이들을 돕는 일에 정성을 쏟아 왔습니다. 피난민들이 해방 직후 그 빈약한 경제 사정인데도 불구하고 한국에서 가장 큰 규모의 교회당을 짓고 그것도 석조 건물로 그렇게 했다는 것은 문자 그대로 믿음의 결단과 성령의 감동하심이 아니고서는 불가능한 큰 사건이었습니다. 그만큼 물질의 축복이 뒷받침되었던 것입니다.
 그런 중에 그 이후 명실공히 한국 개신교계에서 가장 건물이 큰 교회요 신도수가 가장 많은 교회로 변해가고 헌금 액수가 불어 가면서 우리 영락교회는 시대 풍조를 따라 잘못된 자본주의사상에 물들게 되어 돈이면 무엇이나 다 할 수 있고 돈이 곧 힘이요 제일 확실한 생활 수단이라는 생각에 빠져들게 되었습니다. 사실 이 사회에서 돈 가지고 안 되는 일이 없었습니다. 돈이 있으면 명예도 얻을 수 있고 권력층에 가까이 갈 수도 있었고 권력을 잡을 수도 있었습니다. 또한 돈이 있어야 교회 안에서도 행세할 수 있었고 돈을 써야 장로도 될 수 있고 심지어는 우리 교단의 총회장이라는 책임 있는 자리에 앉는 것도 많은 돈을 써야만 가능할 정도로 교계 전체가 바뀌어 가고 있었고 지금도 그 추세가 그대로 계속 심화되고 있는 것입니다. 무슨 수단과 방법을 써서라도 돈을 벌어 헌금을 많이 하면 곧 그것이 축복받은 표상이요 그것이 곧 천당 가는 보증 수표라는 악마의 풍조에 우리 영락교회도 휩쓸리게 되었습니다. 돈의 단맛을 알게 되었을 뿐만 아니라 그 맛에 중독되어 있는 것이 우리 교회의 실상이 아니겠습니까! 어린 시절과 청년 시절을 가난하게 보낸 사람일수록 가난의 뼈저림을 자주 떠올리며 말하는 사람일수록 돈의 유혹에 쉽게 빠져들 염려가 있습니다. 한동안 우리 영락교회의 당회장이었던 박 아무개 목사가 바로 이런 사람이었습니다. 그는 교회에 교인수가 많으면 헌금 액수가 늘어나고 그래야만 세상에서 알아 줄 만큼 큰일을 많이 할 수 있기 때문에 더 큰 교회당을 짓고 사람을 많이 모으는 것을 유일한 목표로 세웠었습니다. 인기가 있어야 사람들이 많이 모이겠으므로 사람들의 존경과 인기의 대상이었던 한경직 원로목사의 목소리를 거의 그대로 흉내 내는 노력과 재능을 발휘했고 그 성과가 대단했었습니다. 지금 여러분이 이구동성으로 이야기하고 있는 바와 같이 거기에 속아 당회장으로 추대하기까지 했다고 후회해 보아야 이제는 부질없는 일이 되어 버렸습니다. 그 한 사람으로 말미암아 영락교회가 아니 한국 교회가 전무후무한 망신을 당하고 만 것이 아니었습니까! 그런데도 그 사람과 함께 시작한 망나니짓을 아직까지 그대로 답습하고 있는 우리 영락교회의 나태함과 타락상을 여러분은 왜 아직도 반성하지 않는 것입니까! 그 사람과 같은 잡초들이 여전히 활개칠 수 있으니까 한국 교회가 썩었다는 것입니다.

황금만능주의에 빠진 영락교회는 신도들의 바른 신앙생활에는 관심이 없습니다. 얼마나 돈이 많은 사람이며 헌금을 얼마나 낼 수 있느냐에만 관심을 둘 뿐입니다. 이런 사람들이 편안하게 예배드릴 수 있도록 교회의 구조를 바꾸어야 하고 이런 사람들이 불편을 느끼지 않도록 자동차 주차비까지도 물어 주어야 한다는 것이 여러분들의 생각이 아닙니까! 교인 숫자는 꾸준히 줄어들고 있는데도 헌금 액수가 줄어들지 않는 것을 자랑하고 있지 않습니까! 지난번(공개서한 16)에 지적한 바와 같이 돈 많은 우리 영락교회가 교단 안에서 자행하는 횡포는 또 어떠합니까! 재산을 있어야 할 제자리에서 빼내어 영락교회유지재단에 끌어넣은 것은 말할 것도 없고 세례 교인 숫자대로 내어야 하는 큰 액수의 상납비를 미끼로 위세를 부리고 있으며 그만큼 노회나 총회에 파송되는 많은 총대 수를 내세워 세력을 과시하며 우리 영락교회가 교단에 속한 지교회가 아니라 마치 서울노회나 총회가 우리 영락교회에 고용된 머슴이나 심부름꾼인 양 기고만장해 있는 형편인데도 누구 하나 여기에 대해 입을 열어 꾸짖지 못하고 있지 않습니까! 사람 많고 돈 많은 영락교회에 밉보였다가는 언제 어떤 형태로 앙갚음을 당할지 모르기 때문입니다. 실제로 노회나 총회가 영락교회 당회의 비위에 거슬리는 조치를 취하려 할 때마다 여러분은 돈의 위력을 들먹이며 위협해 왔습니다. 교단을 탈퇴하겠다고까지 말할 정도로 망나니짓을 해오고 있는 것 아닙니까! 이런 못된 짓을 시작한 그 사람이 여기에 있는 동안 명목상으로만 대한예수교장로회의 지교회 목사 노릇을 하면서 실제로는 교단 위에 군림했었다가 쫓겨난 후 이제는 그 본색을 드러내어 아예 독립교회를 세워 개인 기업화하고 있는 것이 무엇보다 분명하게 그것을 증명해주고 있지 않습니까! 하나님을 마음껏 섬기기 위해 목숨을 내걸고 38선을 넘어온 사람들에게 내려주신 물질적인 축복이 지금 그 사람들로 하여금 하나님보다 황금을 더 귀중히 여기고 하나님을 의지하는 것보다 물질의 힘을 더 믿고 돈을 더 사랑하는 집단을 이룰 지경으로 변질시킨 것은 그야말로 연약한 인간의 본성을 사로잡은 악마의 장난일 것입니다.

세속적인 성공의 척도가 돈으로 가늠되듯이 교계에서도 성공한 목사들이란 것이 많은 월급과 호화 사택, 보다 고급의 승용차, 잦은 해외 나들이, 여기저기 불려 다니는 대접과 강연 횟수, 거기에 따르는 부수입 등으로 평가되고 있는데 이런 것들이 모두 돈과 관련된 것이 아닙니까! 인간적으로 성공했다는 말을 사람들에게서 들으려고 돈 있는 곳을 골라 목사들이 신앙 양심을 저버리고 이리 옮기고 저리 옮기기 때문에 한국 교계가 썩었다고 하는 것입니다. 하나님 대신 돈을 섬기는 종이 된 것입니다.

 현재의 우리 교회의 담임 목사가 이전에 시무하던 교회에서보다 더 많은 월급을 기대했기에 바로 이웃인 그곳을 버리고 이곳에 부임한 것은 틀림이 없고 더 편안한 생활 여건을 약속 받았기에 그렇게 한 것도 어김없는 사실입니다. 말하자면 돈 많은 영락교회에 부임하는 것으로 성공이 일단 보장된 것이었습니다. 인기가 치솟아 여기저기 불려 다니고 거기에 따른 부 수입도 생기게 되었고 돈 많은 영락교회에 부임한 것 자체가 명예와 존경의 대상이 된 것입니다. 다시 구체적으로 거론하겠지만 그가 여기에 부임한 이래 보여주고 있는 언동과 생활 양식이 좋은 증거입니다. 이곳에 부임하는 것으로 돈의 유혹에 노출되었다가 부임한 후 돈의 위력을 체험하고 나서는 완전히 황금의 노예가 되어 신앙 양심은 물론이고 인간의 기본적인 양심마저도 팔아버린 것이 아닌가 의심할 정도가 되었습니다. 점점 세련되어 가는 그의 말솜씨는 설교할 때와 그렇지 않을 때의 의미가 다르고 실제 생활과 행동은 또 달라서 그의 겸손한 듯한 낮은 자세가 음흉하게 느껴지고 조용한 말투가 오히려 간사하게 여겨질 지경으로 변해가고 있습니다.

 한국 교회의 황금만능주의 사상과 배금주의를 통탄하는 세찬 소리를 들을 수 있는 사람은 그 한탄의 소리가 사실은 우리 영락교회로 향한 것이고 구체적으로는 장로와 목사들 그리고 더 분명하게는 담임 목사를 향하고 있다는 사실을 바로 깨달을 수 있어야 합니다. 그런데도 직접 그렇게 말하지 못하는 것은 우리 교회가 지니고 있는 돈의 위력 때문이라는 사실을 여러분은 누구보다 잘 알고 있으며 그것을 최대한으로 이용하면서 악마의 하수인 노릇을 하고 있는 것이 아닙니까! 하나님을 열심히 섬기기로 서약한 목사가 물질적인 여건이 풍족해지면서 하나님과 돈을 함께 섬기는 위태한 줄타기 노름을 하더니 이제는 완전히 돈만을 섬기는 타락한 자리로 떨어지고 만 것입니다. 그래서 목사가 썩었다는 것입니다. 그래서 영락교회가 썩었다는 것입니다. 돈에 미친 영락교회 목사와 장로들은 회개해야 합니다.

여러분의 회답을 기다리며 주님의 은총이 여러분에게서부터 떠나가지 않으시기를 간구합니다.

1993.06.05

16 번째 공개서한(1993.05.25)

한국 교계의 불량배 영락교회

믿음 안에서 한 형제가 된 장로님

앞으로 몇 차례에 걸쳐서 다음과 같은 제목을 가지고 여러분의 반성과 회개를 촉구하고자 합니다. 특히 우리 교회의 임영수 목사(담임)는 여기에 대해 분명한 내노를 표명해 주시기 바랍니다.

한국 교계의 불량배 영락교회
영락교회의 황금만능주의와 배금주의
영락교회의 집단이기주의
영락교회의 물량주의
영락교회의 몰역사성과 한탕주의
부동산 투기
부동산 소유욕과 공원묘지 조성
영락교회의 인권유린-남존여비
교역자의 음성수입-돈 봉투(촌지)
영락교회 당회의 비밀주의-은폐 날조행위
담임 목사의 사치와 허세
삯꾼 목사들

영락교회에 아부하는 사람들
한국 교계의 독버섯 영락교회
영락교회의 존재 의미

한국 교계의 불량배 영락교회라는 제목은 여러분의 불쾌감과 분노를 유발시키기에 충분한 표현일 것으로 생각합니다. 그러나 오늘날 우리 영락교회의 체신은 바로 이 표현에서 찾아볼 수 있는 현상에서부터 조금도 멀리 떠나 있는 것이 아님을 곧 깨닫게 될 것입니다.

세상에서는 미미한 잘못은 눈에 잘 뜨이고 큰 잘못은 그것이 크면 클수록 심상하게 여기는 경우가 많습니다. 좀도둑은 손가락질을 받지만 정작 큰 도둑은 오히려 선망의 대상이 되고 존경을 받기도 합니다. 그러나 이런 현상이 나타나는 사회는 썩은 것이요 이 나라가 바로 이런 상태에서 허덕이고 있다는 사실을 여러분도 잘 보고 있을 것입니다.

자기 것이 아닌 물건과 재산을 자기 앞으로 가져다가 자기 이름을 붙여 놓는 것은 도둑질입니다. 맡아서 오직 관리만을 잘해야 하는 청지기가 그 재산의 소유권자를 자기 이름으로 변경해 놓고 주인 노릇을 하는 것은 바로 범죄행위인 것입니다.

우리 영락교회가 소속해 있는 대한예수교장로회(통합)는 모든 지교회가 반드시 이행하고 준수해야 할 헌법을 가지고 있습니다. 그 헌법이 하나님의 뜻대로 성경에 기초한 것이라는 신앙 고백 위에 우리 예수교장로회는 서있습니다. 불편하고 귀찮고 간섭받기가 싫다고 해서 그 법을 지키지 않는 교회가 있기 때문에 교회 안에 분쟁과 교파의 분열이 일어나는 것입니다. 이런 범죄행위를 하는 교회가 있다면 응당히 지적받아 마땅할 것이며 이런 교계의 망나니들은 지금 당장 회개하여야 할 것입니다.

그런데 우리 영락교회가 바로 이 망나니라는 사실을 여러분은 깊이 깨달아야 합니다. 소위 그 훌륭하다는 영락교회의 망나니짓을 다른 교회들도 본떠 교회헌법을 짓밟고 있습니다. 힘 있는 사람은 나라의 법을 무시해도 된다는 식의 논법으로 큰 교회는 교회법 같은 것에는 구애받지 않아야 되고 또 그래야 만 큰일을 할 수 있다는 비뚤어진 사고방식이 한국 교계를 무력화하고 부패시키고 있는데 그 장본인이 바로 영락교회인 것입니다. 여기 우리 영락교회에서부터 이 독버섯이 싹이 터 자라기 시작한 것입니다.

 노회에 속한 지교회인 영락교회의 부동산(토지 건물)은 노회유지재단, 우리 영락교회의 경우에는 서울노회유지재단이 소유해야 하고 영락교회 당회는 그것을 잘 관리해야 할 책임을 맡았을 뿐입니다. 이것이 대한예수교장로회가 존립하는 기본법에 명시되어있는 바 교회 재산의 소유와 관리에 관한 원칙입니다(대한예수교장로회 헌법 제 92,93,94,95조). 그런데 영락교회는 소위 영락교회유지재단이라는 것을 따로 만들어 놓고는 노회유지재단에 속해야 할 부동산을 빼내어 독자적으로 소유하고 있습니다. 상급 기관인 노회와는 아무런 관계가 없이 제멋대로 사고팔고 있습니다. 그런 중에도 가소롭기 짝이 없는 것은 다른 모든 부동산은 영락교회유지재단에 넣어 놓고 있으면서 유독 본당 건물만은 서울노회유지재단에 그냥 남겨 놓고 있다는 사실입니다. 그러나 물론 그 본당 건물이 서있는 대지(땅)은 영락교회유지재단의 소유입니다. 이와 같이 얕은 수작을 부리면서 영락교회가 우리 교단의 지교회라는 명분을 지키고 있는 것입니다. 왜 이같은 짓을 하게 되었고 지금도 시정하고 있지 않는지에 대해서는 차차 말씀드릴 기회가 있을 것이지만 우리 영락교회의 망나니짓을 따라 그대로 본받고 있는 교회가 하나 둘 씩 늘어가면서 교단이 유명무실해지고 한국 교계의 기강이 해이해지고 썩는 현상이 가속화되어 가고 있는 것입니다. 그 첫 책임이 우리 영락교회에 있음을 우리는 솔직히 자복하고 통회해야 합니다. 이렇게 재산 문제를 놓고 부패 타락한 교계를 그냥 방치해 둔 채 이 나라 이 사회가 깨끗해지기를 기대하는 사람은 아무도 없을 것입니다.

 특히 교회헌법을 준수하기로 하나님과 사람들 앞에서 엄숙히 서약하고 목사가 된 사람들은 참으로 회개해야 할 것입니다. 한국 사회가 총체적으로 병들어 있다는 말은 한국의 종교계가 썩었다는 말로 고쳐 들을 수 있어야 합니다. 한국 종교계가 썩었다는 말은 우리 기독교계가 썩었고 우리 교단이 썩었다는 말로 고쳐 들을 수 있어야 합니다. 우리 교단이 썩었다는 말은 우리 영락교회가 썩었다는 말인 줄 알아들을 수 있어야 합니다. 우리 교회가 썩었다는 말은 결국 우리 교회의 장로들이, 목사들이 썩었다는 뜻으로 깨달아 들을 수 있어야 합니다. 우리 교회의 목사들이 썩었다는 것은 바로 우리 교회의 담임 목사가 썩은 사람이라는 말임을 아직도 깨닫지 못하고 있습니까? 우선 여기에 대해서 담임 목사의 마음에서 우러나오는 진정한 회답을 기다리고 있습니다.

우리 주님의 은총이 항상 풍성하게 넘치시기를 기원합니다.
1993.05.25

15 번째 공개서한(1993.02.02)

영락교회의 여러 다른 문제점들

믿음 안에서 한 형제인 당회원들에게

  여러분들은 우리 영락교회가 지금 얼마나 부패해있고 그 정도가 점점 더 깊어지고 있는지에 대해 아무런 느낌이 없는 것 같습니다. 우리 사회가 전반적으로 썩어있고 한국 교계가 그와 마찬가지로 잘못되어 있다는 사실을 말하고 있으면서도 유독 영락교회만은 예외로 생각하고 있는 듯합니다. 그러나 영락교회 강단에서는 실제로 회개를 촉구하는 설교가 그친지 오래이며 황당무계한 우월감에 도취하여 도무지 제 죄를 깨닫지 못하는 목사와 장로들로 인해 교회가 어지럽습니다. 오늘은 다음과 같은 일에 대해 여러분의 응답을 기대합니다.

1. 장로의 자질
2. 목사의 권위와 영락교회의 타락
3. 소위 창립50주년기념사업의 불법성
4. 전임 당회장에 대한 예우 문제
5. 김명오 집사에 대한 당회의 핍박
6. 담임 목사와 장로들 간의 불신
7. 교회 소유 토지의 불법 매각 임대

8. 변칙적인 교세 확장계획
9. 제직의 계급화와 특권화
10. 전임 사무처장의 변사 사건

1. 장로의 자질: 장로도 장로 아닌 교인들과 마찬가지로 기독교인으로서의 기본 소양을 갖추어야 합니다. 장로로 피택되기 위해 적지 않은 돈을 쓰고 맹렬히 운동을 해야만 한다는 말이 널리 퍼져있는 사실은 별도로 하더라도 최소한 기도하는 법은 알아야 하지 않겠습니까! 하나님 앞에서 여러 성도들을 대표하여 기도하는 사람이 성경 구절을 줄줄이 외우며 성경 지식 자랑하는 것은 잘못된 것입니다. 우리 교회가 한국교계의 "장자교회"라는 터무니없는 말투로 하나님 앞에서 자랑하는 것도 어처구니없는 자기도취입니다. 제대로 배운 목사들은 우리 교회 일부 장로들에게 기도하는 법부터 올바로 가르쳐 주어야 합니다. 단에 올라서서 기도하는 장로가 하나님을 향해 "영락교회 만세, 만만세!"를 연호하는 따위의 한심하고도 부끄러운 망발을 보고 듣고서도 잠잠한 교회는 이미 우리 주님의 몸 된 교회가 아닙니다.

2. 목사의 권위와 영락교회의 타락: 다른 사람들보다 좋은 옷을 입고 좋은 집에서 살고 있다고 해서 목사의 권위가 서는 것이 아닙니다. 목사들 중에서도 가장 좋은 사택에 거주하면서 가장 비싼 승용차를 이용한다고 해서 담임 목사의 권위가 올라가는 것이 아닙니다. 이런 식으로 권위를 높이려는 것은 바로 졸부들의 속물근성입니다. 교회는 달라야 합니다. 영락교회의 부패와 타락은 이처럼 세상의 본을 따라가는 데서부터 시작되었습니다. 당회에서 장로들과 담임 목사 간에 이루어졌던 주고받는 관계가 바로 이런 식으로 출발해서 마침내 돈을 지극히 사랑하는 담임 목사를 키워냈고 범죄하게 만들었고 그리고는 인정사정 보지 않고 내쫓아 버렸던 것 아닙니까? 이 거꾸로 가는 물줄기를 바로 잡아야 합니다. 현 담임 목사의 타락은 그의 언행에서 차차 분명히 나타나고 있습니다. 말에 진실성이 없습

니다. 무책임합니다. 그 결과는 그의 부임 이후 영락교회가 저지르고 있는 무법성과 비인간성 그리고 상상을 뛰어 넘는 잔인성으로 나타나고 있습니다.

3. **소위 창립50주년기념사업의 불법성**: 교회의 헌법을 고의적으로 위반하여 공동의회를 거치지 않고 대대적으로 벌이고 있는 기념사업에 대해 담임 목사는 해명해 주시기 바랍니다.

4. **전임 당회장에 대한 예우 문제**: 외국에서 성공적으로 생활하며 활동하고 있던 분을 원로 목사님까지 합세하여 간절하게 눈물을 흘리며 청빙하기에 부득이 귀국은 하였으나 건강의 악화로 말미암아 직무를 수행할 수 없어 은퇴한 전임 당회장에 대한 영락교회 당회와 특히 현 담임 목사의 태도는 도덕적으로 도저히 용인할 수가 없습니다. 구체적인 실례는 여러분께서 가장 소상하게 잘 알고 있을 것입니다. 이 점에 관해 담임 목사의 속마음을 밝혀주시기 바랍니다.

5. **김명오 집사에 대한 당회의 핍박**: 우리 교회의 갱신과 회개를 위해 기도하며 모든 것을 바쳐 수고하는 김 집사를 순전히 인간적인 감정을 가지고 핍박하고 있는 죄를 당회는 회개하여야 합니다. 돌이켜보면 지금까지 김 집사의 주장대로 많은 일들이 바로 잡혀가고 있다는 사실을 누구도 여러분조차도 감히 부인하지 못할 것입니다. 담임 목사 자신도 김 집사의 수고에 깊이 감사해야 할 일이 없지 않을 것입니다. 그런데 왜 그에게 부당한 굴레를 내내 씌워 놓고 아직까지도 풀지 않는 것입니까? 담임 목사의 양심적이고 책임 있는 답변을 촉구합니다.

6. **담임 목사와 장로들 간의 불신**: 담임 목사가 당사자들 몰래 장로들의 신상조사를 하여 그 결과를 역시 본인들의 확인도 거치지 않은 채 밖으로 흘러 내보내 여론을 조작하려는 따위의 작태가 다시 발생해서는 안 됩니다. 이 한 가지 사건만으로도 현재 우리 교회의 당회가 어떤 상태에 처해있는지를 짐작해 보게 합니다. 이런 일을 지시한 당회장은 먼저 교회에 사과하고 책임 있는 처신을 보이기 바랍니다.

7. 교회 소유 토지의 불법 매각 임대: 건물의 신축 등 이용이 불가능한 것을 불법적인 청탁과 교섭의 방법을 총동원하여 이용 가능 하도록 만들 계획을 가지고 구입해 놓은 땅이 강남에 있습니다. 이 교회 재산을 교인들에게 알리거나 교인들과 일체 의논하지도 않고 일부를 떼어 내어 매각해 버린 경위를 밝혀주시기 바랍니다. 또한 근래에는 역시 불법으로 수천만 원을 받고 임대해 주었다가 법의 제재를 받아 상대방에게 막대한 손해를 입힌 것은 말할 것도 없고 교회에 대해 큰 욕을 돌리면서 계약을 파기한 사건이 있었습니다. 이런 일을 저지르는 사람이 바로 당회원들입니다. 당회장은 이 일에 대해 책임 있는 해명을 하여야 합니다.

8. 변칙적인 교세 확장 계획: 줄어들고 있는 교인의 숫자를 늘리기 위해 인기 위주의 확장 계획을 세우는 일이 없어야 합니다. 자기도취적으로 듣기 편한 이야기, 교양 강좌를 위해 성경말씀을 인용하는 듯한 이야기, 자기 자신과 가족의 신변잡기를 서두로 장식하는 심리학강의 같은 것은 설교로 적당하지 않습니다. 성경말씀 중심으로 성경말씀을 인용하고 전파하면서 충실히 공부하고 설교 준비를 하시기 바랍니다. 인기 있는 연예인을 동원해서 청소년들을 교회에 모아 보려고 학부형이 되는 교인들에게 담임 목사가 광고시간에 부탁을 하면서 자녀들의 참석을 권유하도록 하는 것은 부끄러운 일입니다. 더욱이 어떤 특정한 연예인의 이름까지 거명하고 자기 가족 중의 한 사람의 예를 곁들여 가며 권유하는 것 등의 언행은 참으로 낯 뜨거운 일입니다. 그나마 그 인기 연예인이 나타나지도 않아 청소년들의 빈축을 사서 교회의 신용이 땅에 떨어지고 담임 목사가 거짓말쟁이가 되었는데도 자기 말에 대한 책임을 조금도 느끼지 못하고 사과의 말 한마디 없으니 대체 이 교회가 어디로 가고 있는 것입니까?

9. 제직의 계급화와 특권화: 제직은 제직 아닌 사람에 비해 높은 사람이거나 특별히 잘난 체해야 할 자격이 있는 사람이 아닙니다. 제직이라고 해서 또는 지난 날 제직이었다고 해서 교회 안에서 어떤 특권을 누려서도 안 됩니다. 요구해서도 안 되는 것입니다. 더욱이 우리 교회의 소위 권사는 모두

하나같이 헌법에도 없는 가짜들이 아닙니까? 그런데 제직 아닌 노인 어른들을 위해서는 아무런 대책이 없고 계획도 세우지 않고 있는 터에 권사를 위한 휴게실이 웬 말이며 특히 은퇴 장로들을 위한 별도의 휴게실이 웬 말입니까? 진정으로 이분들이 교회를 위해 봉사한 사람들이고 여생도 그렇게 살아야 할 사람들이라면 자기들 자신을 위한 편안함과 휴식 공간을 마련하기 전에 먼저 생각해야 할 것이 있어야 하지 않겠습니까? 은퇴하고 나서도 끼리끼리만 모이고 사귀도록 되어있는 교회는 화합을 이룰 수가 없습니다. 이분들의 점심값의 일부는 교회 헌금에서 지불된다고 하는데 이것도 잘못입니다. 그 정도로 불쌍하고 궁핍한 이들입니까? 자손도 없고 있다고 해도 배척을 받는 처지에 있기 때문에 교회에서 점심 값으로나마 구제해 드려야 하는 어른들이 아니지 않습니까? 이분들을 위해 마련해 놓은 시설들을 모든 노인 어른들께서 이용할 수 있도록 널리 개방하셔야 합니다. 교회 헌금을 지금처럼 그렇게 함부로 쓰는 것이 아닙니다.

10 전임 사무처장의 변사 사건: 지난 해 봄에 우리 영락교회 사무처장이 많은 의문을 남기고 별세하였습니다. 참으로 애석한 일이었습니다. 그는 거의 일평생을 영락의 울타리 안에서 배우며 자랐습니다. 뿐만 아니라 영락교회가 설립했고 본 교회 당회장이 이사장인 학교에서 성실하게 가르치며 학생들의 존경을 받던 선생님이었고 우리 교회에서는 충성된 안수집사이었습니다. 그런 사람이 고층아파트위에서 밑으로 뛰어 내렸다고 밖에는 달리 생각해 볼 수 없는 변사체로 발견되었던 것입니다. 그것은 자살입니다. 장례는 조용하게 치러졌다고 합니다. 식을 집례한 담임 목사는 그가 영락교회의 사무처장으로 부임하지 않았었던 편이 좋았을 사람이었다는 말을 했다고 합니다. 그를 아는 이들 중에는 같은 뜻으로 말하는 사람이 적지 않습니다. 여러분들 중에서도 이와 마찬가지일 것입니다. 여러분들은 영락교회의 그 무엇이 그로 하여금 투신자살의 의혹을 남기고 죽을 수밖에 없었는지를 아실 것입니다. 모르신다면 지금 늦게라도 반드시 알아야 하지 않겠습니까? 더욱이 그가 학교의 교직을 그만두고 교회의 사무직원

으로 자리를 옮기는 일에 있어서 학교의 이사장으로서, 교회의 담임 목사로서 직접적인 조치를 취했던 영락교회 담임 목사는 책임을 통감해야 합니다. 말로만 유감을 표시하고 그만 둘 일이 아닙니다. 사람을 정당한 이유 없이 욕하고 까닭 없이 감정적으로 미워하는 풍토에서 한 걸음 더 지나 사람이 자살하도록까지 몰고 온 우리 교회의 비인간성과 잔인성을 이제 여러분들은 똑바로 깨달아야 합니다. 서울 시내 한복판에서 이런 엄청난 변고가 일어났는데도 어떤 언론 매체도 이것을 보도하지 않았습니다. 교회의 체면을 위해 대단히 다행한 일이었다고 여러분들은 생각하고 있습니다. 그러나 이런 체면을 유지하기 위해 여러분이 기울이고 있는 부정한 방법과 은폐행위를 돌아보시기 바랍니다. 우리 영락교회는 막강한 영향력을 지니고 있습니다. 이와 같은 변사사건도 언론에 일체 보도되지 못하도록 할 수 있을 정도입니다. 그런데 바로 이 막강한 영향력이 지금까지 잘못 행사되어 왔다는 사실을 잊지 마시기 바랍니다. 결국 이렇게 악용된 막강한 영향력의 축적이 우리 교회로 하여금 간접 살인을 저지를 지경에까지 이르게 하였고 그러고서도 시치미를 떼고 태연한 얼굴을 들어 보일 수 있을 정도로 양심이 마비된 악의 종자가 되게 도와준 것입니다. 이 교회에서 앞으로는 이런 범죄가 더 이상 발생하지 않아야 합니다. 우리 교회는 어서 속히 회개해야 합니다.

여러분의 응답을 기다립니다. 하나님의 크신 은총이 함께 계셔주시기를 기도합니다.
1993.02.02

14 번째 공개서한(1992.02.02)

영락교회 당회에 보내는 공개서한

믿음 안에서 한 형제인 당회원에게

참으로 오래간 만에 다시 이렇게 붓을 들게 된 것은 여러분께서도 그렇게 생각하고 계시지만 어떤 까닭인지 말을 못하고 있는 바와 같이 근래 우리 교회에서는 해괴한 사건들이 잇달아 발생하고 또 진행 중에 있기 때문입니다. 이로 인해 교회 안팎에서부터 우리 영락교회가 비웃음과 한탄의 대상으로 떨어져 가고 있다는 사실도 여러분께서는 피부로 느끼실 것입니다.

1. **공동 목회**: 그렇게 굉장히 광포하고 내세우던 소위 공동 목회(Team Ministry)는 어디로 갔습니까? 외국에서 목사를 초빙하고 위계질서를 무시한 채 나이 어리고 철모르는 목사까지 다시 불러 들여 결과적으로 교회를 혼란에 빠뜨리고 웃음거리로 만든 책임을 자세히 묻지도 않고 그냥 지나쳐 버릴 것입니까? 소위 그 공동 목회의 기만성과 허구성을 일찍이 잘 지적해 주었는데도 불구하고 불미스러운 상처들만 남겨 놓고 세월을 허송하며 재정을 낭비한 책임을 물어야 하지 않겠습니까?

2. **해외 연수 경비**: 영락교회에 부임한 담임 목사가 겨우 3년 밖에 일을 하지 않았는데 그 후 무조건 1년을 쉬겠다고 하며 외국으로 나가 있겠다고 하는 일이 어떻게 생겨 날 수가 있었습니까? 자기 자신이 주장한 대로 자

비로 갔다 왔습니까? 아니면 말은 그렇게 해 놓고 실제로는 교회 재정에서 그 경비를 충당했습니까?

  3. **해외 연수의 사기성**: 교인들에게와 교계에는 1년 동안 독일에 가서 연수를 할 것이라고 광고한 후 어떻게 했습니까? 가야 할 독일에는 안 가고 미주로 가서 연수 받아야 할 사람이 연수를 시키는 강사로 변신하여 집회를 이끌었으니 이렇게 속임수를 써도 되는 것입니까? 거기서 생긴 수입금을 가지고 외국 은행에 저금한 목사가 영락교회에 또 하나 탄생한 것이 아닌가 여겨집니다.

  4. **조기 귀국의 의혹**: 교인들에게 광고하고 출국하면서 1년 후에 돌아오겠다고 했는데 3, 4개월도 못 되어 슬그머니 귀국해서 한 달가량 머물다가 또 슬그머니 출국한 이유가 무엇이며 1년 동안 연수한다고 해 놓고 7개월도 못 채우고 아주 귀국한 이유는 또 무엇입니까? 만일 영락교회가 진정한 공동체라면 담임 목사가 들고 나감에 있어서 반드시 그 목적과 경위를 상세히 고하는 것이 사람을 사람답게 하는 기초 예의범절이 아니겠습니까?

  5. **기념사업의 불법성**: 우리 장로 교단의 헌법은 교회내의 모든 중요 사항을 결정하는 기구로 공동의회를 두고 있습니다. 공동의회의 의결을 거쳐 승인 받지 않은 것은 시행해서는 안 될 뿐더러 만일 그렇게 하면 그 것은 불법입니다. 그렇기 때문에 그 시행과정 중에 있을 수 있는 사고에 대한 책임을 아무에게도 물을 수가 없는 것입니다. 50주년기념사업은 공동의회를 거치지 않았습니다. 영락교회 당회원이 주동이 되어 영락교회와는 관계가 없는 일을 벌이고 있다는 말입니다. 50주년기념사업에 참여하고 있는 몇 몇 개인들에게 돈을 바치고 있는 것입니다. 그렇기 때문에 그 사람들이 그 돈을 아무렇게나 써도 할 말이 있을 수 없다는 것입니다. 교묘하게 서로 서로 속이고 속고 있는 것입니다. 소위 50주년기념사업에 커다란 의혹이 도사리고 있다는 사실은 그 일을 주동하는 사람들이 바로 한경직 목사 기념사업회의 기금을 거의 몽땅 횡령 당하고서도 아무런 책임감을 느끼지 않을 뿐만 아니라 어떠한 조처도 취하고 있지 않고 있는 사람들이라는 데에

서 잘 미루어 볼 수 있지 않겠습니까?

6. **한경직목사기념사업회**: 건강하게 생존하면서 활동하고 계신 분을 옆에 두고 기념관을 세우며 기념사업이니 하고 벌이는 것은 아첨꾼들의 전형적인 행태라는 점에 대해서는 이의를 달 사람이 거의 없을 것입니다. 어쨌거나 그렇게 하고 기금을 모아 사업을 시작했다면 책임 있게 수행하여야 할 터인데 수억 원에 달하는 기금을 거의 다 횡령 당하여 그 사업이 중단된 지경에 이르렀는데도 아무런 조치가 없고 책임지는 사람이 없으니 어찌된 일입니까? 더욱이 이런 불상사가 교회 구내에서 일어났는데도 영락교회와는 관계가 없는 일이라고 하면서 자기네들 사이에 감추고 있은 지가 벌써 4, 5년이 되었습니다. 그 말 대로 교회와는 관계가 없는 일이라면 어서 속히 기념사업회 사무실을 영락교회 밖으로 쫓아내어야 할 것이 아니겠습니까?

7. **목사들의 음성 수입**: 목사들이 병상에 누어있는 환자를 방문하여 위로해 주고 돈을 받고, 슬픔을 낭한 가정에 가서 예배 보아주고 돈을 받고, 장례식을 치르고 난 후 돈을 받고, 추도식을 거행해 주고 또 받고, 개업 축하 예배를 보아주고 돈을 받고, 정기적으로 심방을 하고도 돈을 받고, 결혼식 주례를 서주고 돈을 받고, 해외여행을 한다고 돈을 받고 등 등 목사들이 거의 모두 한결같이 돈에 걸신들린 듯이 돈 봉투를 받고 또 은근히 부추기고 있는 이 썩은 풍토를 근절하시기 바랍니다. 부유한 교우들이 많이 살고 있는 교구를 누가 맡게 되며 그런 교인들의 결혼식 주례를 어느 목사가 담당하게 될까를 놓고 서로 눈치를 보며 암투를 벌인다는 말이 헛소문이 되도록 조치를 취하여야 할 시급한 단계에 이르렀습니다. 심지어는 아무런 명목도 없이 그저 돈 봉투를 건네주는 교인도 있는데 이런 교우들에게 올바른 교육을 시킬 의무도 목사에게 있는 것이 아닙니까? 교역자의 생활이 경제적으로 어려우면 교회가 응당히 월급을 올려주어야 합니다. 교육부 담당 목사가 교육부 행사에 참여하여 설교를 하고는 강사료를 요구하고 그 액수가 적다고 불평을 하기까지 했던 어처구니없는 사례도 있었다고 하지

않습니까? 또 어느 교인이 담임 목사에게 적지 않은 금액의 돈을 건네주었는데 그 것을 받은 목사가 선물을 사서 교회 직원들에게 자랑삼아 나누어 주기도 했다니 담임 목사가 이렇게 세상에서 말하는 소위 떡 값을 받아 직원들에게 챙겨주기나 하는 사람입니까? 그렇게도 할 일이 없습니까? 그런 봉투가 생기면 응당히 교회 헌금함에 넣을 것이지 목사들의 주머니 속에 들어가거나 그들의 손에서 분배되고 처분되어서는 안 되는 일이 아닙니까? 영락교회 목사 노릇 얼마 동안 하면 돈맛을 알게 된다는 비아냥 소리를 더 이상 듣지 않도록 일대 결단을 내려야 합니다. 양심 선언이라도 해야 하지 않겠습니까? 돈과 명예라는 단 맛에 빠져 정신 없이 날뛰다가 한국교회 역사상 씻을 수 없는 오점을 잠기고 쫓겨난 후에도 회개할 줄은 모르면서 계속 거짓말하며 돈이면 무엇이나 다 할 수 있다고 믿고 마구 뿌리면서 인기를 유지해 보려고 발버둥치고 있는 목사 한 사람을 바로 우리 영락교회가 배출하지 않았습니까? 그 사람이 여러분 보다 어딘가 모자라서 그렇게 된 줄로 생각하지 마시기 바랍니다. 목사들은 말하기를 교인들이 주니까 마지못해 받는다고 하고 교인들은 말하기를 목사들이 주면 잘 받고 받고 난 후에는 특별히 관심도 가져 주니까 준다고 하지 않습니까? 받지 못하게 하십시오! 영락교회에 들어서면 돈 썩는 냄새가 지독 하다고들 합니다.

8. 목사의 사회 의식: 영락교회 목사들이 진정으로 사회적인 인식을 갖추고 이웃을 생각할 수 있는 마음이 있다면 지극히 적은 일이라고 여겨지는 것부터 실천하는 모습이 있어야 할 것입니다. 자원을 아끼고 환경을 보호하는 일에 조금이라도 보탬이 되려면 연료가 적게 들고 따라서 환경오염 유발 요소가 적은 교통수단을 이용해야 하지 않겠습니까? 영락교회 담임 목사가 이와 같이 경제적인 승용차를 솔선수범하여 손수 운전하고 다녀서는 안 되는 이유가 도대체 무엇입니까? 될 수록 큰 승용차, 기사가 따로 있는 승용차이어야 영락교회 담임 목사의 체면이 서고 권위가 나타난다는 따위의 속물근성에서 아직도 벗어날 수 없다는 말입니까? 더더욱이 담임

목사용 승용차와 운전기사가 자녀들의 통학을 위해서도 전용되고 있다니 대체 어찌된 일입니까?

9. **교회 직원들의 인격**: 우리 교회에서 일하고 있는 사람 중에 누구 한 사람도 인간적으로 천하거나 멸시를 받아도 괜찮은 존재는 없습니다. 담임목사 보다 월급이 적다고 해서 인간 이하의 취급을 받아도 되는 사람은 아무도 없습니다. 그런데도 이런 사람들을 천대하며 모함하고 음해하여 해고한 일이 비일비재합니다. 그러다가 법의 제재를 받을 수밖에 없는 지경에까지 처하게 된 부끄러운 현실을 직시하시고 다시는 그런 나쁜 일을 꾸미지 마시기 바랍니다. 교회 책임자의 파행적인 조치에 제동을 걸 수 있는 분들이 아직은 당회에 몇몇 남아 계시다는 사실을 확인할 수 있는 것이 그나마 다행하게 생각될 뿐입니다. 영락교회의 행정과 그 체계가 교회 밖에서 볼 수 있는 것보다도 훨씬 더 자의적이고 악랄합니다. 행정 부서에서 공문서를 위조하고 조작하는 것은 이제 일상화된 것이 아닌가 싶을 정도입니다. 이런 일을 거리낌 없이 저지르는 사람을 문책하고 신뢰를 회복하시기 바랍니다.

10. **공산주의를 반대하면 안 된다는 주장을 편 목사**: 영락교회 강단에 올라서서 공산주의를 반대하면 아무 것도 할 수 없다고 주장하면서 특히 우리 영락교회는 반공을 해서는 안 된다고 강조한 목사가 있었습니다. 이 발언 내용이 간접적으로 외부에 알려져서 법에 의한 조사를 받고 있는 사실을 여러분께서는 누구보다 잘 알고 있을 것입니다. 대체 이런 해괴망측한 일을 보고 듣고도 입을 다물고 있는 영락교회 당회는 그런 목사 아닌 목사를 두호해 주는 용공 집단이란 말이 아니고 무엇이란 말입니까? 조사를 받는 도중에 당사자인 그 목사는 그런 발언을 한 일이 없다고 부인했는데 그 후 구체적인 증거가 나타나서 그 거짓이 드러나고 있다니 이런 변고가 또 어디 있겠습니까? 그가 밖으로 불려 나가 조사를 받기 전에 여러분께서 먼저 결판을 내렸어야 하는 일이 아니었겠습니까? 당회원 사이에 서로 서로 그렇게도 무관심합니까? 이제 당사자 목사는 정직하게 본심을 털어 내 놓고

진퇴를 정하여야 할 것입니다. 목사이기 이전에 한 사람의 기독교인이라고 불리우기에도 미치지 못 한 그와 같은 사상의 소유자를 올바로 인도하여 회개케 할 책임이 여러분에게 당장 부과되어 있다는 사실을 깨달으셔야 할 것입니다. 무엇보다 이점에서 우리 영락교회는 다시 한번 커다란 위기에 처해 있습니다. 아무리 교회당이 크고 화려하며 차지하고 있는 부동산이 많고 막대한 돈을 들여 건축공사를 해서 세력을 떨쳐도 신앙의 본질을 상실해 버린 교회는 죽은 것이나 마찬가지입니다.

좀 더 구체적으로 드릴 말씀은 더 많지만 오늘은 이만 붓을 놓으려 합니다.

여러분에게 하나님의 은총과 그가 내려 주시는 지혜가 충만하시기를 바라며 명쾌한 응답을 기다립니다.

1992.02.02

13 번째 공개서한(1990.09.09)

영락교회 당회에 보내는 공개서한

믿음 안에서 한 형제가 된 당회원들에게

지금 우리 영락교회는 시급히 풀어야 할 몇 가지 문제를 가지고 있습니다. 이에 대해 명확하고 조속한 답변을 기대하면서 간단히 말씀 드리고져 합니다.

1. 소위 임영수 목사가 표방하고 있는 공동 목회(Team Ministry)의 기만성에 관하여: 교회는 믿는 이들의 공동체입니다. 목회자라고 하는 직함을 가진 사람만이 목회하는 것이 아니고 모두가 목회하는 것이 개신교의 기본 원칙입니다. 하나님의 말씀을 전달하고 가르치는 일이 목사의 목회라면 목사의 생활을 보살피는 것은 교인들의 목회 활동입니다. 두 말 할 것도 없이 개신교의 신학을 조금이라도 이해하는 사람이라면 공동 목회라는 이름을 내걸고 극히 소수의 목사가 독재를 하는 것을 결코 용납하지 못 할 것입니다. 처음에는 우리말로 공동 목회라는 용어를 쓰지 않고 팀(Team) 목회라고 하기에 잘 알아듣지도 못한 사람이 많았습니다. 대체 그 팀에 속한 사람은 누구이고 그 팀에서 제외된 목사는 누구란 말입니까? 더욱이 담임 목사가 따로 있고 행정 목사가 또 따로 있는 것은 참으로 우스운 일입니다. 교회 행정 전반에 관여하지 않는 목사는 목회자가 아니기 때문입니다. 행정의 책임을 모든 목사가 나누어지는 일은 있을 수 있고 또 있어야 하겠으

나 최종적인 책임은 담임 목사에게 있는 것입니다. 담임 목사가 곧 행정 목사라는 뜻입니다. 교회의 인사, 재정, 교인들의 생활 상담 등이 모두 목회자의 임무에 속하는 것인데 담임 목사가 이런 일에서 손을 떼고 설교에만 전념 한다는 구실을 붙여 교회의 사정과 현실을 망각하고 삶의 현장과는 아무런 관계없이 허공에 뜬 설교나 하고 시간이나 때우는 설교를 하게 된 것이 우리 교회의 모습이라고 생각합니다.

모든 교인이 종교 개혁의 정신을 따라 목회에 참여하기에 앞서 목사들만이라도 공동 목회의 팀에서 한 사람도 제외되지 않도록 해야 합니다. 그럼에도 불구하고 현재 우리 교회의 목사들 사이에는 도저히 공동체에서는 있을 수 없는 현상들이 존재합니다. 도대체 영락교회의 담임 목사가 무엇이기에 여타의 부 목사들의 사택에 비해 두 배 세 배나 되는 호화 빌라에서 살아야 합니까? 일반 사회에서 조차 지나치게 사치하다고 여기는 초호화 저택(평당 6백만 원, 3억3천여만 원짜리 빌라)에서 호의호식하고 있는 것은 성경 말씀 어느 구절에 근거한 것입니까? 어떻게 되었길래 그런 호화 저택을 제직회의 의결도 거치지 않고 구입했는지를 물었더니 그냥 미안하게 되었다는 대답이었으며 당사자인 목사에게 물어 보니 당회원들이 금액에 관계없이 그 집을 샀으니 자기는 그 집에 이사 가서 생활할 생각뿐이라고 하기에 다시 이번에는 당회원에게 물었더니 목사가 그 집을 원했기 때문에 부득이 그렇게 했다는 대답이었습니다. 이런 것이 바로 구조적인 부조리요 조직적인 범죄의 온상을 만들어 가고 있는 행동들입니다. 여러분과 더불어 어울려서 10여 년 이상 넘게 이런 식으로 서로 주거니 받거니 범죄 행각을 벌이다가 급기야는 바로 여러분의 손에 의해 쫓겨난 전 전 당회장을 기억하시기 바랍니다. 그 사람은 영락교회의 영자만 들어도 치가 떨린다고 합니다. 이런 사람을 또 하나 더 만들어 내시렵니까? 당회장이라고 해서 월급이 많고, 행정 목사 교육 목사라고 해서 목회 경력이나 능력이 크게 앞서는 것도 아닌데 다른 부 목사보다 월급이 월등히 많아야 하는 이유가 무엇입니까? 여기가 벼슬아치들의 관료주의적인 계급사회입니까?

아니면 교회 헌금이 마치 무슨 이익금인 양 나누어 먹는 장사치들의 주식회사입니까?

　담임 목사는 어른스러워야 합니다. 부 목사들의 사택을 비롯해서 그들의 생활 여건을 우선 향상시켜 놓은 다음에 부 목사와 같거나 조금 못한 수준의 생활 여건으로 옮겨가야 만 어른이라고 할 수 있을 것이며 부 목사들의 생활 여건을 향상시키기에 앞서 교회에서 봉사하는 다른 직원들의 생활 여건을 돌보아 볼 줄 알아야 하는 법입니다. 목사와 목사 사이에, 그리고 목사와 직원 사이에서부터 먼저 공동 목회의 기틀을 만들어야 할 것입니다. 임영수 목사가 부임한 후 얼마 지난 뒤 공동 목회가 무엇이며 앞으로의 전망은 어떠한가를 직접 물어본 적이 있었습니다. 그의 대답은 참으로 놀랍게도 한 번 그렇게 해 보는 것 뿐이고 그 결과가 어떻게 나타날지는 자기로서는 모르겠다는 것이었습니다. 이제 또 다시 꼭 같은 질문을 드립니다. 지금 이 시점에 이르러 그 기만적인 소위 공동 목회의 결과를 바료 평가해 보시고 대답해 주시기 바랍니다.

　2. 목회자의 자질에 관하여: 목사는 강단에 설 때 하나님의 말씀을 전파해야 합니다. 철학적인 이야기, 사회학적인 이야기, 심리학이나 정신분석학의 이야기,, 신문이나 방송을 통해 누구나 접할 수 있는 이야기를 위주로 하면서 성경구절을 곁따라 붙이는 식의 강연은 설교가 아닙니다. 하나님의 말씀인 성경말씀을 그대로 전파해도 오히려 시간이 모자랄 터인데 자기 주변의 사람들 이야기, 자기 이야기, 자기 가족 이야기까지 흥미를 주로 하여 엮어 나가는 것이어서는 안 됩니다. 좀 더 열심히 시간을 내어 성경을 공부하고 연구해야 할 것입니다. 그렇게 하기 위해서는 이곳저곳 겉돌아 다니며 이 기관 단체, 저 기관 단체에 얼굴이나 내밀며 바삐 돌아다니는 일을 삼가야 할 것입니다.

　목사는 특히 그가 하는 말에 신용이 있어야 합니다. 거짓말을 얼굴 하나 붉히지 않고 반복해서는 안 될 것입니다. 약속은 반드시 지키는 사람이어야 합니다. 자기가 한 말에는 책임을 질줄 아는 사람이어야 합니다. 어떤 한 개인에 대해서만 정직해야 하는 것이 아니라 목사는 그 모든 언행이 정직해야 합니다. 강단에서는 검소 절약을 외치면서 자기는 교회 구내에서 뚝 떨어진 곳에 있는 호화 빌라에서 태연하게 기거하고, 강단에서는 거짓말해서는 안 된다고 하면서 자기는 자기 말에 책임을 지지 않는다면 그 목사는 위선자입니다. 자기 자신도 미처 깨닫기 전에 이미 사기꾼이 된 것입니다. 그런 사기꾼은 강단에서 물러나야 합니다. 교회가 세상에서 신용을 잃어가고 있고 비웃음의 대상으로 되어가고 있는 것은 바로 이런 목사들 때문입니다. 목사는 이 교회를 섬기기 위해 온 사람입니다. 그런데 생활비를 받으며 섬기는 사람이 생활비를 대어 주며 섬김을 받아야 할 사람 보다 더 좋은 집에 살고, 더 고급 승용차를 타고, 섬김을 받아야 할 사람 머리 위에 올라서서 오히려 호령하고 있다면 그 사람이 예수님의 발자취를 따라 섬기는 목사이겠습니까? 불한당이겠습니까? 그런 목사를 보살피는 교인들이야 말로 참으로 불상하지 않겠습니까? 이런 목사는 그 자신이 불행한 존재일 뿐더러 그런 목사를 둔 영락교회도 불행한 교회일 것입니다.

   목사는 적어도 최소한의 자기 수양을 쌓은 사람이어야 합니다. 목사가 교회 안에서 주먹다짐으로 무슨 일을 해결하려고 해서야 어찌 되겠습니까? 눈에 핏발을 세우고 살기등등하여 자기 비위에 거슬린다고 사람의 멱살을 쥐어 잡아 흔드는 행패를 서슴없이 자행하고도 뉘우침이 없는 목사가 우리 교회에 있다면 여러분은 어떻게 하시겠습니까? 목사도 사람입니다. 그렇기 때문에 사람이 할 수 없는 일을 목사라고 해서 강요해서는 안 될 것입니다. 우리가 목사에게 바라는 것은 믿지 않는 사람들 중에서도 조금 지각이 있는 사람이라면 누구나 그렇게 할 수 있고 그렇게 하고 있는 것을 기대하는 것뿐입니다. 그도 사람임으로 실수하고 잘못하게 되어 있습니다. 그런데 사람인 고로 잘못을 저지르는 것이 당연한데도 잘못을 인정하는 목사를 찾아보기가 어렵습니다. 마치 목사는 옛날 종교 개혁 이전의 교황처럼 오류가 없는 절대적인 존재인 양 행세하고 있습니다. 널리 퍼져있는 대로 장로 쯤 되면 회개하기가 매우 어렵고 목사는 더더욱 회개하는 것이 불가능하다는 말이 사실 그대로 입니까? 이런 목사 장로들이 영락교회 안에는 너무 많다고 한다면 여러분은 이런 말을 하는 사람을 앞에 세워 놓고 또 다시 인민재판을 벌이시겠습니까? 영락교회가 잎만 무성하고 듣기 좋은 말들만으로 가득 찬 교회가 아니라 회개에 합당한 열매가 맺어지는 사랑의 교회가 되어야 하지 않겠습니까?

3. 방송 설교에 대하여: 기독교방송과 극동방송 등 선교 매체를 통해 전국적으로 또는 국제적으로 전파되는 복음의 말씀은 매우 귀중합니다. 적극적으로 참여하고 후원해야 함은 당연합니다. 그러나 우리 교회가 비용을 담당했다고 해서 반드시 우리 교회 목사의 설교가 방송되어야 하는지에 대해서 검토해 보아야 할 것입니다. 우리 교회 강단에서 들려지는 설교가 너무 빈약하기 때문입니다. 이런 정도의 설교는 진정한 복음 전파에 도리어 방해가 될 수도 있다고 생각되기 때문입니다. 방송선교 비용은 우리 교회가 부담하되 재정 형편이 여의치 못하지만 영적 능력의 말씀을 전하고 있는 다른 교회의 목사로 하여금 설교 방송을 할 수 있도록 대책을 강구해 주시기 바랍니다. 방송설교는 영락교회를 자랑하고 영락교회의 목사를 내세우기 위한 것이 아니라 하나님의 귀한 복음을 전파하기 위한 것입니다.

오늘 몇 가지로 나누어 말씀드린 것에 대해 여러분의 응답을 기다리겠습니다.

주님의 은총 속에 평안하시기 바랍니다.

1990.09.09

12 번째 공개서한(1989.08.21)

영락교회 당회에 보내는 공개서한

 믿음 안에서 한 형제가 된 당회원들에게
 교회는 믿음을 같이하는 이들의 공동체입니다. 우리는 모두 이 몸의 지체들이요 그 머리 되시는 예수 그리스도를 섬기는 사람들입니다. 머리 되시는 예수 그리스도의 몸이요 지체이기 때문에 오른 손이 아프면 왼 손이 어루만져 주며, 왼 손 손가락에 가시가 박히면 오른 손이 뽑아 주어야 합니다. 손이 함부로 도끼를 들어 발가락을 잘라버려도 안됩니다.
 하나님의 교회는 몸의 지체와도 같은 지 교회를 가지고 있습니다. 그렇기 때문에 내 이웃 교회의 아픔이 내 아픔이요 내 이웃 교회의 일이 우리 교회의 일이 되는 것입니다. 영락교회의 병폐를 다른 교회에도 널리 알리는 것은 영락교회가 스스로 회개할 수 있는 힘을 잃어 버렸기 때문에 이웃 교우들의 도움을 청하는 것이요 이렇게 하므로써 그리스도의 몸을 건강케 하기 위함입니다. 영락교회가 썩어 가고 있는데도 강 건너 불구경 하듯 모른 체한다면 그런 사람은 그리스도인이라는 이름만 지니고 있을 뿐 사실 교회가 무엇인지를 아직 모르고 있기 때문입니다. 교회는 하나입니다. 서로 돌보아 주어야 하는 그리스도의 몸입니다.
 교회의 사정을 믿지 않는 사람이 섞여 살고 있는 일반 사회에 알리는 것이 잘못이라는 생각을 하고 있는 사람은 기독교가 윤리적인 종교라는 기본 교리조차 모르기 때문일 것입니다. 우리 믿는 이들이 가져야 할 관계는 믿는 이들 사이에서만 성립되어야 하는 것이 아니라 아직 믿지 않고 있는 모든 사람들과도 올바르게 유지해야 하는 관계입니다. 믿지 않는 사람이 어려움에 처해 있을 때 돕지 않겠습니까? 믿는 사람이 중한 병에 걸렸는데 의사가 믿지 않는 사람이라고 하여 치료를 거부하겠습니까? 하나님께서 창조하신 이 세상은, 이 세계는 하나입니다. 일반 사회의 아픔이 교회에 무관할 수 없고 교회가 부패하면 이 세상은 필연코 망하게 되어 있습니다. 교회가 스스로 깨끗해지지 못 할 상태에 이르렀다면 일반 사회가 도와주어야 만 이 사회 전체가 살아남을 수 있게 되는 것입니다. 이렇게까지 되는 일이 없기를 바랄 따름이지만 부끄럽게도 우리 교회의 사태는 이런 지경에까지 접근하고 있습니다.

만일 이 세계가 하나님의 창조의 섭리 속에서 하나가 아니었더라면 우리 대한민국은 1950년 6.25 전쟁을 겪는 동안 하나님을 부인하는 공산주의자들의 발굽 아래 멸망당하고 말았을 것입니다. 세상이 하나이기 때문에 우방 국가들의 도움으로 이렇게 살아남은 것이 아닙니까?

멀리 외국의 구석진 곳에까지 목숨을 내 걸고 복음을 전하러 가는 것도 기독교가 인간 하나 하나를 귀하게 여기는 윤리적인 종교이기 때문이요 복음의 말씀을 듣기 싫어하면서 뛰쳐 도망가는 사람에게는 뒤쫓아 가면서까지 선교하는 것도 이 때문입니다.

여러분께서 김윤국 목사님에 관한 문제를 처리하는 것을 지켜 볼 때 인간의 양심을 가진 사람으로서는 도저히 상상할 수가 없는 행동을 하고 있다는 것은 기독교의 근본을 내 팽개쳐 버렸기 때문입니다. 문서로 분명히 작성된 약속을 부정하는 뻔뻔스러움은 여러분 자신의 문제라고 하더라도 돈을 받고 공의를 굽히라고 목사에게 강요하는 것은 사람을 멸시하는 것이요, 유언비어를 퍼뜨려 교인들을 선동하는 것은 인격자에 대한 모욕이며 이 나라에서 아예 사라져 버리기를 원해서 그렇게 일을 꾸미는 여러분의 태도는 바로 사람을 완전히 무시하는 것으로서 범죄 중에서도 가장 큰 범죄요 패륜입니다.

 기독교의 기본 윤리를 짓밟고 양심이 마비된 여러분에게 만일 총칼이 쥐어진다면 그것을 휘둘러 국가 사회를 뒤엎어 버릴 것이며 물리적인 완력이 있다면 조직 폭력배가 될 것입니다. 지금 여러분이 이렇게 할 수 없지만 여러분이 현재 저지르고 있는 범죄의 도구는 바로 여러분의 간악한 입술입니다. 영락교회 당회는 이런 점에서 교계를 어지럽히는 조직범죄 집단이요 나아가서는 국가 사회를 부패시키고 있는 패륜아들의 집합체라고 말할 수 있습니다.

 "시어머니가 많으면 며느리가 일 하기가 힘듭니다. 새로 오시는 목사님이 일하시기 쉽게 해드려야 합니다...." 라고 제직회에서 발언하면서 김윤국 목사님을 영락교회에서 아주 제거해 버려야 한다는 당회의 방침을 설명한 그 당회원은 참으로 매우 적절하게 드디어 당회의 숨은 의도와 계획을 표명했었습니다. 그러나 이와 같은 패륜적인 당회의 뜻이 받아 드려질 리가 없어서 거부당하자 어떻게 했습니까? 여러분들의 그 간교한 머리를 짜내서 제직회 회의록을 변조한 뒤 시치미를 떼고 교인들을 철저하게 속이려 했던 일을 설마 벌서 잊어버리지는 않았을 것입니다.

 김윤국 목사님을 당회장으로 앞 세워 놓고 그 뒤에서는 교회의 헌법과 나라의 법을 무시하면서 여러분의 욕심대로 자행자지하려던 계획이 빗나가게 된 데서부터 여러분의 감정이 상하기 시작했습니다. 게다가 김 목사님께서는 부임하신 이후에 당회원 중의 일부가 불법적인 절차와 방법으로 취임한 장로임을 뒤늦게 알게 되었고 그 잘못된 제도를 교회 헌법에 맞게 바로 잡았습니다. 다시 말하면 영락교회 당회에는 정당한 자격이 없는 사람이 포함되어 있다는 사실을 모든 사람들에게 밝히신 결과가 되었는데 여기에 해당되는 장로들은 책임을 통감하여 부끄러워하면서 자중하는 기색을 보여야 함에도 불구하고 오히려 올바르게 일을 처리하시는 김 목사님에게 악감정을 품게 되었습니다. 그 때문에 목사님께서 교회의 여러 많은 일을 규정대로 수행하시는 데에도 협조하기는커녕 훼방을 놓았던 것입니다.

　여러분에게 이 보다 더 충격적인 사건은 아마 다음의 사실일 것입니다. 즉 영락교회에 불화를 일으키고 교회를 파괴하는 행동을 극심하게 계속하고 있다는 이유를 붙여 정의감에 불타는 교인 한 사람을 당회원들이 처벌한 일이 있었는데 김 목사님께서 장로 선출의 위법성을 시정하시고 영락동산 사용의 불법성을 시인하시므로 인해 여러분의 그 무고한 교우 김명오 집사를 정죄한 이유가 모두 터무니없이 허무맹랑한 거짓이었음을 사실 그대로 온 세상에 공표하신 결과를 빚게 되었던 것입니다. 김명오 집사를 재판한 여러분이 바로 재판을 받아야 할 사람들임을 하나님 앞과 사람들 앞에서 곧 바르게 선포하신 그 분을 영락교회에서, 아니 여러분의 눈에 뜨이는 곳에서 영영 제거해 버리지 않으면 여러분들이 영락교회 당회원으로서 계속 남아 있기가 대단히 불편하다는 사실을 마침내 깨달은 것입니다.

　따라서 여기에 해당되는 당회원들이 주축이 되어 신앙 양심이라던지 기독교 윤리라는 것 등은 아예 뒷전으로 하고 김 목사님에 대해 갈수록 더 커지는 범죄 행위를 저지르고 있는 것임을 여러분 스스로가 잘 알고 있을 것입니다. 도대체 영락교회의 장로라는 직함이 신앙 양심을 팔아먹으면서까지도 얻어야 하고 지켜야 할 그 무엇입니까?

　넉넉히 짐작하고도 남겠지만 이 부류에 속하는 당회원 중 하나가 살기등등하여 주일 낮 예배 시간 시간마다 강단에 나서서 한 사람의 교우를 출교 조치한 사실을 의기양양하게 광고하였으며 그 것도 모자라서 게시판에 방을 써 붙이고 주보에도 광고하였을 뿐만 아니라 정기적으로 발간되어 널리 유통되는 교회 홍보지에도 게재하여 광포케 했던 사실을 여러분도 아직 생생히 기억하고 있을 것입니다.

　김명오 집사가 시정을 요구했던 것들은 교회 헌법과 나라의 법에 관하여 영락교회가 범하고 있는 잘못에 대한 사항들이었습니다. 결국은 김 집사가 주장한 대로 반드시 시정되어야 할 일들이었고 실제로 거의 모두가 시정될 수밖에 없어서 그대로 시정되었음을 여러분이 누구 보다 잘 알고 있습니다. 그런데 왜 그를 처벌했습니까? 옳은 것은 옳다, 그른 것은 그르다고 밝히 말하는 김윤국 목사님은 왜 또 그토록 미워하십니까? 그렇게 하는 여러분은 기독교인입니까 아닙니까? 대체 여러분의 정체는 과연 무엇입니까? 사람과 사람 사이의 올바른 관계를 완전히 파괴하면서 여러분이 목표로 정해놓고 성취하려는 것이 도대체 무엇입니까?

 일종의 비윤리적인 조직범죄 집단이라고 말할 수 있는 영락교회 당회에 당회장으로 부임한 임영수 목사는 그 동안 무엇을 어떻게 했으며 하고 있습니까? 이런 당회를 바른 길로 변화시켜 나가지 못 하고 그 추세에 동조하여 거기에 동화되어 가고 있는 형국이니 참으로 안타까움을 금할 수 없습니다. 동참하여 공범자 노릇을 하고 있는 것에서 그치지 않고 한 수 더 떠서 범죄 행위를 주도하고 있는 것 같은 현상이 벌어지고 있음을 직시하시기 바랍니다. 이 점에 관해서는 다음 기회에 구체적으로 논의하도록 하고 오늘은 이만 그치려 합니다.

 여러분의 응답을 기다리겠습니다.

 주님의 은총이 여러분과 늘 같이 하시기를 기원합니다.
1989.08.21

11번째 공개서한(1989.07.28)

목사의 은퇴

믿음 안에서 한 형제가 된 당회원들에게

우리 영락교회에서 은퇴하신 김윤국 목사님에 관한 문제에 대해 지난 7월 17일자로 당회에 보낸 서한에서 저는 먼저 여러분의 일방적인 결정을 크게 잘못된 것으로 밝히 지적했고 그 다음으로는 여러분들이 그렇게 터무니없는 결정을 합리화하는 구실 또한 사리에 어긋난다는 것임을 알려드렸으며 하나님의 공법을 돈으로 사고 팔려는 범죄 행위에 대해 경고한 바가 있습니다. 오늘도 계속해서 이 문제에 관해 말씀 드리고자 합니다.

여러분은 여러분이 내린 결정이 김 목사님을 위한 최선의 해결책이라고 주장하면서 개인적으로는 현재의 당회장도 전적으로 동감이라고 하였습니다. 그 말을 듣는 순간 저는 가슴이 섬뜩하였습니다. 이토록 선과 악을 혼동할 지경으로 인간의 양심이 마비되어 버릴 수가 있을까에 대한 환멸감이 엄습해 왔기 때문입니다.

영락교회에서 그 어려운 시기에 질서를 바로 세워 나가시던 중에 건강상 부득이 목회 일선에서 은퇴할 수밖에 없었던 목회자인데 일단 은퇴했다고 해서 영락교회 강단에 서지 못하게 막고 심지어는 결혼식 주례마저도 영락교회에서는 하지 못하게 하려는 의도에서 돈이나 듬뿍 쥐어 주면서 교회에서 떠나라고까지 권하면서 떠난다면 이사 비용을 추가로 부담할 용의도 있다며 영락교회와는 어떤 연관도 완전히 끊자고 강요하는 것이 김 목사님을 위한 최선의 방책이라고 하시니 이렇게 하면서도 여러분이 인간 양심을 가지고 살아간다고 말할 수가 있느냐 말입니다. 선과 악을 그렇게도 분별할 수가 없다는 말입니까? 소위 지도자의 위치에 있다는 사람들, 교회의 지도적 위치에 있다는 사람들이 받는 불신이 바로 이런데서 오는 것입니다. 영락교회 당회원들 여러분을 어느 누가 신임하고 있다고 생각하십니까?

  신앙 생활의 경력으로 볼 때에는 원로이시오, 목회 경험으로서는 그야말로 대선배이시며 스승이시고, 신학이라는 학문으로 말할 것 같으면 최고의 학위와 실력을 쌓으셨으며, 극히 보기 드물게 법률까지 전문적으로 공부하시어 최고의 학위와 권위를 함께 지니고 계신 분이시기에 원로 목사님을 비롯해서 온 교우들이 간절한 심정으로 우리 곁에 오시기를 바라며 드리는 눈물의 기도가 위로 하나님께 상달되어 하나님께서 그 기도에 응답해 주셨기 때문에 김 목사님을 모셔올 수 있었던 것이 아니었습니까? 그런데 그 분이 당회장의 직무를 내어 놓으셨다고 해서 당장 그 순간부터 그 분의 판단이 형편없이 흐려졌고 돈만 밝히는 사람이 되어 버렸다는 듯이 마구 욕해 대면서 그 분에 대해 인간이 생각해 낼 수 있는 가장 추악한 중상모략을 퍼뜨리고 있으니 대체 이것이 어찌 된 일입니까? 건강을 생각하면 곧 바로 은퇴하셨어야 하는데도 교회 사정과 여러분의 간청을 모른 체할 수 없어 거의 반 년 가까이나 더 강단을 지켜주셨던 분이 아닙니까? 그 분이 건강상 도저히 직책을 더 이상 감당할 수 없을 것이라고 지나칠 정도로 상세히 의학적인 설명을 해준 의사가 바로 여러분 중의 한 사람이 아니었습니까?

  제가 이 문제를 생각하면서 언뜻 머리에 떠올린 것은 도야지 앞에 내어 던진 고귀한 진주의 비유이었습니다. 어찌 보면 까마귀 싸우는 골에 뛰어든 백로의 이야기이기도 했습니다. 수십 명의 저능아들이 모이면 그 완력,, 그 물리적인 폭력은 대단 하겠지만 그 지력과 옳고 그름을 판단하는 능력까지도 산술적으로 향상되는 것이 아닐뿐더러 오히려 혼자 있을 때 보다 더 위험해질 수가 있을 것이라는 생각도 해 보았습니다. 시비를 제대로 가릴 줄 아는 사람이 그 와중에서는 반대로 어리석은 이로 취급받게 될 것이라는 생각도 들었습니다. 하나님께서 우리에게 허락해 주신 이지적인 능력의 은사를 도외시하고 다수의 힘을 믿고 행동하며 인간의 존엄성을 억누르고 탄압하며 핍박하는 것은 짐승들의 세계에서나 통용되는 현상이라고도 생각해 보았습니다.

여러분께서 아무 이유 없이 그 분을 적대시하는 일에 대해 곰곰이 생각해 보았습니다. 그 분은 여러분께서도 인정하시다시피 마음 편안히 여생을 보내며 살 수 있는 나라에서 그 안락함을 내팽개치고 우리를 사랑하는 심정을 품으시고 여기 오셔서 우리들과 가깝게 사귀며 앞으로의 생을 그렇게 지내시기 위해 무던히 애를 쓰고 계시는데 여러분은 왜 이토록 그 분을 미워하고 있는지에 대해 생각해 보았습니다. 여러분들 중의 몇 몇 사람을 제외한 수많은 우리 영락의 교우들이 김 목사님의 설교를 듣고 싶어 하고, 그의 가르침을 받고 싶어 하며, 그 분과 성도의 교제를 나누고 싶어 하며, 한국의 교계가 영락교회라는 믿음의 가정을 통해 그 분을 모시고 있기를 원하는데도 여러분이 그 길을 막고 있는 이유가 무엇인지를 거듭 거듭 생각해 보았습니다.

제 결론은 이러합니다. 즉 그분은 맑은 거울이요 여러분은 추악한 몰골을 하고 있는 존재, 자기 자신의 죄악을 차마 거울에 비춰 보기가 두려운 비열한 존재이기 때문이라는 사실입니다. 누차 거론합니다만 한국 교회 역사에 큰 오점을 남긴 영락교회의 죄악이 어느 한 사람의 실수나 잘못에 한정되어 있는 것이 아니라 그것은 여러분이 공동으로 모의하고 수행한 여러 범죄의 결과적인 하나의 표출에 지니지 않는 것입니다.

이 나라가 살기 위해서는 한국 교회가 회개해야 한다고 외치지 않는 사람이 어디 있습니까? 그러나 영락교회가, 아니 영락교회도 회개하여야 한다고 말을 하면 여러분은 눈살을 찌푸립니다. 좀 더 근본적으로 깊이 파고 들어 진정 회개해야 할 사람들은 책임을 맡은 자들 곧 영락교회 당회와 그 구성원이라고 말하는 사람을 향해서는 여러분이 모든 수단과 방법을 총동원하여 여러분의 증오심을 발산하고 대중 앞에서 모욕을 가하고 있습니다. 그렇게 하고도 성에 차지 않으면 엉터리 재판을 하여 사형 집행에 비견할 수 있는 출교 조치를 내리는 사람들이 바로 여러분 아닙니까? 이런 포학무도한 일을 자행하는 여러분과 행동을 같이 하면 훌륭한 당회장이요, 교회 행정에 정통한 목사요, 교육적인 목사이고 성경 말씀이 가르쳐 주시는 대로 곧이곧대로 여러분의 잘못과 범죄행위를 사랑으로 일일이 지적해 주는 사람은 불구대천의 원수란 말입니까?

이렇게까지 말씀드리는 데도 완악할 대로 완악해진 여러분은 지금 그리고 또한 지금까지의 잘못을 깨닫는데 어려움을 느끼리라 여겨집니다. 그렇기 때문에 우리 교회의 역사를 거슬러 올라가서부터 하나하나 실례를 들어 설명해 드릴 기회를 가지려 합니다. 현재 시무하고 있는 목회자를 포함한 당회뿐 아니라 저지른 비위와 불법을 감당하지 못해 급기야 외국으로 도망가다 붙들린 전임 당회장의 일은 물론이고 그 이전의 사건까지도 하나하나 들어내어 여러분의 이해를 돕도록 준비하겠습니다. 칭찬받을 일은 의례히 역사에 기록되려니와 참 역사에는 부끄러운 사건도 빠짐없이 그렇게 되어야 합니다.

우리는 김윤국 목사님과 성도의 교제를 원하며 그이를 통해 내려 주시는 하나님의 뜻을 듣고자 합니다. 그러므로 우리와 김 목사님 사이를 가로막고 있는 여러분이 그 행위의 잘못을 깨닫고 올바른 길로 나아가시기를 간절히 바라고 있습니다.

여러분의 회답을 고대하면서 주님의 은총이 항상 여러분과 함께 하시기를 기원합니다.

1989.07.28

10 번째 공개서한(1989.07.17)

은퇴한 목회자와의 약속

　저는 지난 11일(화) 오전에 당회에서 매우 중요한 위치에 계시는 한 분을 찾아뵙고 은퇴하신 전임 당회장 김윤국 목사님에 관한 문제를 가지고 몇 가지로 질문을 하고 대답을 듣는 기회를 얻을 수가 있었습니다 그 분께서 퍽 곤혹스러워 하시면서도 정성껏 대답해 주셨음을 고맙게 생각합니다. 그런데 유감스럽게도 그의 답변은 근본적으로 더 큰 의혹을 불러 일으켰습니다. 그 분이 말씀해 주신 내용은 당회가 결정한 것 이상도 그 이하도 아니라고 확언하셨으므로 이제 여러 당회원들을 향해 다시 붓을 들게 되었습니다. 당회원 대부분은 이 문제의 자세한 내막을 잘 모르시는 것 같고 또 관심을 두고 있지도 않을는지 모르겠습니다. 그러나 적어도 당회장과 그동안 소위 특별 위원회에 관여하셨던 분들은 교회 앞에 책임 있게 해명할 의무가 있다고 생각합니다.
　첫째, 김윤국 목사님에게 드리기로 당회가 결정한 돈이 그 후 여러 달이 경과되었음에도 아직 지불되지 못하고 있는 것은 김 목사님께서 원하시지 않는 일을 여러분이 일방적으로 강요하고 있기 때문입니다. 목사님께서 그런 돈을 탐하시거나 요구하신 일이 없으실 뿐만 아니라 더욱이 그 돈으로 자신께서 이자놀이를 하여 생활하실 의향이 추호도 없으심을 잘 알고 있는 당회가 지금 억지투정을 부리고 있음을 여러분 자신이 누구보다 명확히 알고 있지 않습니까?

 영락교회의 당회를 근원지로 해서 난무하고 있는 극악한 중상모략, 즉 영락교회로 부터 퇴직금을 될수록 많이 받아내려는 목적에서 김 목사님이 그토록 애쓰시고 계신다는 그 극악한 중상모략을 어떻게든 증명해 보이려고 안간힘을 쓰고 있는 여러분 스스로의 모습을 잠깐만이라고 돌아보시기 바랍니다. 여러분이 교회 밖의 세상에서와 꼭 마찬가지로 교회 안에서도 돈으로 무슨 일이건 다 해결할 수 있다고 생각하는 것은 여러분의 자유이겠지만 모든 사람이 다 그러리라고 여기시면 큰 잘못을 범하는 것입니다. 그 잘못을 깊이 깨달으셔야 합니다.

 여러분 자신들이 무엇을 먹을까 무엇을 입을까를 그 어떤 것 보다 먼저 구하고 그에 따라 행동하며 생활한다고 해서 모든 사람도 다 여러분과 같을 것이라고 생각하시는 것은 커다란 착각임을 깨달으셔야 합니다. 김 목사님께서 지난해 은퇴하신 이래 영락교회로부터는 생활비를 한 푼도 받으신 일이 없다는 사실을 여러분이 가장 잘 알고 있습니다. 그 분의 일용할 양식이 여러분의 손에서 좌우되는 것이 아니라는 사실을 여러분이 너무나도 잘 아십니다.

 바로 이웃 교회의 담임 목사라도 많은 월급을 준다는 조건이면 아무 때나 청빙해 올 수 있고 영락교회에서 부 목사로 시무하다가 이웃 교회의 당회장으로 자리를 옮겨 일하고 있는 사람조차도 여러 부 목사 사이에 새로운 계급을 만들어 지위를 높여 주고 월급을 많이 준다면 누구라도 또다시 부 목사로 오게 할 수 있으니 교회에서도 돈이면 만사형통이라고 생각하고 살아가는 사람이 여러분 가운데 있다면 그들이 어찌 크리스천이겠으며, 그런 목사가 어찌 목사이겠습니까? 그런데 부끄럽게도 영락교회 당회는 이 비슷한 사람들에 의해 이리저리 끌려 다니고 있지 않습니까?

 둘째, 김 목사님에게 지불하기로 결정한 금액은 교회와 김 목사님 사이에 화해를 도모하기 위한 차원에서 이루어진 것이라고 여러분은 듣기에 대단히 훌륭한 말로 구실을 붙이고 있습니다. 화해라는 단어는 참으로 좋은 뜻을 가지고 있고 매우 중요한 개념입니다. 그런데 여러분은 이토록 선한 어휘를 가지고 말장난을 하고 있습니다. 왜냐 하면 영락교회 당회가 무엇을 김 목사님에게 잘못했으며 김 목사님은 여러분에게 무슨 잘못이 있기에 화해를 해야 한다는 말씀이십니까? 여러분은 김 목사님께서 먼저 약속을 어긴 잘못을 저지르셨다고 주장하시는데 이거야 말로 적반하장격의 어불성설입니다. 김 목사님께서 우리 교회에 부임하시기 전에 당회에서 무슨 결의를 어떻게 하고 당회 회의록에 무어라고 기록했건 김 목사님은 알지 못하셨으며 다만 여러분이 서울노회를 거쳐 미국에 계시는 김 목사님에게 보내드린 공문서대로 김 목사님께서는 받아들이시고 어려운 결단을 내리신 후 귀국하시어 우리 교회에 부임하셨습니다. 사실이 이러함에도 불구하고 바로 여러분이 작성해서 보낸 공문서의 내용이 여러분의 마음속에 보이지 않게 은밀히 품고 있던 의도와 다르다고 하며 일이 다 저질러진 후에 와서 엄연히 글로 분명히 적혀있는 사실과 기록을 아니라고 하시니 세상에 이런 법이 어디 있습니까? 문서 작성에 만일 실수가 있었다면 여러분이 그 실수와 잘못을 털어 내어 놓고 솔직히 김 목사님에게 무릎을 꿇는 마음가짐으로 자세를 바로 하여 용서를 빌어야 할 터인데 도리어 김 목사님께서 먼저건 나중이건 약속을 어기셨다고 강변하고 있으니 맺은 일조차 없는 약속을 어떻게 어긴단 말씀입니까? 여러분의 이해 지능 수준이 겨우 이 정도입니까? 그렇지 않다면 이렇게 억지 주장을 펴고 있는 사실이 곧 영락교회 당회가 속임수를 써서 멀리 떠나 계시던 김 목사님을 꾀어 모셔왔다는 살아있는 증거가 아니겠습니까? 깨끗하고 높은 품성을 지니신 목사님께서 그와 같은 간교한 술책에 속아 넘어가시는 것이 어찌 보면 피할 수 없는 일일는지도 알 수 없겠으나 그런 간교한 인간들이 받을 징벌은 참으로 무서울 것입니다. 그 형벌을 어떻게 면하시렵니까?

  영락교회가 지난 몇 해 동안 하나님께로부터 받은 경책의 채찍과 이 교회가 한국 교회 역사에 지울 수 없는 엄청난 먹칠을 하고 그로 인해 그리스도 예수의 이름이 조롱거리가 되도록 한 잘못이 그 얼마인데 그 정도로는 아직도 부족하다는 말씀입니까? 여러분이 계속해서 어떤 횡폭한 일을 해도 영락교회 당회이니까 하나님께서 눈감아 주실 것으로 짐작하고 하나님을 시험해 보고 있는 것입니까? 비록 이제야 늦게나마 깨달으셨다면 여러분이 공문서로 작성해서 김 목사님에게 약속한 모든 것을 두 말 않고 충실히 그대로 이행하셔야 합니다.

여러분에게 설사 해가 되더라도 한 번 약속한 것은 꼭 지켜야 하겠거늘 그렇게 하기는커녕 온갖 추악한 중상모략으로 목회자의 인격을 철저하게 깎아 내리려 하며 발버둥치는 이유가 도대체 무엇입니까? 여러분이 가장 중하게 여기는 그 여러분의 체면 유지책이 능히 여러분을 복 있는 사람으로 만들어 줄 수 있겠습니까?

여러분의 이와 같은 후안무치한 행동은 단순히 교회와 개인 사이의 약속을 어긴 문제로 끝나는 것이 아닙니다. 영락교회와 미국의 한 교회와의 약속을 어긴 것이며, 서울 노회와 미국의 한 노회와의 약속을 어긴 것일 뿐만 아니라 나라와 나라 사이에 오고 간 약속을 저버리는 일이 되고 있습니다. 국제적인 신용과 관계를 고려해 볼 때 여러분은 도저히 낯을 들기 어려운 일을 영락교회의 당회의 체면이라는 허상 때문에 어처구니없게도 고집하고 있는 것입니다. 스스로 속이고 있는 것은 말할 것도 없고 하나님의 이름을 빌어 약속한 것을 어기려는 여러분은 바로 하나님을 기만하고 있는 것임을 깨달으셔야 합니다. 하나님의 공법을 돈을 가지고 흥정하러 드는 여러분의 마음가짐을 반드시 고치셔야 합니다. 저는 여러분의 답변을 기다리겠습니다. 당회가 야기하고 있는 이런 무질서와 혼돈 속에서도 한 가지 다행스러운 사실은 제가 대면했던 책임 있는 당회원께서 이 문제가 다시 논의될 수 있는 가능성에 대한 언질을 주신 점입니다. 사실 그러하며 응당히 그래야 합니다. 여러분께서 진정으로 반성하고 다시 심사숙고하셔서 하나님의 뜻에 합당한 조치를 보여 주시기를 촉구하는 바입니다.

주님의 은총이 여러분과 항상 함께 하시기를 기원합니다.

1989.07.17

9 번째 공개서한(1988.02.22)

당회원들의 자격

믿음 안에서 한 형제인 당회원들에게

오늘 저는 지금 우리 영락교회가 해결해야 할 많은 문제 중에서 가장 시급하고 근원적인 것을 한 가지 거론하고자 합니다. 이미 몇 차례 이와 같은 공개서한을 통해 제기한 바와 같이 현재 영락교회의 당회는 영락교회를 대표할 수 없다는 사실입니다. 마땅히 지녀야 할 권위를 이미 상실한 지 오래 되었다는 점을 지적하고자 합니다. 이것은 금년 1월 1일 신년 예배를 겸해서 거행된 담임 목사의 은퇴식에서도 다시 한 번 널리 알려지게 되었습니다.

장로교 헌법이 명시한 규정에 어긋나는 방법에 의해 장로직에 취임한 사람은 당회원의 자격을 인정받을 수가 없습니다. 일천구백칠십팔 년에서부터 1985년 어간에 취임한 장로는 장로교인에게 기본적으로 부여된 선거권과 피선거권이 박탈된 상태에서 소위 당회원들에 의해 임명된 몇몇 사람들을 공동의회를 통해 법에도 없는 불법한 절차를 끌어들여 부분적으로 묵인해 준 것에 지나지 않기 때문입니다. 처음에는 선거권과 피선거권을 포기하도록 교인들에게 권유하여 박탈했는데 헌법의 규정을 이해하지 못하는 사람들이라고 하여 그 기본권을 포기하도록 권유하는 것 자체가 범죄 행위이며 이런 일을 서슴없이 자행한 그 당시 당회의 도덕성까지도 의심하지 않을 수 없게 하는 것입니다. 그 다음 단계로는 그런 권유조차 없이 선거권과 피선거권을 박탈하였습니다. 마지막 단계에 와서는 장로교 헌법을 올바로 알고 있는 교인들의 항의도 무시하고 장로 후보를 임명하는 지경에까지 우리 교인들을 휘어잡고 우롱했던 것입니다. 장로를 택하는데 관한 교회 헌법 조문은 변함 없이 한결같은데 우리 영락교회 장로는 규정되어있는 방법에 따라 선출된 사람과 그렇지 않은 사람으로 구분되어 있는 것입니다.

  법을 어기고 취임한 장로가 참여하여 구성된 당회는 불법 집단이며 이런 불법 집단이 결의하는 모든 사항은 무효일 뿐만 아니라 그 것을 그대로 시행하는 것은 바로 범죄 행위임을 여러분이 모르시지는 않을 것입니다.

  정당한 선거를 통해서가 아니라 위법으로 묵인을 받아 취임한 사람이 포함되어 있는 불법 당회가 그 구조적인 불법과 비리를 은폐하고 또 은폐하면서 저질은 범죄 행위는 일일이 열거하기가 어려울 정도일 뿐만 아니라 앞으로도 시정될 전망이 보이지 않습니다. 자격을 갖춘 장로들의 힘이 자격 없는 장로들의 위세에 눌려있는 것을 참으로 안타깝게 생각합니다.

  여러분의 범죄 행위는 거짓말로 교인들을 속이는 데에서부터 시작되었습니다. 교회를 옮긴다느니, 세계에서 가장 큰 교회를 짓는다느니 하면서 거듭 거듭 속인 일을 손꼽아 보십시오. 바른 말로 여러분에게 충고하는 사람을 제직회에서 내어 쫓기 위해 장로들이 허위 문서를 날조했다가 발각된 사실을 기억하십니까? 심지어는 만여 명을 수용할 수 있는 교회당과 천여 대의 승용차 등을 주차시킬 수 있는 큰 교회가 88올림픽을 기해서 강남에 세워져 있는 것을 믿음의 눈으로 보고 있다는 거짓말까지 강단 위에서 크게 떠들어 대었던 목사와 함께, 기도드릴 때마다 하나님에게조차 거짓말한 사람들이 아직도 바로 여러분 중에 있지 않습니까?

  여러분과 교회를 사랑하여 간곡히 충고하는 사람들의 말이 귀에 거슬린다고 많은 사람들 앞에 세워 놓고 모욕하고, 예배를 드리면서는 기도와 설교 시간을 이용해 이런 사람들을 저주하기를 일삼은 것이 누구이었습니까? 이와 같은 악의 씨를 뿌리고 거짓말하는 것을 자기의 천성으로 하여 그것을 즐기던 목사는 결국 도망쳐 빠져나갈 수밖에 없었는데 그와 함께 일을 꾸미고서도 남아있는 여러분들은 어떤 애통함과 회개의 열매를 보여주고 있습니까? 오히려 한 층 더 목에 힘을 주면서 자신들의 행위를 합리화하고 정당화하려고 온갖 방도를 다 강구하고 있지 않습니까? 영락교회 당회의 범죄 행위를 고발하는 사람을 바로 범죄자인 장로들 자신이 재판관이 되어 재판을 하여 내어 쫓는 포학무도한 일을 서슴지 않고 자행하는 것을 보고 양심에 화인을 맞아 마비된 사람들이라고 하는 것 이외에 더 적절한 표현이 과연 있을 수 있겠습니까?

 영락교회 당회가 이런 범죄 집단임을 뒤늦게나마 체험하게 된다면 누구이던 당회장의 자리에서 떠나는 것이 오히려 지극히 당연하며 참다운 명예를 지키는 믿음의 결단일 것입니다. 현재의 우리 교회는 이런 훌륭한 목회자를 당회장으로 가질 자격이 없습니다. 교회의 형편을 잘 알지 못 한 까닭으로 혹은 장로들의 능수능란한 언변과 거짓에 속아 일단 부임할 수는 있겠으나 아무도 계속 그런 범죄 집단에 머물러 있을 수가 없을 것입니다. 근본적으로 우리 교회 당회는 담임 목사를 청빙할 수 있는 적법한 권위를 가지고 있지 않습니다.

 당회가 허위와 기만으로 차있는데 제직회라고 해서 크게 다를 수가 없을 것입니다. 제직회의 응당한 권리를 거의 다 포기한 상태에서 오직 당회의 들러리 노릇이나 하면서 손들고 박수치는 일이 전부인 양 되어 버렸습니다. 최근에는 당회의 눈치를 보노라고 회의록까지 변조하는 엄청난 일마저 저질렀던 것입니다. 제직회원 중에는 교회 헌법에 어긋나는 사람들이 너무 많습니다. 특히 권사가 그렇습니다. 권사는 공동의회에서 선출되어야 합니다. 당회가 임명한 사람은 권사일 수가 없습니다. 그럼에도 불구하고 이런 가짜 권사가 많이 있는 것은 여자는 아예 헌법도 모르는 어리석은 교인이라고 여겨 인격자로서의 대우를 하기 않기 때문일 것입니다. 사실 당회가 어떤 일을 무리하게 수행하기 위해서 권사들을 집단적으로 동원해

왔던 일이 어제 오늘에 비롯된 것이 아닙니다. 우리 교회에서는 당회가 이런 사람들을 이렇게 이용하고 있습니다. 영락교회의 소위 권사라는 이들이 그 가정에서 정말 권사인 양 받아드려지고 교회 밖에서도 권사로 행세하고, 더욱이 교계에서는 자격을 갖춘 다른 교회 권사들과 어울려 정말 자기도 권사로 착각하게 만드는 일을 중지하시기 바랍니다. 영락교회의 권사는 가짜 권사라고 하여 비웃음거리가 되어있는 사실을 알아차려야 합니다. 교회의 직분을 무슨 계급이나 벼슬인 것처럼 생각하고 내세우는 것이 자랑이 아니라 부끄러움임을 아셔야 합니다. 이런 직분을 얻기 위해 여러분의 눈에서 벗어나지 않으려고 애쓰고 있는 사람들이 많다고 하여 이런 사람들을 배후에 두고 불의한 일을 계획하고 죄를 범하는 일을 이제는 그만 그치시기 바랍니다.

교회의 헌법을 지키지 않고 나라의 법을 어기면서 자행자지하는 영락교회 당회가 교인들과 교계에서는 공포의 대상이요 사회에서는 조소거리가 되지 않게 하기 위해 여러분의 깊은 반성과 결단을 촉구합니다. 불의하게 얻어 누리는 직분을 지키며 죄를 범하는 자리에서 일어나 나아가서 여러분 자신과 이 교회에 속한 형제자매는 물론이고 영락교회를 주시하고 있는 모든 사람들이 마음의 평화를 되찾도록 양심을 회복하여 거짓을 버릴 수 있는 용기가 가슴 속에서 솟아오를 수 있기를 간절히 기도하며 여러분의 응답을 기다립니다.

1988.02.02

8 번째 공개서한(1987.11.11)

담임 목사의 사임에 관하여

우선 제가 다시 이와 같이 서한의 형식을 빌려 당회에 의견을 개진하게 된 경위를 말씀드려야 하겠습니다.

지난 7월 14일 정기 제직회에서 세 가지 사항을 가지고 질의를 했었습니다(부록 1). 그 중에서 두 번째 질문 사항의 답변에 나선 당회원이 질문 자체에 대해서는 대답을 하지 않고 질문을 제기한 사람을 비난하면서 제직들로 하여금 손가락질 하도록 선동한 불상사가 발생한 일을 그때 참석했던 분들은 모두 기억할 것입니다. 계속 이와 같은 몰지각한 언동이 당회원들에 의해 저질러지기 때문에 오래 전 부터 그래 왔던 것과 마찬가지로 제직회에서는 소신껏 자기 의사를 표시할 수가 없다는 결론에 다다르게 되었습니다. 그 후 저에게 배달된 몇 장의 편지(부록 2,3,4)를 대강 읽으시면 그런 당회원의 엉뚱한 권위주의적인 태도가 빚어내고 있는 한심한 작태를 일부나마 엿보실 수 있을 것입니다.

오늘은 담임 목사의 사임에 따르는 문제와 교회 직원의 처우개선 문제, 그리고 교회 재정운영에 관해 말씀드리고자 합니다.

1. **담임 목사 사임 문제**: 김윤국 목사께서 담임 목사직을 사임하시는 것과 동시에 목회 생활에서까지도 계획 보다 일찍 은퇴하시게 된 것은 매우 섭섭한 일입니다. 돌이켜 보면 그 분을 우리 교회 담임 목사로 청빙한 데에는

몇 가지 이유가 있었습니다. 첫째는 우리 교회를 담임하시기에 적합한 분이라는 점이었고 둘째로는 그가 본 영락교회에 부임하므로 인해 이 교회가 속한 교단과 교계를 위해서도 일을 할 수 있도록 하기 위함이었으며 세 번째로는 그가 다시 이 나라에 오시는 것이 우리 국가와 사회에도 여러 가지 면에서 유익할 것이라고 판단되었을 뿐만 아니라 또한 네 번째로는 국제화되어있는 세계에서 이 교회와 교단 그리고 이 나라를 대표할 수 있을 만한 인물이라고 여겼기 때문이었습니다. 그 분의 나이와 학문, 그리고 경력이 이 모든 조건을 충족시키기에 부족한 점이 없다고 생각합니다.

  외국에서 시무하시던 교회를 떠나 영락교회에 오신 그 분의 의도나, 그곳 소속된 노회의 책임 있는 장의 자리를 내어놓고 오신 뜻에서나, 또한 그곳의 국적을 버리시고 오래 동안 떠나있던 고국으로 돌아와서 변화된 사회 환경에 처하실 결단을 내린 점들을 헤아려 보면 우리 교회가 그 분에게 기대했던 것과 그분이 지니셨던 결심이 꼭 일치했음을 쉽게 간파할 수가 있습니다.

  우리 교회는 그와 같은 목회자를 필요로 합니다. 우리 교계는 그이가 지닌 경륜을 필요로 하며, 우리 한국 교회의 신학계는 그이가 쌓은 학문을 필요로 하며, 이 나라는 민주주의의 생활 양식을 말과 실천으로 보여줄 수 있는 그런 인물을 필요로 합니다. 그러므로 담임 목사께서 비록 건강상의 이유로 부득이 당회장직을 사임하시고 은퇴하시더라도 해야 할 일과 하실 수 있는 일은 오히려 더 많으므로 이후에도 계속해서 우리 교회에 소속해 있기를 바라며 이 나라에 머물러 계시기를 바라는 것입니다. 그리 쉬운 일은 아니겠지만 이곳에서 생활에 적응하시는 일에 있어서 차차 어려움을 해소해 나갈 수 있으리라 믿어 의심치 않습니다.

  우리 교회가 교단과 교계, 그리고 한국의 신학 교육계를 위해 이바지할 수 있는 기회가 지금부터 활짝 열려지게 되었다고 생각합니다. 그러기 위해서는 은퇴하시는 그 분을 우리 교회의 은퇴 목사로 추대하여 앞으로도 이 교회에 속하시도록 해야 합니다. 당회에서 이미 청빙 당시에 결의했던 것을 몇 년 앞 당겨 시행해 주시기 바랍니다. 그것은 다른 것이 아니라 은퇴 후에는 그 노후를 보장해 드리겠다는 결정이 아니었습니까? 노후를 보장하겠다는 것은 의식주를 해결해 드린다는 것만이 아니라 좀 더 자유로운 처지에서 활동할 수 있도록 뒷받침한다는 뜻이었습니다. 김 목사께서는 이렇게 대우받으실 만하다고 생각합니다. 사사로운 욕심이 없으신 그 인격의 고매함은 이번 사임 문제를 처리하시는 과정에서 우리는 분명히 확인할 수가 있었으며 이 일을 계기로 하여 우리는 그 분을 아끼는 마음에서 안타까운 심정과 함께 그 깨끗한 행동거지에 대해 가누기 어려운 찬탄의 느낌을 품게 되었습니다.

은퇴하신 후에도 우리 교회의 한 가족으로 남으셔서 건강이 허락하는 한 때때로 강단에 올라 주시기 바랍니다. 그리고 지금까지 쌓으신 학문과 경험을 후진들에게 널리 펴 보여 주시기 바랍니다. 격변하는 이 나라 사회를 향해 하나님의 뜻을 전해 주시기 바랍니다. 가능하다면 신의주와 평양에도 가실 수가 있어서 영락교회를 통한 복된 말씀을 전해주실 것도 기대해 봅니다.

2. 교회 직원의 처우 개선 문제: 교회를 위해 몸과 마음을 바쳐 일하는 이들은 우리가 후하게 대접해야 합니다. 다른 일자리에서 근무하는 친구들이나 교인들이 받는 것 보다 적은 보수를 지급해서는 안 된다고 생각합니다. 넓은 의미에서 교역자는 목사와 전도사뿐만 아니라 교회의 모든 직원까지도 포함합니다. 그런데 우리 교회는 목사와 직원 사이에 격차가 너무 크고 사회적으로 통용되고 있는 최저 임금에도 못 미치는 급여로 생활하여야 하는 직원도 있는 것으로 알고 있습니다. 새해부터는 이들의 처우를 만족할 만한 수준으로 높여 주실 것을 요청합니다. 동시에 교역자들이 교인들에게서 돈 봉투를 건네받는 일을 근절시켜 주시기 바랍니다. 또한 모든 교직원의 급여 상황을 공개해서 객관적인 비교를 할 수 있도록 조치하시기 바라며 최고의 처우로 최대의 책임을 맡길 수 있는 체제로 만들어 나가시기 바랍니다.

3. 교회 재정 운영에 관한 문제: 제직회에 배포되는 교회 재정 보고서 중에서 특별 회계 계정에는 근 50억에 아까운 금액이 특별 사업 기금으로 기재되어 있습니다. 몇 년 전까지는 이것이 40주년 기념 사업비로 적혀있었는데 그 계정의 명칭이 어느 사이에 이유도 밝히지 않고 바뀌었습니다. 이에 대해 해명해 주시기 바랍니다. 그리고 특별 사업 기금의 사용계획을 분명히 사전에 공표해 주시기를 요청합니다. 사용 계획도 없이 돈을 쌓아 두는 것은 부자 교회라는 지탄을 넘어 수전노 교회라는 비난을 받기에 알맞습니다. 그 많은 예금의 이자 손실이 아까워서 교직원의 봉급을 미루어 지급하는 것이 당연시되는 교회는 바로 수전노들의 집단입니다. 헌금의 용도에 관해 당회에서만 은밀하게 계획을 세워 결정하여 그 것을 온 교회에 강요하는 과오를 또 다시 범하지 마시기 바랍니다. 더욱이 쓸모없는 부동산을 매입한다던지 그것을 수리 개조하는데 낭비하는 일이 없기 바라며 특히 교회적으로나 사회적으로 과도기에 처해있는 이때를 틈타서 눈에 뜨이지 않게 슬그머니 처리하는 일이 없기를 바랍니다. 무엇보다 먼저 교회 발전의 청사진을 제시하십시오. 주먹구구식으로 땅이나 넓히고 건물이나 사들여서는 안 될 것입니다.

모든 이권 관계에 당회원들은 직접적이거나 간접적이거나를 막론하고 개입하지 마시기 바랍니다. 방배동 토지를 매입할 당시에 있었던 것과 같은 추태가 다시는 발생하지 않아야 할 것이며 영락동산묘지 허가를 둘러싸고 나돌았던 불미스러운 일등이 재발하지 않아야 합니다. 수십억의 금액을 금융기관에 예치하고 있는 우리 교회의 당회원들은 그것을 빙자하여 자기 이익을 취한다는 말을 듣지 않도록 조심하시기 바랍니다. 무슨 일이나 공개적으로 정정당당하게 처리하시기 바랍니다.

끝까지 인내심을 발휘하여 읽어주신데 대해 감사드립니다. 우선은 당회원들에게 먼저 이 뜻을 전해드리는 바입니다. 관심을 가지고 응답해 주시기 바라며 주님의 은총 속에 내내 평안하시기 바랍니다.

1987.11.11

부록 1. 제직회 질의서

아래와 같은 세(3)가지 사안에 대해 답변해 주시기 바랍니다.

1. 어느 일자리를 막론하고 일꾼들은 정해진 날에 반드시 품삯을 받아야 합니다. 이것은 개인뿐만 아니라 가족의 생존권의 문제이며 사회적인 신용과 양심의 문제입니다. 지난 6월 우리 교회에서는 교역자와 교직원의 봉급을 체불하여 교회의 공신력을 실추시키고 교직원의 생존권을 위협한 사고가 발생했습니다. 여기에 대해 그 경위를 해명해 주시고 책임의 소재를 밝혀 주시기 바랍니다.

2. 지난 주일의 교회 게시판에는 권징 공고가 나붙었습니다. 대한 예수교 장로회 헌법(제3편, 제42조)에는 재판의 판결을 원고와 피고에게 서면으로 통고하는 것으로 되어있고 주일 학교에 나오는 국민 학생까지도 읽을 수 있도록 공공연하게 방을 내 붙이도록 정해져있지 않은데 이와 같이 공고한 이유를 밝혀주시기 바라며 판결의 확정은 노회 및 총회에 상소할 수 있는 20일 간의 기간이 지나야만 이루어지는 것인데(제43조, 제45조)도 아직 확정되지 않은 판결을 공고한 이유가 무엇이며 이 권징에 있어서 사건의 피고의 입장에 처해있는 당회원들이 재판위원이 되어 판결을 내린 것은 이 조치가 성경에 근거한 권징이 아니라 한 교인에 대한 모욕이며 정당한 재판이 아니라 증오에 가득한 보복이라는 인상을 금할 수 없는 바 이에 대해 해명해 주시기 바랍니다.

3. 김윤국 목사께서 장기간 입원 치료 끝에 퇴원하신 후 한 번도 우리 교인들 앞에 모습을 나타내지 않은 것에 대해 퍽 섭섭한 마음을 가지고 있습니다. 더욱이 미국을 향해 떠나시면서 이 교회를 그만두시겠다는 강한 의사표시와 사무적인 절차를 취하셨다고 듣고 있습니다. 이에 대한 경위와 대책에 관해 자세히 말씀해 주시기 바랍니다.

1987.07.14.

7 번째 공개서한(1986.02.02)

영락교회 당회에 보낸 공개서한에 대한 응답을 촉구하는 여섯 번째 공개서한

주님 안에서 한 형제가 된 장로님

저는 지금으로부터 만 4년 전인 1982년 2월 2일에 우리 교회가 당면하고 있는 몇 가지 문제에 관하여 당회에 공개서한을 보냈었습니다. 그 이후 산발적으로 다섯 차례의 독촉 공개서한을 보냈었습니다. 또한 같은 기간 중에 당회장은 물론이고 당회 대표들과도 여러 차례 만나 면담을 했습니다. 한 번은 당회에서 파견한 조사위원회에 출두하여 녹음기를 앞에 놓고 심문을 받기도 했습니다. 담임 목사가 계획을 짜고 측근의 제직들이 방조하여 당회원들도 참석한 자리에서 인민재판식의 인격살육극을 연출한 사건도 그 사이에 발생했습니다.

뒤늦게 1985년 8월초에 당회의 결의에 의한 회신을 받긴 했지만 그 내용이 공개서한에 대한 응답이라고는 생각할 수 없게 엉뚱한 것이었습니다. 따라서 당회의 적절한 답변을 다시 한 번 더 요청하기 위하여 이 글을 쓰게 되었습니다.

지난 해 우리 교회의 표어는 "새로워지는 교회"이었습니다. 그런데 무엇이 새로워졌습니까? 사실 새로워진 것이 없습니다. 그 까닭은 새로워지려고 노력을 하지 않았기 때문이요 노력하고 싶어도 무엇을 새롭게 해야 할지를 모르고 있기 때문입니다. 인간은 실수하고 잘못을 저지르고 때가 묻게 마련입니다. 그런데 죄를 짓고서도 그 것이 죄인 줄 깨닫지 못하고 계속 범죄를 할 뿐만 아니라 오히려 합리화하고 정당화하려는 것은 인간의 비극입니다. 이 점에서 영락교회는 비극적인 교회입니다.

하나님께서 우리를 사랑하시는 것과 같이 우리도 서로 사랑해야 합니다. 사랑은 오래 참습니다. 그러나 영원히 참지는 않습니다. 하나님께서 영락교회를 향해 지난 십여 년 간 참아 주셨지만 그 이상 참고 가만히 계시지는 않으셨다는 사실은 바로 여러분께서도 인정하셨습니다. 징계를 내리시는 것도 하나님의 사랑의 역사입니다. 그러나 징계를 받은 사람의 태도가 또 다른 징계를 불러들이고 있는 것과 같은 것이 우리 영락교회의 비극입니다.

영락교회는 자유민들의 교회입니다. 신앙의 자유를 찾아 목숨을 내건 사람들의 모임입니다. 신앙의 자유란 신앙 양심대로 말하고 행동할 수 있는 자유를 의미하는 것입니다. 이 자유를 말살할 수 있는 힘은 당회에도 있을 수 없고 그 누구에게도 있을 수 없습니다. 교회의 권위를 내세워 이 자유를 억압하고 세력을 잡은 사람들이 폭력을 가지고 자유민을 제거해 버릴 수는 있겠지만 그렇게 되면 땅에 흘린 피가 소리칠 것입니다.

영락교회는 나라의 법을 지킬 줄 아는 교회가 되어야 합니다. "대한민국에서 법대로 해서 되는 일이 무엇이냐?"고 하면서 특권 인물로 행세하던 사람이 담임 목사이었던 시기는 다시 오지 않아야 합니다. 강대 옆에 태극기를 설치해 놓고 애국가를 부르면서도 법을 우습게 여기는 사람들이 당회에 더 이상 남아있지 않기를 바랍니다.

영락교회는 장로교의 헌법을 잘 준수하는 교회가 되어야 합니다. "이렇게 큰 교회를 이끌어 나가는데 교회 헌법을 어떻게 그대로 지키느냐?"하는 사람들은 당회에 더 이상 머물러있지 않아야 할 것입니다. 교회 헌법은 나라의 헌법 못지않은 권위와 중요성을 가지고 있습니다. 오히려 나라의 헌법보다 신앙적으로 볼 때 우월한 것입니다. 우리 교회는 헌법에 위배되는 일을 너무 많이 자행하고 있습니다. 한 가지 예만 들어봅시다. 장로 선출 방법과 절차는 교회 헌법에 명시되어 있습니다. 그런데 영락교회의 장로는 선출 방식에 따라 몇 가지 서로 다르게 분류할 수 있습니다. 하나는 헌법에 명시되어 있는 대로 선출된 장로요, 둘째는 공동의회의 동의를 받아 당회에서 추천한 사람들만을 대상으로 투표하여 선출한 장로요, 셋째는 공동의회의 동의 없이 당회에서 일방적으로 추천하여 투표로 선출한 장로요, 넷째로는 공동의회에서 당회의 추천이 불법임이 제기되었는데도 그것을 묵살하고 당회에서 추천한 사람을 대상으로 투표하여 선출한 장로들입니다. 그동안 교회 헌법은 바뀌지 않았었습니다. 그런데도 선출 방법이 영락교회에서는 이렇게 각각 다른 것입니다. 헌법을 고치지 않는 한 장로 선출 방법도 달라질 수가 없다는 것은 너무나도 분명한 상식이 아닙니까?

영락교회가 교회 헌법을 공공연하게 위반하는데도 노회나 총회는 아무런 말도 하지 않았습니다. 할 수가 없었습니다. 그 이유는 간단합니다. 돈 많고 사람 많은 영락교회의 당회나 담임 목사의 비위를 거스르면 언제 어떤 방법으로 곤란한 일에 부딪치게 될지 모르는 일이었기 때문입니다. 영락교회는 교계에서 마치 거대한 몸집을 가진 공룡과 같이 행세해 왔습니다. 사랑이 담긴 충고조차 한 마디 건넬 수 없을 정도의 오만한 존재로 교계에 군림하고 있었던 것입니다.

영락교회는 성경 말씀대로 살려고 애쓰는 교회가 되어야 합니다. "성경은 벌써 몇 천 년 전에 있었던 일을 기록한 것이고 예수님이 세상에 오셨던 때가 언제인데 지금 성경대로 예수님과 같이 생활하라고 하느냐?"고 비아냥거리는 목사가 아직도 우리 교회에 있다면 그 사람은 마땅히 이곳을 떠나야 할 것입니다. 이런 목사와 그 사람의 주위를 둘러싸고 있던 사람들이 빚어 놓은 영락교회, 지난 십여 년 간의 영락교회의 모습을 조금 구체적으로 돌아봅시다. 그 동안 교회 건물의 모양뿐만 아니라 교회의 본질이 아예 다른 것으로 탈바꿈해 버렸기 때문입니다.

꽃꽂이는 본래 기독교의 전통이 아닙니다. 다른 종교가 우리나라에 전래

될 때 같이 들어온 것으로서 죽은 사람이나 부처에게 바치기 위한 것이었습니다. 그럼에도 불구하고 영락의 강단은 꽃으로 요란하게 장식되어 있는 것은 무엇을 상징하는 것이겠습니까? 옳습니다. 영락의 강단은 죽었습니다. 회칠한 무덤이었습니다. 귀에 달콤한 감언이설과 교언영색이 많은 사람들을 사로잡아 맹신자로 만들었고 더러는 광신자가 되기도 했습니다. 환호하는 시종과 시녀를 거느리고 교주가 강단에 서는 것처럼 휘황한 조명등 앞에 명예박사 가운을 걸친 목사가 나타나곤 했던 것입니다. 그럴듯한 구경거리였습니다.

사실과 다른 내용을 방송과 인쇄 매체를 통해 세상에 퍼뜨렸던 곳도 영락의 강단이었으며 동역자인 특정 목사를 공연히 비방하고 특정 인물을 비난 저주했던 곳이 바로 이 강단이었습니다. 일일이 실례를 들지 않더라도 여러분께서는 잘 알고 계실 것입니다. 여러분이 드린 기도는 진실된 기도이었습니까? 너무나 많은 기도가 하나님과 사람 앞에서 거짓이었지 않았습니까? "아멘" 할 수 없는 기도를 더 이상 계속하지 않아야 할 것입니다. 이와 같은 허위, 가식, 과장의 설교와 기도, 그 주위에 장치된 온갖 거짓은 모두 녹화되어 있고 녹음되어 교회에 보존되어 있기 때문에 원하시면 언제나 쉽게 점검해 보실 수가 있을 것입니다.

영락교회의 교역자들은 좀 더 진실 되기를 기대합니다. 교회를 진정으로 섬기는 사람들이 되기를 바랍니다. 섬기는 사람이 섬김을 받는 사람보다 몸을 높여서는 안 됩니다. 발을 씻어 주기 위해서는 자세를 낮추어야 합니다. 그런데 너무나 많은 목사들이 교인들의 머리를 발로 밟고 높이 서있습니다. 많은 수의 목사들이 예수의 제자라고 자처하면서도 갖은 수단과 방법을 다 써서 예수와 같이 되지 않으려고 애쓰는 이 세대 속에서 영락교회의 목사들은 예수를 닮으려고 애쓰는 사람들이 되기를 원합니다. 검소하고 절제하는 의식주로 예수님의 제자임을 나타내시기 바랍니다. 영락교회 목사 노릇 몇 년 하면 한 밑천 잡는 다는 말이 사라지게 되기를 바랍니다.

좁은 문을 통과할 수 있는 교역자들이 되려면 세상에 속한 욕심을 다 버리고 머리를 숙여 허리를 굽혀야 만 가능할 것입니다. 크고 고급스러운 승용차로는 좁은 문을 통과할 수가 없을 것입니다. 가장 작은 승용차조차도 통과할 수 있을는지 의심스러운 것이 우리들의 이웃과 이 나라의 형편이 아니겠습니까? 큰 승용차를 탄 사람이 갈 수 있는 길과 갈 수 있는 곳, 그런 교회가 도달할 수 있는 곳이 어떤 곳이겠습니까?

　목사의 체면과 위신을 유지하기 위해 고급 승용차를 마련하고 고급 주택을 제공하면서 최고급 양복을 맞추어 입히려는 당회원들의 노력은 바로 목사로 하여금 예수를 닮지 못하게 만드는 것입니다. 지난 십여 년 간 여러분이 그렇게 해서 거두어드린 열매가 무엇입니까? 여러분에게 그 책임이 있다는 사실을 아직 깨닫지 못 하십니까? 물론 이 글을 쓰고 있는 이 사람도 영락교회인으로서 책임을 면할 길이 없습니다. 또 다시 그래서는 안 됩니다.

　고급 호텔에 모여 조찬 기도회를 여는 교계 지도자들의 모습이 시빗거리가 되는 것은 그럴만한 이유가 있습니다. 고급 승용차를 타고 가서 주차시킬 만한 장소가 고급 호텔 외에는 아직 없는 것이 우리 형편입니다. 간단한 점심식사 한 끼를 하려도 고급 음식점이 아니면 고급 승용차를 주차할 수가 없으며 그것이 버릇이 되다 보면 무엇이나 고급을 찾게 되어 소위 목사 귀족 계급이 생겨난 것입니다. 습관은 제 2 의 천성을 만드는 것입니다. 귀족 노릇을 하려니까 돈이 필요하게 되고 부수입을 찾아 나서게 되어 자기 교회를 자주 비우며 돈 봉투를 좋아하고, 가진 사람들을 골라 접근하게 되는 것입니다. 그러다 보면 대개의 경우 돈에 대한 욕심도 점점 커지게 마련입니다. 공장 근로자의 한 달 월급에 해당하는 금액을 서너 사람의 목사가 모여 앉아 하루 저녁 식사대로 지불하고 유유히 자리를 뜨는 현상이나 관광호텔의 최고급 이발관에서 온갖 서비스를 다 받아 가며 머리 손질을 하는 일, 목욕은 사우나탕에서 하고 헬스클럽에서 몸을 푸노라고 회원 가입비를 내고 회비를 지불하면서 시간을 보내는 목사를 누가 길러 내었습니까? 이런 퇴폐풍조가 어디에서부터 시작되었습니까? 영락교회와 같이 돈 많은 교회가 아닙니까? 바로 우리 교회가 그 전형적인 실례이었습니다.

영락교회는 사람을 귀하게 여기는 교회가 되어야 합니다. 언필칭 6만 성도라고 내세우면서 누가 들고 나는지에 대해서는 전혀 관심을 가지지 않는 지경에까지 이르렀을뿐만 아니라 당회의 눈에 거슬리면 무조건 내어 쫓으려고 까지 하고 대신 다른 사람을 보충시키면 된다는 식의 생각이 지배적입니다. 교인 하나 하나가 마치 당회나 담임 목사의 개인 재산 목록 중의 하나에 지니지 않는 것처럼 취급되고 있습니다. 세상에서 인정을 받는 사람만이 교회에서도 인정을 받고 있는 것은 교회의 근본 모습을 잃었기 때문입니다. 노인층과 어린이, 가난한 사람들은 발붙일 곳이 없는 교회가 되었습니다. 널찍하게 꾸며 놓은 당회장실과 안락하게 마련해 놓은 당회실은 있으나 교회로 향해 힘든 발걸음을 옮기는 노인들을 위한 휴식 시설 하나 변변한 것이 없고 주일 학교는 시장 바닥 같이 운영되게 방치하면서 어른 예배 시간에 맞추어 교회 밖으로 내어 쫓는 일이 예사이며 가난한 이들은 아예 얼굴을 내 비추기가 부끄러울 정도로 가진 사람들을 위주로 모든 일이 진행되고 있습니다. 세상에서 지극히 적은 자는 교회에서도 지극히 적고 낮은 취급을 당하고 있습니다. 잘못된 교회입니다.

영락교회는 목사의 권위를 높이는 교회가 되어야 합니다. 목사의 권위는 권세 잡은 사람들과 부자들의 권위와 같지 않아서 얼마나 예수를 닮은 생활을 하고 있느냐 하는 것에 달려있는 것입니다. 예수님이 이 세상에 계실 당시에 요사이 같이 말 잘하고 재주 있는 목사와 같은 사람들이 없었겠습니까? 능력이 있어서 기사와 이적을 행하는 교직자가 없었겠습니까? 인기 있는 인물이 없었겠습니까? 예수님이 가지셨던 권위는 그의 일상생활을 통해 순간순간 나타나시는 삶 그 자체이었습니다. 예수를 닮고 그대로 사는 사람만이 목사의 권위를 가질 수가 있는 것입니다. 그리스도인의 모든 권위가 예수와 같이 되는 것 이외 또 어디에 있습니까?

영락교회는 지난날의 잘못과 현재의 죄를 회개하는 교회가 되어야 합니다. 당회의 체면을 앞세우고 교회의 체면을 구실 삼아 예수의 체면을 깎아

내리는 일은 이제 그만 그쳐야 할 것입니다. 회개는 하나님 앞에서 우리의 죄를 구체적으로 낱낱이 고백하고 용서를 비는 행위입니다. 잘못을 깨닫고 용서를 빌어야 하나님께서 긍휼히 보실 것입니다. 잘못을 깨닫지 않는 사람을 어떻게 용서할 것입니까? 바늘 도둑이 쇠 도둑이 되도록 감싸주고 숨겨 주는 것은 사랑이 아닙니다. 영락교회가 교계와 사회를 향해 역사를 의식하면서 잘못을 시인하고 용서를 구해야만 참다운 교회가 될 것입니다. 세상이 우리를 용서하고 싶어도 우리가 잘못을 인정하지 않으면 도저히 용서할 수가 없을 것입니다. 그리고 다시는 똑같은 잘못을 저지르지 않아야 할 것입니다.

이 사회에 꼭 필요한 교회가 되기 위해서는 우리가 가진 모든 것을 이 사회와 민족을 위해 골고루 나눌 수 있어야 합니다. 이웃을 위해 자기를 버려 희생하는 봉사는 기독교인의 의무입니다. 영락교회의 모든 인물, 자원, 건물, 능력을 개방하여 사회 봉사에 활용하고 모든 계층 특히 청소년들을 위한 교육과 문화 사업에 이용할 수 있어야 할 것입니다. 우리나라 기독교 문화 활동이 영락교회에서 태동되도록 노력해야 할 것입니다.

영락교회가 진정한 의미에서 민족의 교회가 되려면 이웃이 겪고 있는 고난에 동참하여야 할 것입니다. 영락교회에 이제는 희미하게 밖에는 남아 있지 않는 듯한 조국 통일을 간구하는 기도의 제단을 다시 굳게 쌓아야 할 것입니다.

모든 교회는 본질적으로 세계성을 띠고 있습니다. 그러나 영락교회가 참으로 세계적인 교회가 되려면 세계 역사의 장래를 염두에 두고 예수 그리스도의 마음을 품고 그의 모범을 따라 살면서 인류 속으로 뛰어 들어야 할 것입니다. 남아도는 돈으로 자기과시를 하기 위한 해외선교, 무계획한 사업은 이제 다시 생각해 보아야 합니다. 세계 도처에서 신음하고 억압당하고 있는 형제들을 향해 우리의 눈을 돌려야 할 것입니다. 우리 교회는 이 사회에서 정의를 구현하는 모범을 보여야 합니다. 우선 교계에서조차 두드러지게 나타나 보이는 빈부의 격차부터 해소시켜 나가는 일에 앞장서야 합니다. 우리나라의 교계를 예수를 머리로 삼은 주님의 지체라고 말한다면 한국에 오신 예수님은 괴상한 모양의 몸을 가지고 계신 것과 같습니다. 한 지체인 어느 교회는 끼니를 걱정해야 할 정도로 가난한 목회자가 살고 있는데 또 다른 한 교회에는 돈이 남아서 주체할 수 없을 정도로 흥청거리며 사는 목사가 공존하고 있는 것이 우리의 현실이기 때문입니다. 한국에 오신 예수님은 영락교회와 같은 교회로 말미암아 기형화되어 있습니다. 온전히 균형이 잡힌 몸을 이루어 드리기 위해 우리 영락교회는 자기 살을 저미고 피를 뽑아 다른 지체에게 공급해 주는 행동을 실천해야 합니다. 이런 점에서 생각해 볼 때 영락교회는 한국 교계와 사회에 있어서 하나의 암적인 존재입니다. 온 몸의 다른 지체에게 분배될 영양분을 나누어 주지 않고 자기 혼자만 끝없이 살찌고 커지는 것이 바로 암이기 때문입니다. 예수 그리스도는 한국에 오신 이래 영락교회와 같은 교회로 인해 무서운 암에 걸리셨습니다.

  영락교회가 다시 생명력이 넘치고 살아 움직이는 교회가 되기 위해서는 성장하고 성숙해야 합니다. 지금까지 많은 사람들이 교회의 성장과 성숙은 이야기 했지만 성숙된 다음에는 무엇이 일어나야 하느냐에 관해서는 입을 다물고 있습니다. 또 성숙한 상태라는 것이 무엇을 의미하느냐에 대해서도 아무 말이 없고 생각도 없는 것 같습니다. 성숙 다음 단계는 번성입니다. 생육하고 번성하는 것이야말로 생명체의 특성이요 본질입니다. 이것이 창조의 질서입니다. 생명체는 스스로 자기 몸의 크기를 미리 규정하고 조절하는 능력을 지니고 있습니다. 교회도 마찬가지입니다. 무한정 커가기만 하는 것은 괴물에 지나지 않습니다. 괴물은 균형 잡힌 지체와 몸을 가질 수가 없습니다. 끔찍한 추물로 변하기가 일수입니다. 영락교회는 괴물 노릇하면서 교계와 사회에 군림했고 얼마 전에는 추물의 모습을 나타내어 교계와 국가 사회에는 말할 것도 없고 전 세계에 추한 꼴을 보여 주어 기독교 역사상 지울 수 없는 기록을 남겼던 것입니다. 그것은 하루아침 사이에 일어난 사건이 아니었습니다. 지난 수십 년 동안 우리들 자신이 그렇게 커 왔고 이렇게 살이 찌고 비대해져서 신경이 마비되고 무감각하게 되었는데도 제 잘난 체하며 살아 왔던 것입니다. 영락교회는 피가 원활히 통하지 않고 있습니다. 사랑의 교제도 없습니다. 이웃의 형제의 아픔과 고통이 전해지지 않는, 전해지지도 못하는 괴상한 존재가 되어 있음을 우리는 깨달아야 할 것입니다. 새로운 생명체를 잉태하여 경험할 수 있는 해산의 고통 없이는 생명체가 적절한 몸의 크기와 균형을 유지할 수 없는 것입니다. 또한 그래야만 계속 생명력을 이어 나갈 수가 있습니다.

십여 년 간 교회에 매 주일 출석했는데도 담임 목사가 그 교인을 알아보지 못 할 정도의 교회는 너무 큰 교회입니다.

교회를 담임하고 있는 기간이 십여 년이 지났는데도 제직들의 이름은 고사하고 얼굴조차 기억해 낼 수 없을 정도의 교회는 너무 큰 교회입니다.

십여 년 동안 교회에 같이 출석하기는 하는데도 피차 누가 누구인지를 알 수가 없고 또 알려고도 하지 않는 교회는 너무 큰 교회입니다.

너무 큰 교회는 교회가 아닐 뿐 더러 반기독교적입니다. 왜냐하면 그런 교회에서는 사람과 사람 사이의 인격적인 관계가 성립되지 못 하기 때문입니다. 군중 속에 묻혀 인간의 존엄성이 말살되는 교회이기 때문입니다. 교인의 머릿수와 헌금 액수가 동일시되는 곳이기 때문입니다. 하나님과 마몬을 동시에 섬기려다가 결국은 마몬만을 숭배하는 집단이 되어 버리기 때문입니다. 영락교회는 지금까지 쌓아 올렸던 바벨탑을 허물어 버리고 다시는 그렇게 하려 하지 않아야 합니다.

적절한 교회의 규모에 대한 해답은 곧 분명히 찾을 수가 있습니다. 초기의 영락교회, 뜯어 고치기 전에 온전했던 영락교회 본전에 한 번 가득 차게 앉아 예배드릴 수 있을 정도의 교인 수를 가진 교회가 그 해답입니다. 그것이 교회다운 교회의 규모이었습니다.

영락교회의 내일을 계획함에 있어서 무엇보다도 먼저 해야 할 것은 진심에서부터 우러나오는 기도입니다. 그리고 온 교우가, 교단이 지혜를 모을 수 있는 공동의회의 실속화와 교계의 협조입니다. 영락교회는 제직회를 활성화해야 합니다.

　십수 년 동안 구부러져 자라온 큰 나무를 곧게 바로 세운다는 것은 쉬운 일이 아닙니다. 어떤 이들은 우리 영락교회가 지난 몇 해 전 일시적으로 어려움을 당했었는데 지금은 새로운 담임 목사를 맞아 그 어려움이 없어졌다고 말하기도 합니다. 그러나 영락교회의 시련은 지금부터라고 저는 분명히 말씀드릴 수 있습니다. 하나님께서 급히 진노의 채찍을 들어 올리지 않으시기를 간구할 따름입니다.

　지금까지 당회에서 취한 여러 가지 조치를 통해 알 수 있는 것은 당회 안에, 회의 중에 그리고 당회원들의 곁에 예수님이 가까이 계시지 않다고 하는 사실입니다. 예수에게서부터 될수록 멀리 떨어져서 행동하려고 한다는 사실입니다. 예수님이 바로 곁에 계시고 여러분이 그와 동고동락하고 동행한다면 오늘의 영락교회가 이와 같지는 않을 것입니다. 당회를 모일 때는 예수님을 문 밖으로 밀어 내십니까?

　어떤 이들은 예수가 지금 서울에 오신다면 어떻게 하실까 하는 생각을 많이 하는 것 같습니다. 그러나 예수는 벌써 오셔서 우리 곁에 계시고 그의 성령이 우리 마음속에 계셔서 늘 속삭이고 있습니다. 영락교회에서 예수님이 자리를 뜨셨던 일이 없습니다. "예수를 바라보자"고 정한 표어가 또 다른 한 해의 헛된 구호가 되지 않도록 바로 곁에 계신 예수님의 손을 굳게 잡으시기 바랍니다.

　여러분은 마치 하나님이 안 계신 것처럼 행동하지 마시기 바랍니다. 여러분 중에 속해 있던 어떤 이는 하나님께서 눈을 감고 계신 줄로 생각하고 짐을 챙겨 외국으로 도피하려고 했었습니다. 당회의 결의로 그런 기회를 주었습니다. 하나님께서 왜 세관원의 눈까지 어둡게 하시지 않으셨을까 하고 하나님을 원망한 사람도 많았습니다. 지난 날 그대로가 좋았는데 왜 그것이 틀어졌는지 안타깝게 여기고 사람을 원망하는 장로가 아직도 당회에 남아있습니다. 영락교회의 시련은 지금부터 입니다. 우리 영락교회의 당회장은 문자 그대로 교회의 머리이신 예수 그리스도입니다. 이 분을 다시 제 자리로 모셔 드리는 것이 가장 중요하고 시급한 과제입니다. 좀 더 길게 자세하게 글을 쓰고 싶으나 오늘은 이만 그쳐야 하겠습니다. 아울러 지난 1977년 교회 35주년기념사업을 시작할 당시 교회 건축 문제와 당면 과제에 대해 임시 제직회에서 개진했던 발언 기록을 첨부하고 또한 그 이전에 35주년 기념 사업회 위원장과 부 위원장 그리고 당시의 당회장에게 제출했던 의견서를 같이 보내드리고자 합니다(첨부 1, 2).

다시금 문을 두드리며 여러분의 응답을 기다리겠습니다.

주님의 평강이 장로님과 항상 같이 하시기를 기원합니다.[5]

1986.02.02

---

[5] 편집자 주 - 원문에는 1 번째 공개 서한 및 영락 35주년기념사업 위원장 부 위원장 당회장에게 보낸 의견서가 첨부되었다.

6 번째 공개서한(1984.02.02)

영락교회 당회에 보낸 공개서한에 대한 응답을 촉구하는 다섯 번째 공개서한

주님 안에서 한 형제가 된 장로님

바로 이년 전(1982. 2. 2.)에 저는 우리 교회가 당면하고 있는 몇 가지 문제에 대해서 당회가 책임 있는 답변을 해 주실 것을 요청하며 공개서한을 보냈습니다. 그 이후 몇 차례에 걸쳐 독촉 편지를 내었는데 아직 아무런 응답이 없습니다. 그래서 다섯 번째로 다시 이 편지를 쓰게 되었습니다.

교회는 믿음 안에서 한 부모형제자매가 된 사랑의 공동체입니다. 교인의 수효가 너무 많아서 서로 얼굴을 대하는 기회가 적고 이름을 기억하기가 어렵다고 해도 각 사람이 가지는 마음의 자세는 믿음의 가족, 그리스도 안에서의 한 식구처럼 되어야 합니다. 이런 마음가짐과 생활 태도는 선택을 받은 당회원이 먼저 보여주어야 할 것입니다. 여러분들은 그렇게 하기로 하나님과 사람들 앞에서 서약을 한 사람들이기 때문입니다. 어느 안수집사 하나는 어려운 살림 가운데 처해있어서 적은 치료비조차 감당할 수가 없어 폐결핵으로 고통을 받으며 세상을 떠나는데 그 교회의 어느 목사는 세계에서 가장 훌륭한 병원에서 치료를 받기 위해 막대한 교회 재정을 올려가며 외국으로 떠난다면 이 교회는 결코 사랑의 공동체가 아닙니다. 한 걸음 더 나아가 이런 교회는 사회정의조차 외면한 집단에 불과합니다. 우리는 우리와 동고동락할 수 있는 교역자를 원합니다.

목사는 귀한 직책을 맡은 사람입니다. 그렇다고 해서 목사가 세상의 귀족들처럼 생활하며 행동하라는 뜻이 아닙니다. 교역자의 생활수준은 너무 낮아도 바람직스럽지 않고 너무 높은 것도 바람직하지 않습니다. 서민적이어야 바람직하다고 표현할 수 있을 것입니다. 사실 예수님의 본을 따른다면 낮아야 하겠지만 목사도 인간이기 때문에 그렇게까지 할 수는 없을 것입니다. 그런데 한국 교회의 목사가 귀족화 되고 있다는 비난을 받을 만한 예가 있다면 도대체 어느 교회의 목사가 그렇다는 말이겠습니까? 우리 교회의 목사들과 조금이라도 말을 나누어 본 사람이라면 그들에게서 서민 감각이 완전히 사라져 버렸음을 발견할 것입니다. 심지어는 가난한 것은 하나님의 저주를 받고 있기 때문이라고까지 생각하는 목사도 볼 수가 있습니다. 그러므로 하나님의 축복을 받은 훌륭한 목사는 세상 사람들 부럽지 않게 호화롭게 사는 것이 당연하다는 이야기입니다. 이것이 성서적입니까? 실제로 그렇게들 살고 있지 않습니까? 여기에서 우리는 이 사회가 당면하고 있는 가장 큰 문제점의 하나인 직업윤리의 단적인 타락을 보게 됩니다. 목사는 예수님처럼 살면서 그의 뒤를 따라 교육하고 봉사하며 말씀을 전하는 것을 자기의 직업으로 삼겠다고 서약한 사람입니다. 그런데 이제는 어느 사이엔가 서민 감각조차 잃어버리고 상류 사회에 속한 유명 인사로 행세하게 되어 버렸습니다. 그 고급 승용차를 타고 산동네에 사는 가난한 교인의 집을 심방할 수 있겠습니까? 심방은커녕 교회에 있는 사무실을 찾아가는 사람조차 옷차림이 허술해 보이면 문 앞에서 거절당하는 형편 아닙니까?

　목사들도 호화 주택에서 살고 고급 승용차를 타야합니다. 어느 때에 이렇게 될 것인가 하면 우리 교인들 대부분이, 우리 국민 대다수가 호화 주택과 고급 승용차를 소유하게 될 때라면 목사라고 제외시키지 않을 것입니다. 그때가 될 때까지, 목사의 차례가 올 때까지 줄을 서서 기다려야 합니다. 지금 우리나라의 몇몇 목사는 이런 사회 경제적인 질서를 짓밟아 버리고 새치기를 하고 있는 것입니다. 그렇게 해서 얻은 물질적인 풍요함과 육신의 편안함은 자랑이 아니라 부끄러움임을 아셔야 합니다.

　우리 교회의 교역자가 근검절약하는 기독교적 생활에서 떠나가고 있는 데에 대한 책임은 누구에게 있겠습니까? 그런 정책을 세우고 결정한 당회에 있고 그것을 받아드린 제직회와 온 교회에 그 책임이 있습니다. 목사가 타락하는 것은 그 교회 전체의 책임입니다. 이 편지를 쓰고 있는 사람은 그 책임에서 면제되었겠습니까? 아닙니다. 결코 그렇지 않습니다. 내 교회가 사회의 지탄을 받고, 내 교회의 목사가 사치하고 낭비하는 것이 어찌 내 자신과 아무런 관계가 없겠습니까? 이런 까닭에 이 편지와 또한 지금까지 보내드린 모든 편지는 저 자신에 대한 반성이요 자기비판입니다. 왜냐하면 우리는 모두 하나의 공동 운명체에 속해있기 때문입니다.

　집안일을 조용하게 의논하고 해결하지 못한다는 것은 부끄러운 사실입니다. 여러 번 말을 했는데도 들은 체하지 않고 묵살해 버리기에 글로 써서 말씀을 드렸더니 아에 그 말하는 사람을 제거하려고 일을 꾸미고 제직회를 소집하는 당회의 태도는 우리 교회의 상황이 어느 지점에까지 도달해 있느냐 하는 것을 분명하게 보여주고 있습니다. 제직회에 참석한 사람들 중에서 적지 않은 수의 사람들이 마치 소위 인민재판을 구경하고 있는 것과 같은 착각에 빠져들도록 방치한 책임을 어느 특정한 사람에게 구태여 따질 의사는 없습니다. 그것이 적나라한 우리 교회의 현실이기 때문입니다. 그럼에도 불구하고 전체주의의 압제에서 목숨을 걸고 빠져나온 사람들이 모여 이룩한 이 교회가 어째서 이다지도 철저한 전체주의 집단이 되어 있느냐 하는 의문을 떨쳐버릴 수가 없습니다. 이런 교회가 이 사회의 민주화를 촉진하는데 빛과 소금의 역할을 맡을 수가 있겠는가 하는 의문을 심각하게 던져 보지 않을 수 없습니다. 그렇다면 이 교회의 존재 의미가 무엇입니까? 왜 이렇게 변했습니까?

　오늘은 이만 그치겠습니다. 장로님의 응답을 기대합니다. 문이 열릴 때까

지 두드리며 기다리겠습니다.[6]

1984.02.02

첨부 1 1982.02.02 현재 우리 교회가 당면하고 있는 몇 가지 문제에 관하여 당회에 보내는 공개서한

첨부 2 영락 35주년기념사업 위원장 부 위원장 당회장에게 보낸 의견서

---

6 편집자 주 - 원문에는 현재 우리 교회가 당면하고 있는 몇 가지 문제에 관하여 당회에 보내는 공개서한 및 영락 35주년기념사업 위원장 부 위원장 당회장에게 보낸 의견서가 첨부되었다.

5 번째 공개서한(1983.09.17)

영락교회 당회에 보낸 공개서한에 대한 응답을 촉구하는 네 번째 공개서한

주님 안에서 한 형제가 된 장로님

저는 영락교회 당회에 보낸 공개서한(1982. 2. 2.)첨부에 대한 당회의 책임 있는 회답을 재촉하면서 이외 같이 네 번째의 공개서한을 보내고자 합니다. 아울러 우리 교회에서 공공연하게 이루어지고 있는 무질서와 교회의 평화를 파괴하고 있는 사건들에 대해 말씀드리겠습니다.

당회에 보낸 공개서한에 대해서 그 동안 당회에서는 아무런 구체적이고 책임 있는 답변을 제공하지 않으셨습니다. 그럼에도 불구하고 마치 당회는 모든 책임을 다 수행한 양 보고서를 꾸며 임시 제직회를 소집하여 보고했을 뿐만 아니라 특정한 개인을 단상에 불러내어 사정을 잘 모르는 제직들로 하여금 근거 없는 비난을 가하도록 조장한 이유를 설명해 주실 책임이 당회에 있습니다. 지난번의 임시 제직회(1983. 7. 18.)는 우리 교회 제직회 역사상 가장 큰 불상사를 야기한 사건이었음은 그 회의의 기록이 거의 대부분 회의록에서 삭제되어 있음을 보아도 잘 알 수가 있습니다. 이런 일을 저지른 사람은 깊이 반성하시기 바랍니다.

교회의 평화는 원칙에 따라 일의 순서를 지키는 데서 이루어지는 것입니다. 질서가 없는 곳에 평화가 있을 수 없습니다. 우리 교회40주년기념사업의 내용과 구체적인 방안에 관해서는 사실 아무런 결정 사항이 없음은 누구보다 당회원들께서 잘 알고 계신 줄 믿습니다. 정당한 순서를 밟아 결정된 사항도 아닐 뿐만 아니라 제직회나 공동의회에 내놓아 토의된 일도 없음에도 불구하고 교회의 중대한 일을 무책임하게 혼자 계획하고 교회 안팎은 물론 나라 안팎에 다니며 광고하고 허위 소문을 퍼뜨리는 일이 있다면 그 당사자는 엄중한 문책을 면치 못할 것입니다. 만오천 명 또는 만 명 이상 들어가서 함께 예배 볼 수 있는 큰 예배당을 짓고 그 곳으로 영락교회가 이사 간다는 것은 언제 결정한 사항입니까? 이것이 교회의 방침으로 결정된 일이 있습니까? 그렇게 했다면 그 결정에 대한 성서적이고 신학적인, 역사적인 근거를 제시하여야 합니다. 또한 그렇게 했다고 하는 물적 증거를 당회에서는 모든 교인들에게, 교회 안팎에 당당히 내놓으셔야 합니다. 이와 같이 하시지 못할 것이면 이제부터라도 허위사실을 유포하는 일을 중지하셔야 합니다. 이미 그렇게 소문이 돌고 있고 많은 사람들이 사실처럼 알고 있으니 그런 거짓말을 퍼뜨리고 다닌 사람의 체면을 살리기 위해서라도 밀고 실행할 수밖에 없다고 하는 식으로 교인들을 우롱하셔서는 안 됩니다. 35주년기념사업이 바로 이와 같은 권모술수에 의해서 진행되지 않았습니까? 두 번째로 다시 이런 사고가 발생하지 않도록 경계를 게을리 하시지 않아야 할 것입니다.

한국 개신교의 역사가 어언 100년에 이르고 있는 이때에 교회 안에서는 물론이요 일반 사회에서도 교계를 보고 비판하는 목소리가 점점 높아지고 있습니다. 백년이 가까워 오고 있으니 한국의 개신교도 썩을 때가 되었다고 말하는 사람도 없지 않습니다. 우리는 먼저 우리 교회 주위를 살펴보고 한 걸음 더 들어가 우리 교회의 안을 자세히 살펴보아야 할 것입니다. 우리 영락교회가 겉으로는 화려하고 훌륭해 보이지만 사실은 한국 교회들 중에서 가장 대표적으로 부패되어 있고 또 그 부패의 정도가 심화되어 가고 있지나 않은지를 돌아보며 살펴볼 수 있어야 합니다. 사람들이 많이 모이고 돈이 흔한 곳에서 제일 먼저 부패는 시작되는 법입니다.

영락교회 교인들은 큰 교회의 교인이라고 하는 부질없는 우월감에서 깨어나야 합니다. 좀 더 큰 교회를 짓고 나가서 세계에 자랑해 보고자 하는 인간적인 욕망에서 벗어나야 합니다. 이런 비신앙적인 태도에 대해서는 다음 기회에 좀 더 구체적인 실례를 들어 말씀드리겠습니다.

저는 영락교회가 견지하고 있는 신학적인 근거를 묻고 싶습니다. 성서에 입각한 교육적인 견해에 관해 묻고 있는 것입니다. 우리 교회의 교역자들은 성서를 어떻게 읽고 있기에 목사는 목자요 그 외의 교인들은 인격이 없는 한낱 가축에 불과한 양에 지나지 않는다고 하는 생각을 가지게 되었느냐 하는 것입니다.

오늘 몇 가지로 간단히 말씀드린 것은 우리 교회의 화평을 파괴하는 근원적인 요소라고 생각합니다. 이에 대해 성서에 입각한 응답을 책임 있게 보내 주시기를 바랍니다.[7]

1983.09.17.

---

[7] 편집자 주 - 원문에는 현재 우리 교회가 당면하고 있는 몇 가지 문제에 관하여 당회에 보내는 공개서한이 첨부되었다.

4 번째 공개서한(1983.06.11)

영락교회 당회에 보낸 공개서한에 대한
응답을 촉구하는 세 번째 공개서한

주님 안에서 한 형제가 된 장로님

  이것은 작년 초에 보낸 공개서한에 대한 세 번째 독촉 공개서한입니다. 그동안 몇 가지 위원회도 구성되었고 조사위원회에서 소환 받아 녹음기를 놓고 조사도 받았는데 왜 아직까지 당회로부터 응답이 없는지 대단히 궁금합니다.

  사치와 낭비는 망국병이라고 불리어 왔습니다. 특히 공직자의 사치는 나라에서도 금지하는 법입니다. 공무원은 나라에 낸 세금에 의해서 살아가는 사람들인데 반해 목사를 포함한 교역자들은 우주의 주재자이신 하나님에게 바친 헌금에 의해서 살아가는 사람들이기 때문에 그들은 공직자 중의 공직자입니다. 그럼에도 불구하고 그 헌금을 가지고 호화 아파트에서 살고 고급 승용차를 굴리는 것은 문자 그대로 구조적인 부정부패 현상입니다. 교회 밖을 향해 이런 잘못된 풍조를 경고하고 바로 잡아 주어야 할 교회가 오히려 그 자신 이런 망국 풍조에 앞장서 있는 현실을 당회는 똑바로 보셔야 합니다. 예수를 쫓는다는 것은 생활로서 나타나야 합니다. 예수님은 호화로운 저택에서 사신 일이 없습니다. 고급 교통 수단을 이용하시지도 않았습니다. 가난한 사람은 말할 것도 없고 일반 서민 대중이 기대해 보기에도 사치한 옷을 입거나 음식을 즐기며 소위 사회의 유명한 사람들과 어울리며 세상을 살지도 않으셨습니다. 복음전파의 사업이 세속적인 자기성취의 수단으로 탈바꿈하고 있는 타락상을 바로 우리 교회에서 분명히 볼 수가 있습니다. 예수의 제자라고 자처하는 사람들이 예수님의 생활과는 동떨어지게 살고 있습니다. 예수님과는 아주 다른 의식 구조와 생활 태도를 가지고, 예수님과는 아주 다른 의식주를 영위하고 있습니다. 이런 사람들을 우리는 이단(異端)이라고 합니다. 예수님과는 다른 쪽 끝에 있다는 뜻입니다. 적그리스도는 험상궂은 얼굴을 하고 나타나는 것이 아닙니다. 모든 가능성을 놓고 생각해 볼 때 현대의 적그리스도는 목사 장로의 명함을 가지고 있을 것입니다. 그렇지 않고서야 누가 미혹 당하겠습니까? 타락한 천사가 사탄이 되었 듯이 타락한 목사 장로들이 그렇게 될 가능성이 가장 클 것이며 그런 집단이 커지면 커질수록 사회와 교계는 어지러워질 것입니다.

　세계 인류 중에서 아직도 굶주리고 헐벗은 사람이 숱한데 자기 혼자 호의호식하면서 마음이 편한 목사는 도대체 어떤 종류의 성직자이며 외국에서부터 많은 빚을 지고 있는 나라에 살면서 오히려 부강한 나라의 목사보다 더 호화롭게 살고 있는 이 나라의 목사들은 도대체 어떤 양식의 소유자들 입니까? 국토가 분단되어 말할 수 없는 질곡 속에서 하나님에게 울부짖고 있는 혈육이 수천만인데 물질적인 풍요로움 속에서 희희낙락하고 있는 성직자들은 어떤 민족적 양심을 소유한 사람들 입니까? 우리 교회 안에도 가난하고 헐벗은 사람들이 적지 않습니다. 모두가 형제요 자매요 부모입니다. 이와 같은 부모 형제자매들 사이를 비집고 들어오면서 고급 자동차에 비껴 앉아 인사 받기를 좋아하는 목사는 대체 어떤 신앙 양심의 소유자 입니까? 예수님께서는 인간들과 가까워지려고 하늘에서까지 이 땅으로 내려 오셨는데 그 제자라고 자처하는 이런 사람들은 왜 점점 더 사람들과 멀어지려고 애쓰고 있습니까? 우리 영락교회 당회와 일반 교인들 사이에는 호화 아파트의 세멘콘크리트보다 두텁고 고층 아파트보다 높은 벽이 가로 놓여 있다고 하는 사실을 여러분은 바로 아셔야 합니다.

사치와 낭비 그리고 자기과시욕은 교회 살림 전반에 걸쳐서 나타나고 있습니다. 건축학상의 타당성을 아예 무시한 채 무조건 사람만 많이 들어가게 개축해 놓은 본전 건물을 우선 살펴 볼 수 있습니다. 그 건물의 창문에는 색유리가 끼워져 있습니다. 외국에서 가져온 것입니다. 그러나 정식으로 사오거나 수입한 것이 아닙니다. 수입이 아직은 금지되어있는 것인데도 불구하고 정당하지 못한 방법과 길을 통해서 들여온 것입니다. 이렇게까지 해서 교회를 꾸민다고 해서야 어찌 교회가 사회에 대해 머리를 들 수 있겠습니까? 허식과 가식은 전면 벽에 장식해 놓은 파이프 모양의 물건이 잘 나타냅니다. 우리나라에는 파이프 오르간을 장치한 개신 교회가 한 곳 밖에 없습니다. 종로 5가에 있는 연동교회입니다. 그 외의 교회에는 모두 전자 오르간 뿐입니다. 전자 오르간은 파이프가 없는데도 그 것을 붙여 놓아 마치 파이프오르간인 양 보이게 하는 것은 속임수 입니다. 이런 속임수가 다른 교회에도 번지고 있습니다. 전면 중앙에 높이 걸려있는 십자가도 과장입니다. 개축하면서 앞뒤가 오히려 짧아지고 답답해 졌는데도 그 전보다 훨씬 큰 십자가를 설치한 것은 어울리지 않는 일입니다. 십자가가 외형적으로 커진 것은 내면적인 참 뜻이 살아져 가고 있다는 증거입니다. 자기과시욕은 명예욕과 상통합니다. 목사라는 칭호 대신에 다른 칭호로 적고 불리기를 원하고 강단에 서면서 명예를 나타내고자 박사 가운 같은 것을 구태여 걸치는 일이 바로 그것 입니다. 목사가 박사 가운을 입으면 하나님께서 영광을 받으십니까?

강단에서 들려지는 설교는 너무나 기복사상에 물들어 있습니다. 설교 끝에 "축원합니다."하는 말이나 설교 도중에 교인들로 하여금 "아멘"하도록 유도하는 일 등은 전에는 찾아 볼 수가 없었습니다. 옆에 앉아서 조용히 말씀 듣기에 방해가 될 정도로 설교 시간이 소란스러울 경우가 많습니다. 어떤 이들은 설교를 요리하는 것에 비유하기도 하는 모양입니다. 우리 교회의 경우에는 이 비유가 적절합니다. 왜냐하면 너무 말 재주를 많이 부리고 너무 양념을 많이 쳐서 그 말이 하나님의 말씀인지 사람의 말인지 구별할 수 없을 때가 적지 않기 때문입니다. 우리 교회의 설교는 지나치게 오염되어 있습니다. 사탕발림입니다. 인기에 영합하는 설교입니다. 예수님과는 동떨어진 생활을 하는 사람의 입에서 하나님의 참 말씀이 전해질 까닭이 없을 것이라고 느껴질 때가 종종 있는 것을 말씀드리지 않을 수 없습니다.

오늘은 이만 그치겠습니다. 응답의 문이 열릴 때까지 계속 두드리겠습니다.[8]

하나님의 평강을 기원합니다. 1983.06.11

---

8 원문에는 현재 우리 교회가 당면하고 있는 몇 가지 문제에 관하여 당회에 보내는 공개서한이 첨부되었다.

3 번째 공개서한(1983.05.12)

영락교회 당회에 보낸 공개서한에 대한 응답을 촉구하는 두 번째 공개서한

주님 안에서 한 형제가 된 장로님

저는 아직도 당회에 보낸 공개서한에 대한 회답을 기다리고 있습니다. 재촉하는 뜻에서 두 번째로 이 서한을 보내면서 우리 교회의 당회가 조장하고 있는 부절제한 사치풍조와 당회가 행사하고 있는 권력의 횡포에 대해서 몇 가지 말씀을 드리려고 합니다.

우리는 어느 나라 사람보다도 절약하고 검소한 생활을 해야 하는 사회에서 살고 있습니다. 기독교인들이 이런 생활의 모범이 되어야 하고 특히 성직자들이 앞장서서 그래야 합니다. 그것이 예수님의 가르침이요 그 가르침을 따르는 제자의 도리이기 때문입니다. 그럼에도 불구하고 집 없는 설음 속에서도 감사하는 마음으로 비록 버스를 탈 돈도 없으면서도 아껴서 하나님에게 드린 헌금이 목사의 사리사욕을 위해 호화 아파트를 구입하고 유지하는데 쓰이고 고급 승용차를 굴리는데 낭비된다면 기독교의 윤리는 어디에서 찾아 볼 수가 있겠습니까? 세계 어느 곳에 있는 나라에서 성직자가 그 사회의 가장 사치스럽고 호화로운 계층에 속해있으며 일반대중이 감히 상상조차도 할 수 없는 물질 세계에서 살고 있습니까? 일본의 목사들이 그렇습니까? 미국의 목사들이 그렇습니까? 구라파의 목사들이 그렇습니까? 이런 부패한 현상은 목사가 마치 교주인 양 행세하는 이단 종파에서

나 볼 수 있습니다. 우리 영락교회는 어느 한 개인의 소유물이 아님과 동시에 당회의 소유물도 아닙니다. 당회는 단지 주인이신 그리스도의 청지기들이 모인 것에 불과한 사실을 아셔야합니다. 그런데 왜 주인에게 속한 것을 가지고 주인의 뜻대로 관리를 잘하지 않고 청지기와 청지기가 제멋대로 서로 주고받으면서 나누어 씁니까?

영락교회는 뚜렷한 신앙 지도 원칙이 있습니다. 여기에 한 번 옮겨 써 보겠습니다.

1. 복음주의 신앙 노선(성경 중심)
2. 경건한 생활의 연습(절제, 근엄한 청교도적 생활 윤리)
3. 교회 연합운동에 협력(에큐메니칼 정신)
4. 사회 정의의 구현(교회의 사회적 양심의 사명)

만일 우리 교회가 말로만 가르치고 실행이 뒤따르지 못한다면, 당회가 일반 교인들에게 행동으로 복음의 말씀을 보여주지 못한다면, 스스로 정해놓은 지도 원칙조차 실천하려 하지 않는다면 그 것이야 말로 양의 가죽을 쓴 이리가 아니겠습니까?

우리 교회가 교인수를 많이 가지고 있고 헌금 액수가 크기 때문에 세상적인 의미에서 보면 실력 있는 교회임에 틀림없습니다. 그런데 이것을 배경으로 해서 우리 교회가 교계에서 무법자 노릇을 해서는 안 됩니다. 이런 교회의 청지기 노릇을 하고 있는 당회가 일반 교인들을 얕보고 횡포를 부려서도 안 됩니다. 제직회에 속한 집사가 제직회 회의록을 열람하지 못하게 막는 것은 당회의 횡포입니다. 자유로운 의사 전달을 위해 교인의 주소를 문의하고자 하는 사람에게 협조하지 않는 것도 청지기의 횡포입니다. 당회에서 하고 싶은 말에만 귀를 기울이도록 교인을 맹신자로 만들고 있는 우리 교회는 대체 어디로 가고 있습니까?

구체적으로 아래 사항에 대해 응답해 주시기 바랍니다.

1. 교역자 사택으로 65평짜리 호화 아파트가 적절한가?
2. 담임 목사는 고급 승용차를 꼭 사용해야 하는가?
3. 제직회 회원에게 왜 제직회 회의록 열람이 금지되는가?
4. 의사전달을 위해 교인의 주소를 묻는 것이 도리에 어긋나는 일인가?
5. 교회 창립40주년기념사업회가 개편되었는데 그 개편 이유에 대해 아무런 언급이 없고 제직회나 공동의회의 인준조차 받지 않았는데도 활동하고 있는 것은 당회의 또 다른 횡포가 아닌가?

오늘은 이만 쓰겠습니다.

하나님의 평강이 우리 모두에게 늘 충만하시기를 기도하며 회답을 기다리겠습니다.
1983.05.12

2 번째 공개서한(1983.02.02)

영락교회 당회에 보낸 공개서한에 대한 응답을 촉구하는 첫 번째 공개서한

주님 안에서 한 형제가 된 장로님

저는 바로 일 년 전에 우리 교회가 당면하고 있는 몇 가지 문제에 관한 공개서한을 보내고 응답을 요청했습니다. 일 년이 지난 오늘까지 아무런 책임 있는 회답을 받지 못한 상태에서 다시 재촉하는 공개서한을 내는 바입니다. 한 나라의 관공서에서조차 일개 시민의 청원 사항이나 질의 사항을 즉시 받아들여 회신을 해주고 있는 형편인데 한 몸이 된 교회에서는 이렇게도 사람과 사람과의 거리가 멀어서 대화가 불가능한가 하는 생각을 하면서 다시 붓을 들었습니다.

오늘은 우선 영락교회 창립40주년사업에 관해서만 말씀드리고 다른 문제는 차차 말씀드리겠습니다.

1) 사십주년기념사업위원회를 조직하고 난 후 기념사업에 대한 기본 계획이나 그 시행 방법과 내용에 대해서는 구체적으로 절차를 밟아 의논하거나 결정된 사항이 지금까지는 하나도 없음을 확인했습니다. 있다면 한 가지 토지를 구입한다는 것뿐이었습니다. 이것조차도 올바른 절차를 거친 것이 아니었습니다. 그런데도 불구하고 더 큰 교회를 짓고 영락교회를 이전하는 것이 기념사업의 결정 사항인 것처럼 목사와 장로님들이 하나님에

게 기도로 아뢰고 일반 교회의 신도들에게 광고하는 것은 하나님에게 거짓말을 하는 것이요 사람들을 기만하는 행동입니다. 이와 같은 사기행위는 즉각 중지해 주시기를 요청합니다.

2) 사십주년기념사업의 전체적인 기본 골격을 세우고 결정함에 있어서 모든 교인이 다 참여할 수 있는 기회를 조속히 마련해 주실 것을 요청합니다. 당회는 일반 교인들을 다스리는 기관이 아니라 그들을 섬기기 위해 존재하는 것입니다. 청지기입니다. 그러므로 교회의 중대사를 결정함에 있어서는 먼저 일반 교인들의 의견과 뜻에 귀를 기울여야 합니다. 이것은 장로교 정치의 기본 원칙입니다.

3) 방배동에 토지를 구입하면서 당회장 개인의 이름으로 등기를 마친 이유와 경위를 분명히 밝혀 주시기 바랍니다. 이와 같이 몰지각한 행동은 사회의 법질서는 말할 것도 없고 교회의 법질서까지도 무시한 것입니다. 하나님의 사업을 한다는 명목만 앞세우면 무슨 일이나 해도 괜찮다는 사고방식은 잘못된 것입니다. 정당한 수단과 방법을 가지고 질서를 지키며 해야 합니다. 이런 상식적인 법의 질서조차 미처 알지 못하는 사람들만으로 구성되어있는 것이 아닌 당회가 왜 이런 일을 저질렀는지를 설명해 주시기 바랍니다.

4) 방배동 토지 문제가 잘못되었음이 발각된 이후 당회 안에는 여러 가지로 불미스러운 일이 발생했으며 아직 결말을 짓지 못하고 있는 사실을 제직회를 통해 잘 보고 있습니다. 장로가 목사를 걸어 법정에 고소하는 사태가 벌어졌고 소개비를 받은 장로를 노회에 고소하겠다는 시비도 있었습니다. 소송 사건의 결말을 교인들 앞에 보고해 주시기를 요청합니다. 그와 아울러 당회는 교회 앞에서 사과해야 할 것이며 우리 영락교회는 이 사회를 향해 용서를 빌어야 할 것이라고 생각합니다. 이런 큰 사고에 대한 당회의

책임 있는 처신과 조치를 기대합니다.

 5) 또한 현재는 사용할 수 없는 토지를 구입한 이유를 밝혀 주시기 바랍니다. 왜냐 하면 교회의 사업이라는 이름을 앞세우고 교인들과 세력이 있는 사람들의 영향력을 직접 또는 간접으로 동원해서 교섭을 벌이고 청탁을 벌일 가능성이 엿보이기 때문입니다. 지난 해 몇 차례 제직회 발언을 들어 보건대 모 전력 회사의 사장과 잘 아는 사이라서 고압선의 진행 방향을 변경시킬 수 있었다든지, 국세청의 고위층에 앉아있는 사람이 교인이기 때문에 소송 문제에 따른 세금 문제를 잘 보아 줄 것이라는 등 당회장의 공개적인 해명과 설명이 이 우려를 뒷받침하고 있습니다. 토지 구입에 얽힌 여러 문제의 추이를 주의 깊게 지켜볼 것입니다.

 이상 다섯 가지로 열거한 질문과 요청에 대한 책임 있는 답변을 요구하면서 믿음 안에서 한 형제자매가 되어 뜻을 같이하는 이들의 의견을 전해 드리려고 합니다.

 교회를 새로 지어야 한다는 점에는 우리 모두가 찬성합니다. 벌써 오래 전 부터 우리는 이런 주장을 해 왔습니다. 그러나 새 건물을 다른 곳에 짓는다는 것은 새로운 교회 살림을 차려준다는 뜻이지 이 교회가 그 곳으로 이사한다는 뜻이 결코 아닙니다. 이 교회보다 더 크고 더 아름다운 교회를 짓고 될수록 많은 교인들이 그 곳으로 떠나가시기를 바랍니다. 왜냐하면 그 것이 바로 진정한 의미의 교회 성장이기 때문입니다. 새로 생기는 교회가 본 교회보다 더 훌륭하면 할수록 본 교회의 열매가 얼마나 아름다운 것인가를 증명해 주는 것이기 때문입니다. 어서 속히 이런 일이 이루어지기를 위해 우리는 기도로 간구하고 있습니다. 늦게나마 교회를 지어야겠다는 생각에 도달하여 당회장님을 위시해서 여러분이 많은 노력을 하고 있는 것을 볼 때 감사한 마음뿐입니다.

이 교회는 현재 이 영락교회에 등록을 하고 출석하고 있는 사람들만의 교회가 아닙니다. 영락의 이름을 마음속에 간직하고 나라 안팎에서 이곳을 사모하고 있는 수많은 사람들의 교회이기도 합니다. 한 마디로 말해 이 교회와 이 교회의 건물은 역사에 속한 것입니다. 그렇기 때문에 현재의 당회나 제직회 또는 현재의 교회 전체라 할지라도 폐하거나 없애버릴 수 없는 하나님의 집입니다. 많은 사람이 여기를 거쳐 나갔고 많은 사람이 이 교회의 강단에 섰으며 역사를 움직인 많은 사람들의 발자국이 남겨져 있는 거룩한 땅입니다. 우리의 적은성지입니다. 이 교회는 우리가 눈물의 기도와 땀으로 세우고 피 흘려 지킨 교회입니다. 그렇기 때문에 이곳에서 떠나갈 사람들은 다 떠나보내고 상처투성이의 창고 같이 된 본전을 다시 옛 모습으로 회복시키고 처음 가졌던 믿음과 사랑 속에서 진정한 교회를 다시 꾸려볼 기대와 희망 속에서 지금까지 참고 지내왔습니다. 드디어 그 기회가 멀지 않았음을 하나님께 감사드립니다. 새삼스럽게 지나간 일을 들추어 무지막지하게 성전을 증축한다고 하면서 개축해 버렸고 쓸모없는 건물로 만들어 놓은 것을 탓하는 것이 아니라 그나마 아예 이곳의 교회를 없애 버리려는 생각을 하고 있는 사람이 혹시 있지 않을까 하는 염려에서 한 말씀 드리지 않을 수 없습니다. 교회 건물은 남겨 두지만 예배를 못 보게 하고 교회의 구실을 못 하게 한다면 이것은 교회를 말살하는 행동입니다. 이런 야만적인 살육행위를 꿈에서나마 계획하는 사람이 없기를 바랍니다. 떠나가실 분은 이곳 걱정은 조금도 하시지 마시기 바랍니다. 가시면서 필요한 것은 무엇이나 다 가져가십시오. 이 훌륭하고 유서 깊은 역사적인 교회에 하나님께서 참 청지기를 보내 주시지 않겠습니까? 세세토록 많이 보내 주실 것을 믿습니다. 우리는 이 교회의 뿌리로 여기에 남아서 전 세계로 뻗어 나간 영락의 자손들을 바라보고 그들을 기억하며 하나님께 감사드리는 부모의 심정을 가져 보겠습니다. 이 교회가 서울 한복판에서 아직도 해야 할 일과 할 수 있는 일이 많습니다. 여기가 우리의 믿음의 고향입니다. 영락의 이름으로 모이는 모든 교회와 앞으로 더욱 많이 생겨날 교회의 어머니 교회입니다. 여기에 손을 함부로 대지 마십시오. 간절한 부탁입니다. 오늘은 이만 쓰겠습니다. 당회로부터의 회답을 기다립니다. [9]

하나님의 평강이 우리 모두에게 늘 충만하게 임해 주시기를 기도합니다.
1983.02.02

---

[9] 원문에는 1번째 공개서한인 현재 우리 교회가 당면하고 있는 몇 가지 문제에 관하여 당회에 보내는 공개서한이 첨부되었다.

1 번째 공개서한(1982.02.02)

현재 우리 교회가 당면하고 있는
몇 가지 문제에 관하여 당회에 보내는 공개서한

주님 안에서 한 형제가 된 장로님

우리 교회의 모든 일을 치리하고 계시는 장로님과 마찬가지로 교인 중의 한 사람인 저 역시 교회의 여러 가지 일에 관심을 가지고 있는 중에 몇 가지 점에서 당회에 대해 질문을 해보아야겠다는 생각과 함께 제가 생각하고 믿는 바를 표명해야겠다는 시점에 도달하게 되어 이 편지를 드립니다.

우리 교회는 대한예수교 영락교회입니다. 그런데 새삼스럽게도 과연 영락교회는 예수교인가 과연 영락교회는 장로교회인가 하는 문제를 생각하게 됩니다. 놀랍게도 이 두 가지 질문에 대한 제 자신의 대답은 부정적입니다.

장로교회인가 아닌가 하는 것은 그 교회가 속한 교단의 헌법이 말해줍니다. 대한예수교장로회 총회 헌법을 보면 교회정치편에 다음과 같이 명시되어 있습니다.

1) 공동의회(제74조)가 우리 교회에서는 하나의 요식행위에 불과하지만 장로교회에 있어서 공동의회는 모든 교인이 참여할 수 있는 유일의 기회입니다.

2) 제직회(제75조)는 교회에서 시행하는 중요한 제반 사항을 결정하고 집행하는데 있어서 헌법상 불가결의 기구인데도 불구하고 영락교회의 제직회는 개회 성수가 되는 일이 거의 없습니다.

3) 따라서 당회가 공동의회 제직회에서 해야 할 책임과 기능을 도맡아 독재체제하에서 교회를 움직이고 있다고 봅니다. 제직회와 공동의회를 요식행위 내지 무시하는 경향이 짙고 어느 독재체제나 마찬가지로 우리 교회의 당회 역시 그 독재권을 행사하는 특정 인물과 그 주위에 밀착한 소수의 아첨하는 사람들에 의해서 치리하고 있는 것이 아닌가 하는 의구심을 불러일으키고 있습니다.

4) 위에서 언급한 것을 가장 적절하게 나타내고 있는 한 가지 일은 당회에서 원하지 않는 사람은 아무리 자격을 갖춘 교인이라고 힐지라도 당회원이 될 수 없게 운영되고 있는 장로 선출 방식에서 볼 수가 있습니다.

5) 장로선출 시기에 즈음해서 발생하는 여러 가지 바람직하지 않은 일들에 관해서 장로님들은 어느 정도 그 실태를 파악하고 있으며 그 대책은 무엇입니까?
  영락교회의 현재를 놓고 볼 때 우리 교회는 장로교회의 기본 원칙에서 너무 멀리 떠나있습니다. 껍질만의 장로교회입니다. 오히려 한 개의 신흥 종파라고도 볼 수 있습니다.
  그렇다면 우리 교회는 예수교회인가 하는 의문에 관해 몇 가지 살펴보려고 합니다. 기독교인가 아닌가 하는 것은 성경을 통해 예수 그리스도가 보여주시는 가르치심에 어긋나느냐 아니냐를 가지고 생각해 보아야할 것입니다.
  다음에 열거하는 일들에 관해 성경말씀에 비추어 스스로 판단을 해 볼 때 이런 것들은 기독교적이 아니라고 확신합니다.

6) 교회의 목사는 목사로 표시하고 또 그렇게 부르고 불리는 것이 마땅합니다. 우리 교회 주보 겉면에 원로 목사와 담임 목사를 기재하면서 구태여 D.D., LL.D. 의 명예박사 표시를 하는 것은 세상 사람들이나 하는 속된 자기표현입니다.

7) 설교자의 이름을 영어로 표시하는 것은 필요합니다. 그러나 목사를 Rev. 로 표시하는 대신 Dr.로 표시하는 것도 잘못입니다. 오히려 자기를 낮추어 Mr. 로 표시하는 것이 좋습니다.

8) 하나님의 전에 나올 때 세상의 부귀와 영화 그리고 명예를 자랑해서는 안 됩니다. 설교자가 명예로 받은 박사 가운을 입고 단에 오르거나 설교대에 서고 성가대 지휘자가 또한 이렇게 하는 것 등은 하나님 앞에서 합당하지가 않습니다. 일반 교인들이나 마찬가지로 평복을 입는 것이 좋을 것입니다. 예수님이 명예박사 학위 받으신 일이 없었고 특별히 복장을 다르게 입으신 일이 없었습니다.

9) 하나님에게서부터 은혜로 받은 것 중에서 얼마를 다시 하나님에게 바치는 것은 당연하고도 당연한 일입니다. 감사 헌금으로던지 십일조로, 기타 여러 가지 명목으로 헌금한 사람의 이름을 주보에 기재하여 광고하는 것은 합당하지 못 합니다. 강단 꽃 장식을 위해 헌금한 사람들의 이름을 주보에 기재하는 것도 합당하지 못 합니다.
　하나님께 드리는 예배는 신령과 진리로 하나님께서 받으실 만 하게 할 것이지 인간의 안목을 즐겁게 하기 위한 것이 아닙니다. 그런데 우리 교회의 주일 낮 예배는 특히 무대에서 연극하는 것과 같은 인상을 많이 줍니다.

10) 예배당 전면에 걸려있는 십자가는 너무 과장되게 큽니다. 장식품으

로서도 균형이 맞지 않을뿐더러 예수님이 지셨던 십자가의 크기도 아닙니다.

11) 우리 교회의 오르간은 전자 악기입니다. 절대로 파이프오르간이 아닙니다. 그런데도 마치 파이프오르간으로 착각하게 만들고 있습니다. 양 쪽 벽에 장식으로 달아 놓은 가짜 파이프는 없어야 할 것입니다.

12) 강단에 장식하는 꽃이 비싸고 보기에는 좋지만 그 비용이 우리 이웃들의 형편에 비교해 볼 때 너무 사치스럽습니다. 차라리 그 비용으로 구제하는 것이 마땅합니다.

13) 설교자는 코메디안이나 연예인이 아닙니다. 상스럽지 못한 표현이나 심지어는 술 마시는 흉내까지 내서 교인들을 웃기는 것은 합당하지 않습니다. 예화를 많이 이용하시는 것보다는 성경말씀을 가지고 성경을 해석하고 가르치는 것이 기독교의 기본 원칙입니다.
교회당 밖으로 눈을 돌려 볼 때 우선 교회 마당에 들어찬 승용차를 보게 됩니다.

14) 교회 마당을 주차장으로 화하게 하므로 인해서 통행에 방해되는 일이 없어야 합니다. 수십 대의 자동차 때문에 수백 수천 명이 불편을 겪게 방치하는 것은 잘못입니다.

15) 자가용을 이용하는 교인들 중에는 주일에도 고용 기사로 하여금 일하게 하는 사람들이 있습니다. 주일을 거룩하게 지키려면 그들의 기사들도 그렇게 할 수 있게 일을 시키지 않아야 합니다.
응당히 자기가 해야 할 일을 하고 칭찬을 받는 것은 세상에서도 바람직하지 못 할 뿐 아니라 더욱이 교회에서는 모든 일을 주님을 위해 하는 것이므로 사람에게서부터 칭찬을 받고 사람을 칭찬하는 일 등은 극히 삼가야 합니다. 그럼에도 불구하고 당회실에 가보면 놀라지 않을 수가 없습니다. 하나님에게 돌아가야 할 감사가 영락교회로 향해있고 하나님만을 기쁘시게 해야 할 일을 통해서 이 교회가 높임을 받고 있기 때문입니다. 당회장의 이름으로나 장로님들의 이름으로 사람들에게 주어지는 감사장, 감사패도 근래 적지 않은 것을 보고 성경말씀을 생각할 때 이 교회는 하늘에서 받을 칭찬과 상을 이미 다 받아놓은 것이 아닌가 하고 두려운 마음에 사로잡히게 됩니다.

16) 교회나 교회에 속한 사람이 하나님의 일을 함으로 인해서 받는 인간에 의한 감사장이나 감사패는 거절하시기 바랍니다. 당회실을 비롯해서 여러 곳에 비치되어 있는 모든 이런 것들을 곧 없애 버려야 할 것입니다.

17) 목사라고 할지라도, 장로라고 할지라도, 이들이 결코 예수 그리스도의 대리자가 될 수가 없습니다. 교회 이름으로나 어느 개인의 이름으로 인간에게 감사장을 주는 것은 참람한 행동입니다. 한 걸음 더 나아가 이런 일을 통해서 감사장을 주는 사람의 이름을 광고하려고 하고 인기를 얻고 유지하고자 한다면 크게 잘못된 것입니다.

18) 당회실 밑에서는 주일에도 음식을 팔고 사는 곳이 있습니다. 어떤 이유와 명목으로든지 이렇게 하는 것은 합당하지 않습니다. 이뿐만 아니라 다른 어떤 물건도 교회 안에서 상거래의 대상이 되어서는 안 될 것입니다. 교회는 값없이 받은 것을 값을 받지 않고 주는 곳이어야 합니다.
  교회에서 발간되는 각종 인쇄물과 출판물들은 그 용도와 필요라고 하는 면에서 없어서는 안 될 것들입니다. 그러나 다음과 같은 것들을 고려해야 합니다.

19) 필요 없이 천연색 인쇄를 하거나 고급 종이를 사용하는 것은 낭비입니다. 주보의 겉면이 천연색인 것이나 각 부서에서 잠간 사용하고 말 인쇄물에 고급지를 쓰는 것, 특히 금년 교회 달력에 여러 가지 교회의 자랑거리를 천연색 사진으로 내고 그 페이지 수를 많이 한 것 등은 지나친 낭비요 허영입니다.

20) 교회의 모든 홍보 활동은 그리스도의 말씀을 전파하고 맡겨주신 사명을 수행하는데 집중되어야 합니다. 홍보활동을 통해서 예수그리스도 보다는 영락교회가 돋보이고 어느 개인의 이름이 돋보이게 하는 것 등은 잘 하는 처사가 아닙니다. 영락교회와 사람의 이름은 보일락 말듯한 적은 활자와 눈에 뜨이지 않는 구석을 이용해서 표시하는 것이 마땅합니다.

21) 말을 전하고 일을 하는 사람의 이름을 광고하지 잃는 깃과 이 올러 사람의 얼굴을 광고하는 것도 합당치 않습니다. 익히 잘 아는 사람의 얼굴을 자주 정기적으로 사진에 담아 인쇄하는 것은 인기유지를 위한 수단과 방법에 지나지 않습니다.

22) 특히 설교집이나 설교 책자는 주님의 말씀을 전달하기 위해서 쓰이는 수단입니다. 거기에는 하나님의 말씀이 크게 나타나야 할 것인데도 설교자의 사진이 크게 나타나 있고 마치 설교자의 창작품인 양 표시하는 예가 우리 사회에는 종종 있습니다. 이런 사람들은 복음을 전하는 사람이 아니라 예수의 복음을 팔아먹는 사람들입니다. 우리 교회에 속한 출판물에는 이런 오류가 없어야 합니다.

23) "만남"지의 성격은 무엇입니까? 당회의 방침과 이에 의해서 결정된 사항, 당회에서 알리기를 원하는 일들만 발표되는 전달지입니까? 문자 그대로 모든 교인의 의견과 글이 실어질 수 있는 만남의 인쇄물입니까? 마치

당회의 기관지 같은 인상을 떨쳐 버리기가 어려운 점을 시정해야 합니다.

24) 교회에 출입할 때는 물론이고 예배를 드리는 순간에조차 옆 사람을 의식해서 감시하여야 하며 혹시 가진 물건과 교회의 기물 및 헌금이 어떻게 잘못되지 않을까 염려하게 된 이 교회는 기독교입니까 군중집회입니까?
　세상에 존재하고 있는 교회는 재정적인 면을 도외시할 수는 없습니다. 헌금은 교회를 통해서 하나님에게 드리는 것입니다. 그렇기 때문에 헌금은 하나님에게 속한 세상의 재산이지 교회의 자본이 아닙니다. 헌금을 사용함에는 말씀에 어긋남이 없어야 합니다. 사치와 낭비가 없어야 합니다. 교회의 재정이 넉넉하도록 축복해 주시는 것은 그것을 가지고 약하고 가난한 이들과 말씀 전하는 일에 선하게 쓰도록 하기 위함이요 결코 교회 자체나 교회에 속한 사람의 체면, 편안, 사치를 위함이 아닙니다. 이런 교회는 타락한 교회입니다.

25) 교회에서 지출되는 모든 비용과 경비 중에서 낭비적인 요소를 찾아 제거하는 종합적인 계획과 구체적인 방안을 수립하셔야 합니다.

26) 교회에 속한 모든 차량은 고급화되어서는 안 될 것입니다. 호화스럽게 승용차에 운전기사를 두는 일도 낭비입니다.

27) 교역자의 사택은 교회 가까운 곳에 두는 것이 바람직하며 더욱이 담임 목사의 사택은 교인들이 쉽게 접근할 수 있는 곳에 위치하는 것이 합당합니다. 먼 곳에 떨어져 있기 때문에 자동차를 사용해야 하는 것은 시간적인 손실이요 에너지의 낭비입니다.

28) 직분은 직분이요 계급이 아닙니다. 집사는 직분이 없는 교인들보다

높다거나, 장로는 집사보다 더 좋은 주택에 거주해야 체면이 유지된다거나, 목사는 가장 높은 사람이므로 더욱 좋은 주거환경에 처해야 한다고 생각하는 것은 비성서적입니다. 성경은 오히려 그 반대라고 가르치고 있습니다. 우리의 경제 형편과 사회 수준을 돌아볼 때 교회가 목사 사택으로써 60여 평이 넘는 호화 아파트를 소유한다는 것은 사치스러운 행동입니다. 일주일에 수금되는 헌금이 많은 교회라고 해서 그 교회의 목사는 다른 교회에 비해, 다른 목사에 비해 더 크고 더 좋은 주택을 사용해야 체면이 서고 대접을 받는 것이라고 생각하는 것은 잘못입니다. 이 교회는 주식회사가 아니며 목사는 재벌의 총수나 회사의 사장이 아닙니다. 집이 크면 그것을 유지하고 관리하는 데도 그 만큼 재정적인 부담이 증가하게 마련인데 이런 비용이 하나님에게 바쳐진 헌금에서 지출된다고 하는 것은 하나님의 창고를 노략질하는 것과 다름이 없습니다.

29) 하나님께 헌금할 때에도 남에게 광고하지 말 것임과 동시에 교회가 남을 구제할 때에도 광고하지 말 것입니다. 지난 해 수재 의연금을 한 신문사에 기탁하면서 교회와 담임 목사의 이름을 크게 밝히고 그 구제금의 금액을 나타낸 것은 성경의 가르침에 정면으로 반대되는 일입니다.

30) 국내 전도 사업이나 구제 사업, 해외 선교 사업이나 교육 사업 등도 가능한 한 영락교회의 이름을 숨기고 교단의 해당되는 기관을 통해서 하는 것이 바람직합니다.
  교회 창립40주년기념사업이라고 하여 위원회가 구성되고 사업계획을 작성하고 있는 것으로 알고 있을 뿐 그 계획이 확정되고 적절한 경로와 절차를 통해서 승인받고 일반 교인에게까지 알려졌다고 하는 사실은 아직 접하지 못했습니다. 제직회에서 거론된 일도 없고 공동의회에 제안된 일도 없습니다.
  더 큰 교회당을 짓고 1만 5천여 명이 함께 자리를 할 수 있게 만든다고 하는 것조차 그 말을 하는 사람의 개인적인 생각일 뿐 교회의 의사가 아닌 것으로 알고 있습니다.

31) 1만 5천명을 수용할 수 있는 교회당을 짓는다고 하는 말의 책임은 어디에 있습니까? 언제 이렇게 하기로 결정했는지 알려주시기 바랍니다. 왜 1만 5천 명인지도 설명해 주실 것을 당회에 요구합니다.

32) 믿음은 하나님의 말씀을 들음에서 얻어지는 것입니다. 말씀을 전하는 사람의 얼굴을 보고 안 보고는 관계가 없습니다. 설교는 교회의 기능과 존재 의의에 있어서 극히 적은 한 부분에 불과합니다. 설교자의 얼굴을 보게 하기 위해서 큰 교회당을 짓는다는 것은 그 설교자의 기분에 만족을 줄 수는 있겠지만 그러므로 해서 설교자를 우상화하는 것입니다. 자기 얼굴을 보면서 설교를 듣기 원하는 교인들을 위해 큰 교회당을 지어야겠다는 설교자는 스스로 교만하기 때문입니다. 전하는 것은 말씀이요 자기 얼굴이 아닙니다. 교인들을 이렇게 잘 못 인도해서는 안 됩니다.

33) 주일 낮 예배 설교를 한 사람이 똑같은 내용을 여러 번 반복할 필요가 없습니다. 첫 번째 설교를 녹화했다가 두 번째부터는 그 것을 방영하면 될 것입니다. 설교자의 실물을 보아야 말씀이 바로 전달되는 것이 아닙니다. 그것은 구경거리에 지나지 않습니다.

34) 방배동에 40주년기념사업을 위해 지금으로는 사용할 수 없는 토지를 구입했다고 합니다. 기념사업의 기본 이유와 기본 계획은 공표하지도, 확정되기조차 안 된 이 시점에서 어떻게 토지 구입부터 할 수가 있습니까? 토지 구입의 사실을 공표하기 전에 당회 주위에서 오고 간 여러 가지 말들과 사실은 당회의 독재체제가 임의대로 은밀하게 계획을 꾸미고 그 계획을 적절하지 못한 수단과 방법으로 성취시키기 위해서 권모술수를 구사하

고 있는 것이 아닌가 하는 의심을 갖게 합니다.

35) 지금 당장 교회의 목적에 사용할 수 없는 토지를 구입했다면 관계 당국으로부터 언젠가는 사용할 수 있게 법, 령이 바뀐다고 하는 정보라도 얻었습니까?

36) 위에 말한 그런 정보가 없이 그 토지를 구입했다면 영락교회와 이 교회에 속한 교인들의 사회, 정치, 종교적인 영향력을 동원해서 사용 규제의 법, 령을 고치도록 하겠다는 것입니까?

37) 위에 언급한 두 가지 외에 어떤 근거에 의해서 사용할 수 없는 토지를 구입했는지 해명하시기 바랍니다. 교회가 하나님의 돈을 가지고 토지에 대한 투기행위를 하고 있는 것은 아닐 것이기 때문입니다.

38) 기념사업을 계획함에 있어서는 그 사업의 수행으로 말미암아 향상되고 해결되는 문제점들은 말할 것도 없고 오히려 심화되고 악화되는 교회의 문제점들에 관해서도 공정한 판단이 있어야 할 것입니다. 한 쪽으로 만 치우쳐서 다른 한 쪽에는 눈을 감는다는 것은 당장 눈에 보이는 불을 끄는데 그치고 근본적인 문제는 해결하지 못 하는 잘못에 빠져들어 가는 현상을 면치 못 할 것입니다. 이 기념사업에 온 교우가 참여해서 의견을 표명할 수 있는 기회를 반드시 마련하셔서 이 일이 광명정대하게 이루어지도록 해야 합니다.

39) 어떤 경우에 던지 현재 중구 저동에 위치하고 있는 이 교회를 매각해 버리거나 교회 아닌 다른 용도로 전용하는 등의 불행한 처사가 있어서는 안 될 것입니다.

40) 영락교회는 성장하고 있다고도 볼 수 있지만 사실은 성장의 단계를 넘어서 비대화하고 있다고 생각합니다. 비정상적인 비대화에 의해서 이 교회는 앓고 있다고 생각합니다. 40주년기념사업이 자기의 교회를 크게 더욱 비대하게 하는 것이 아니라 자기의 몸을 쪼개서 건강한 여러 개의 교회를 세우고 어려운 이웃의 교회를 위해 교회당을 세워주는 것으로, 영락교회가 커지는 것보다는 예수 그리스도의 교회가 많아지고 성장하게 하는 방향으로 이루어져야 마땅하다는 확신을 떨쳐 버릴 수가 없고 이런 점에 대해 그 이유와 당위성을 설명해 보려고 합니다. 기회를 허락해 주시기 바랍니다.

말씀에 근거한 장로님의 응답을 기대하고 있습니다.

주님의 평강이 장로님에게 늘 충만하시기를 기도합니다.

신 영 오 드림
서리집사
마포구 염리동 10-81
1982.02.02

첨부1

임시 제직회 발언(영락교회 35주년기념사업)
1977년 3월 25일

  오늘 저녁 35주년 기념사업을 위해 모인 자리에서 여러 관계되신 위원들과 어른들이 많은 말씀과 좋은 계획을 설명해 주신 것을 대단히 감사합니다.
  우선 처음 계획 사항 중에서 아직 구체적인 계획이 서있지 않은 영락상고 문제와 사회복지사업 문제를 제외하고 교회 확장 계획 가운데 하나인 주차장 건축의 계획이 시기가 적절하지 않다고 판단을 하시고 과감하게 그 계획을 취소하셨다는 위원장님의 말씀은 얼마나 대견스럽고 고마운 일인지 모르겠습니다. 당회장 목사님께서 벌써 여러 차례 교우들 앞에서 공표하셨던 일인데도 불구하고 그 계획을 이번에는 덮어 두기로 하셨다는데 대해 그 계획을 반대한 입장에 있던 사람으로서 진심으로 치하하는 바입니다. 어떤 계획을 수립하는 것 못지않게 잘못된 계획을 수정하는 것이 얼마나 어렵고 용기를 필요로 하는 것인지를 잘 알기 때문입니다.
  제가 이 시간 이 자리에 서서 여러분 앞에서 말씀드리는 것의 내용을 생각해 보면 스스로 제가 얼마나 외로운 상황에 처해 있는가 하는 것을 새삼스럽게 느끼게 됩니다. 왜냐하면 당회장님을 위시해서 여러 믿음의 선배님들이 깊이 생각하시고 결정하여 시행하려고 하시는 일에 대해 유독 제가 홀로 이의를 제기하고 반대해야 하는 입장에 서있다는 것을 실감하기 때문입니다.

　제직회에서 이렇게 발언하는 사람은 바보 취급 받는다는 말도 모르는 바 아니나 오늘 저녁은 제가 부득불 바보가 되기로 결정했습니다.

　모든 교인이 한 자리에서 예배볼 수 있는 장소가 필요하다는 이유나 교인의 수가 많아야 교회가 사업을 활발히 크게 할 수 있다고 하는 두 가지 이유에는

아무런 이의가 없습니다. 단지 이 두 가지의 필요성을 이 교회당에 손을 대어 헐고 그 모양을 바꾸는 것으로 해결하려고 계획하시는 데에 반대할 뿐입니다. 반대하는 이유는 다음과 같습니다. 우리 교회가 당면하고 있고 해결해야 할 문제들이 아주 많은 것은 모두가 잘 짐작하고 있는 바인데 만일 이 교회당을 넓혀 더 크게 하는 방향으로 일을 진행할 경우 이 모든 문제들은 더욱 더 해결할 수 없게 될 것이기 때문이며 결국은 교회의 구실을 거의 못하게 될 것이기 때문입니다. 구체적으로 나열하겠습니다.

　1. 교회는 그 교회를 맡으신 담임 목사님께서 교인 가정은 물론 개개인의 교인을 잘 알고 친숙해서 주의 뜻대로 교훈하고 인도할 수 있는 규모이어야 합니다. 그런데 우리 교회는 담임 목사님께서 제직들조차 잘 모를 정도입니다. 이 문제를 어떻게 해결하실 것입니까?

　목사님들은 여러분 계시지만 구역 별 담당이 있기 때문에 그 구역에서만 주로 접촉하시게 될 뿐만 아니라 우리 교회는 부 목사님의 거취가 잦은 편이기 때문에 교역자와 교인 사이에 있어야 할 관계가 결여되어 있다는 말씀입니다.

　2. 한 곳에 너무 많은 교인이 모이면 성도의 교제는 상대적으로 불가능하게 되는데 우리 교회가 바로 이렇습니다. 성도의 교제가 없는 교회는 강연회장은 될지언정 교회는 아닙니다. 2부 3부 4부 예배를 보고 있는 형편에서 성도의 교제를 기대한다는 것은 도저히 무리한 일입니다. 성도의 교제가 없는 교회는 교회가 아닙니다.

3. 쉬운 말로 표현하면 우리 교회는 콩나물 교회입니다. 콩나물 교실에서 교육이 제대로 이루어질 수 없듯이 하나님의 말씀을 가르치고 배우는 것도 이렇게 주입식으로 대화가 없는 환경에서는 잘 되어질 수가 없습니다. 말씀을 가르치는 이가 인기 있는 교사는 될 수 있을지언정 참다운 교육자가 될 수 있는 기회는 없게 마련이기 때문입니다. 배우는 이도 겉핥기로는 재미있게 배울 수 있을지언정 깊은 내용을 깨닫지는 못 하는 법입니다. 이렇게 배운 것으로는 배운 것과 실생활이 일치하지 못합니다.

4. 성도의 교제가 없고 형제가 필요로 하는 것을 알 수 없기 때문에 우리 교회는 내 이웃 내 형제를 위해 올바로 봉사할 수 있는 경우가 점점 더 줄어들고 있습니다. 너무 교인의 수가 많기 때문입니다. 이렇게 형제자매들의 절실한 요구와 형편은 당회원들이나 교역자들의 관심에서조차 멀어지고 있습니다. 그렇지 않고서야 감히 지금 우리의 일반적인 형편이 어떠한데 적지 않은 비용을 들여 구내에 주차장을 설치하려고 계획했었겠습니까?

5. 이미 성도의 교제에 대해 말씀드렸습니다만 전체 교인은 그렇다 하더라도 제직들은 어떻습니까? 여러분이 지금 앉아계신 그 자리에서 양 옆으로 둘러보고 앞뒤로 돌아 볼 때 평소 또는 교회에 출석하시면서 인사나마 교환하고 계신 분이 몇 분이나 됩니까? 이렇게 되어있는 것을 어떻게 교회다운 교회라고 할 수가 있다는 말씀입니까?

6. 지금 교회 구내는 대단히 혼잡합니다. 여러 모로 위험도 따릅니다. 더 많은 교인이 모이면 더욱 더 혼잡해질 것입니다. 2부와 3부 예배가 교차할 때에는 마치 극장에 들어갔다가 나오고 또 들어가는 사람들처럼 무표정하고 서로 인사가 없고 무관심한 모양을 볼 수가 있습니다. 예배는 쇼(show)가 아닙니다.

7. 교회에 출석하는 어른 교인 수에 비해 대학부에서부터 고등부, 중등부 초등부, 유년부, 유치부에 내려갈수록 상대적으로 그 출석률이 저조해 지는 것을 보게 됩니다. 무슨 이유이겠습니까? 한 가정의 어른들은 본 교회

에 출석하고 자녀들은 교회에 출석하지 않거나 자기 집 가까이에 있는 교회에 나가기 때문입니다. 한 가정이 이렇게 갈라져 교회에 나가는 것이 바람직한 일입니까? 아닙니다. 그러나 우리 교회는 이렇게 될 수밖에 없는 형편에 있습니다. 교인 수가 늘면 늘수록 이렇게 되는 가정이 많아질 것입니다.

　위에 몇 가지로 말씀드린 우리 교회의 문제점에 대해 그 근본적인 해결책을 당회장님과 당회원들께서는 제시해 주셔야 할 것이며 그런 연후에야 교회 확장의 계획을 확정하실 수 있을 것입니다.

　다음에는 여러분께서 손을 대시려고 하시는 이 예배당, 이 건물에 대해 말씀드리겠습니다.

　대단히 죄송합니다만 제 자신은 이 교회 건물에 대해 조금 지나치게 감상적인 것이 아닌가 스스로 반성해 볼 때가 있습니다. 이 교회가 주초를 놓을 때 주일 학교에 다니고 있었고 이 교회의 기둥이 하나씩 서고 돌 하나하나가 쌓일 때 철모르는 아이로써 오르락내리락 뛰어 놀았었기 때문입니다. 그렇기 때문에 이 교회가 건립된 후에 우리 교우가 된 담임 목사님이나 다른 분들과는 인간적으로 볼 때 다소간 이 건물에 대한 애착이 클 것임을 솔직히 고백합니다. 그러나 다음에 말씀드리려고 하는 것은 이런 인간적인 감상을 제어하고 여러분 앞에 제시하는 것임을 또한 알아주시기 바랍니다.

　이 교회당은 어떤 교회당입니까? 이 건물이 어떤 건물입니까? 공산 치하를 벗어나 도망 나온 우리 믿음의 선배들이 맨 주먹을 가지고 눈물과 땀과 그리고 피를 쏟으며 흙을 파고 지어 나르고 돌 위에 돌을, 벽돌 위에 또 벽돌을 쌓아 지은 집입니다. 이 집을 짓기 위해서 얼마나 많은 눈물을 흘렸고 이 집을 짓기 위해 피까지 흘린 통절한 역사를 여러분은 기억하실 것이며 젊으신 분들은 들어서 아실 것입니다. 여러분, 한경직 목사님 기념관이 저 밑에 있는 신축 건물이라고 생각하시면 그것은 큰 오해입니다. 한경직 목사 기념관은 바로 이 예배당, 이 본전 건물입니다. 이 건물이야 말로 초대 영락교회의 열심과 믿음을 간직하고 있는 단 하나의 기념물입니다.

여러분, 서대문 밖에 있는 독립문을 다 잘 아실 것입니다. 보잘것없는 돌 몇 개에 불과한 것이로되 그것이 역사적인 기념물이기 때문에 위치를 변경하거나 그 모습을 바꾸어 놓지 못 한다는 것도 잘 알고 계실 것입니다. 세상에서도 이렇거늘 하물며 믿음의 힘으로 세우고 피로 지킨 선배들의 기념관, 이 예배당에 손을 댄다는 것은 역사의 교훈과 그 뜻을 생각하는 사람들에게는 도저히 상상 조차도 할 수 없는 일입니다.

이 예배당을 통해서 하나님께서 얼마나 큰 역사를 나타내셨고 이 예배당을 통해서 여러분께서 얼마나 큰 축복을 받으셨는데 이제 좀 자리가 좁다고 해서 여기에 함부로 손을 대시겠다는 것입니까? 이 예배당은 영락교회 뿐만 아니라 한국이, 더 나가서는 온 인류가 길이길이 보존하고 하나님의 크시 축복과 은총을 기릴 기념물 중의 기념물입니다. 역사적인 기념물은 그 원형을 보존하고 그 위치를 지키는 데 뜻이 있는 법입니다.

35주년을 기념해서 이 건물의 본래의 모양을 바꾸고 손질을 한다면 영락교회의 초기 고난 역사를 상징하는 기념물이 말살되고 만다는 것을 알고 계십니까? 인간이 살면서 축복 받았던 집도 귀하게 보전하거든 하나님께서 축복해 주신 이 집을 왜 꼭 손질해야 한다는 말씀입니까?

당회원도 세월이 가면 갈리고 담임 목사님도 그럴 것입니다. 자리가 좁아서 늘려야 겠다고 생각하시는 담임 목사님과 당회원들이 계실 때에는 헐고 늘이고, 너무 크니 좀 줄여야 겠다고 생각하시는 담임 목사님과 당회원들이 이 교회를 치리하실 때에는 다시 헐고 작게 지을 수도 있다는 말씀입니까?

이 교회당은 담임 목사님이나 당회원, 제직들, 또한 현재의 온 교우들이 마음대로 짓고 허물 수 있는 것이 아닙니다. 이 교회는 인간의 수고로 되었다고도 할 수 있겠으나 이것은 하나님에게 봉헌한 하나님의 것입니다. 여러분이 도대체 무엇이길래 여러분의 믿음의 선배들이 짓고 하나님에게 바친 이 교회당의 벽을 뜯고 천정을 베긴다는 것입니까? 하나님에게 그렇게 해도 좋겠느냐고 물어 보셨습니까? 이 예배당의 주인이신 하나님에게 물어 보셨느냐 말입니다.
여러분께서 저를 주제넘은 사람이라고 하시겠지만 다음과 같이 우리 교회가 안고 있는 문제들을 한꺼번에 해결시켜 줄 수 있는 대안을 제시해 보고자 합니다.

1. 한 집안이 세대를 거듭하면서 커지는 데 따라 가장 되는 사람이 마련해 주어야 할 조치는 분가시키는 일인 것처럼 우리 교회가 30년을 지나 한 세대를 겪고 다음 세대로 접어드는 이때 물어 볼 필요도 없이 해야 할 일은 넓은 서울 곳곳에 제2영락교회 제3영락교회 제4영락교회 제5영락교회를 세우는 것입니다.
벌써 2부 예배를 볼 때에 이런 조치를 시작했어야 했는데 많이 늦은 감이 있습니다. 그러나 아주 늦지는 않았습니다. 설사 아주 늦었다 하더라도 낙심하고 후회하면서 주저앉는 것 보다는 늦게나마 착수하는 것이 좋습니다. 이 해결 방안은 저와 같이 이 교회에서 자랐고 남다른 애착심이 있는 사람에게는 형제들과 헤어지는 아쉬움과 인간적인 슬픔이 있는 것도 솔직한 심정입니다. 그러나 이 일은 인간적인 애착과 인간적인 감정을 억누르고 반드시 수행해야 할 영락교회의 최대 임무입니다.
지금 당회에서 진행하고 있는 것을 보면 마치 분가시키지 않으려고 안간힘을 쓰는 나이 많은 부모와 같아 보여 측은하기도 한 점이 없지 않습니다. 한 교회에 교인 수를 집중적으로 늘이는 것 보다는 교회의 수를 늘이는 것이 사도 바울을 위시해서 기독교 역사상에 나타나는 전도자들의 발자취였습니다.
땅 끝까지 가서 복음을 전하라고 하셨고 어디에 가던 같이 계셔 주시마 하셨는데 왜 우리 교회는 이 좁은 서울 한 구텅이에 발이 묶여 비정상적으로 살만 찌고 있어야 합니까?
2. 제2 제3 제4 제5영락교회는 누가 담임할 것입니까? 제2 제3 제4 제5

한경직 목사님이 나타나실 것입니다. 지금 우리 교회의 부 목사님들이 모두 맡기시는 대로 잘 수행하실 것을 저는 확신합니다. 옛날 사도들의 행적대로 담임 목사님이신 박 목사님께서 직접 제2 제3 제4 제5영락교회로 자리를 옮기시면서 잘 시작하시고 발전시켜 후임자에게 넘겨주실 수도 있을 것입니다.

3. 우리나라에 복음을 전파한 초기의 선교사들은 개인의 온갖 편의와 행복을 희생하고 이 땅에 왔으며 그 선교사들을 지원한 교회들이 모두 풍부한 가운데서 그렇게 한 것이 아닙니다. 그런데도 지금 우리는 바로 내 동포를 구원하는 사업에 앞서 불편한 교회의 좌석을 늘이는데 먼저 관심을 쏟고 있으며 천막조차 없어서 한데에서 예배를 보아야 하는 교회가 많고 많은데도 호화 주택과 같은 최신식 호화 예배당을 생각하고 계시지나 않느지 두렵습니다. 최신식 예배당에서 냉방장치를 돌리면서 시원하게 예배 보는 동안 예수님께서는 햇볕조차 가릴 곳 없는 곳에서 가난한 이들과 힘께 땀을 흘리고 계실 것임을 기억하셔야 할 것입니다. 그래서 새로 짓는 교회에는 냉방장치 같은 것은 아예 갖다 놓을 계획을 하시지 않아야 할 것입니다. 이렇게 해야 만 절제하며 근엄한 청교도적 생활 윤리를 쫓는 경건한 생활이라고 할 것입니다.

이제 말씀을 마치려고 합니다. 우리 앞에 어떤 난관이 있더라도 하나님께서 허락하시는 일이라면 과감하게 수행할 수 있을 것임을 우리가 다 믿습니다. 하나님께서 원하시는 일이라면 비용에 대해 인간적으로 염려할 필요가 없습니다.

그런데 35주년기념사업을 하는 당회의 계획은 어떻습니까? 기념사업으로서 무엇을 할 것인가를 온 교우들과 같이 기도하며 생각하는 일은 계획하지 않고 그 기회도 마련하지 않으면서 당회에서만 제안하고 의논하고 결의한 일을 성급하게 추진하려고 할 뿐만 아니라 사실 무슨 일을 할 것인가를 위해 꼭 있어야 할 사경회는 열지 않고 헌금할 날짜를 바로 눈앞에 두고 어떻게 하면 헌금을 많이 하도록 할 수가 있을까 하는 취지에서 사경회를 하시기로 하셨다니 이것은 순서가 뒤바뀐 것입니다.

 우리 교회의 35주년기념사업은 사경회가 끝난 다음에 확정해 주시기를 간곡히 호소하는 바이며 그렇게 하고 결정된 사업에는 하나님께서 인간의 기대와 상상을 뛰어 넘은 크신 축복으로 그 일을 성취시켜 주실 것을 믿음 안에서 분명히 말씀드릴 수 있습니다.

여러분, 오랜 시간 조용히 경청해 주셔서 대단히 감사합니다.

영락교회 서리집사
신 영 오
1977년 3월 25일

첨부 2

영락 35주년기념사업 위원장 부 위원장 당회장에게 보낸 의견서

우리 교회가 어언 30주년을 지내고 35주년을 향하면서 기념사업을 펴 나가려고 하는 이 시점에서 다음과 같은 여러 점을 한번 생각해 보려고 한다.

1. 교회의 구실을 제대로 하고 있는가?

(1) 한경직 목사께서 2,000여명 정도 수용할 수 있는 교회당을 계획하고 건립한 것은 그 정도의 교인이면 목회하기에, 또한 하나의 교회로서 적정한 규모라고 판단하고 결정한 것으로 본다. 그 이후 교인수가 증가하는데 대처하여 2부 3부 지금은 4부 예배까지 실시하게 된 것은 한 목사께서 미처 생각하지 못 했던 결과이다. 하나의 교회가 교회로서 제 기능을 발휘하는데 있어서 어떤 규모가 적정하다고 생각하는가?

(2) 교인의 숫자가 늘어나는 것에 반비례해서 교회의 가장 큰 기능 중 하나인 성도의 교제는 줄어들고 있으며 어떤 경우에는 거의 없어져 버렸다. 이 문제를 어떻게 타개할 것인가?

(3) 장년 예배에 회집하는 교인의 숫자에 비해 유치부에서부터 초등부, 중등부, 고등부, 대학부까지 포함해서 볼 때에 그 수가 퍽 적다. 이것은 한 집안의 어른들은 본 교회에 출석하고 나이 어린 자녀들은 교회에 출석하지 않거나 다른 교회에 출석하고 있다는 증거이다. 본 교회에서 먼 곳에 주

택을 가지고 있는 가정에서는 자녀들이 복잡한 교통수단을 이용하면서까지 본 교회에 출석시키는 것을 기피하는 경향이 있다. 한 가정의 구성 인원 중에 이렇게 출석하는 교회 별로 피차 갈라져 있는 현상을 어떻게 타개할 것인가?

(4) 교인수가 증가하는데 따라 교역자의 수는 상대적으로 줄어들고 있기 때문에 교역자의 보살핌이 필연적으로 미치지 못 할 때가 많다. 이 현상을 근본적으로 어떻게 타개할 것인가? 교역자의 수를 늘이는 것으로 할 것인가?

(5) 담임 목사와 교인들 간의 접촉은 점점 줄어들고 있으며 적은 수의 교인을 제외하면 거의 인사조차 교환하지 못하는 것이 현 실정이다. 담임 목사는 이 문제를 어떻게 생각하고 있으며 계속해서 이런 현상을 유지할 것인가?

(6) 앞으로 위에 열거한 사항들에 관한 근본적인 방안은 무엇인가?

2. 영락교회는 반성해야할 점이 하나도 없는 교회인가?

지난 30년을 뒤돌아 볼 때 교회로써 회개해야 할 점이 하나도 없는 교회인가? 구체적으로 어떤 것이 잘 못되고 있는가에 대해 담임 목사와 당회원들은 무엇을 생각하는가?

3. 35주년 기념사업에 대해 다음과 같이 몇 가지로 생각해 보아야할 것이다.

(1) 교회 건물 확장

교인수가 증가했고 또 증가할 것이기 때문에 가능한한 한 곳에 모일 수 있게 교회의 좌석수를 늘린다는 것은 대단히 단순하게 생각되는 해결책이다. 그러나 교인수가 증가하는데 수반되는 여러 문제점들에 대한 타개책이 없이 장소를 크게 한다는 것은 안이한 미봉책에 불과하다.

혹 어떤 이는 교회 건물확장에 관해 두 가지로 크게 분류하여 그 이유를 설명하려는 것 같다. 첫째는 교인의 수가 많아야 교회의 자체 경비를 제하고 사업에 손을 댈 수 있다는 견해이다. 그래서 많은 교인을 수용하기 위해서 건물 확장이 필요하다는 이론이다. 그러나 영락교회 교인 수는 예배 볼 시 좌석이 넉넉하거나 넉넉지 못 하거나에 관계없이 증가되어 왔고 또 그럴 것으로 전망된다. 그러므로 교인들이 예배 보는 일에 불편은 있을지언정 꼭 필수적인 것은 아니며 오히려 이런 불편한 형편이 있기 때문에 교인 수가 증가해 왔다고도 생각할 수 있는 것은 현대인의 생활 감각과 의식 구조에서 찾아 볼 수 있다. 둘째 번 이유는 밀접히 관련된 것으로 교회의 교인수가 많아야 사회적으로 교회의 영향력을 발휘할 수 있다는 견해이다. 이 견해는 대단히 위험한 정치적인 측면을 가지고 있다. 교회가 하나의 단체로써 사회에 영향력을 구사하여야 한다는 것은 복음적인 신앙이 아니다. 많은 수의 교인을 배경으로 재정적으로 넉넉하다고 해서 사회적인 발언권이 크다고 보는 견해는 예수 그리스도의 가르침과 정면으로 반대되는 것이다. 이런 것을 추구하는 것은 정치적인 야망이 있는 사이비 종교계 인사에게서나 찾아 볼 수 있는 인간적인 욕망이다. 종교계의 지도자들 중에서 가장 타기해야 할 사람들이 이런 부류이다.

(2) 주차장 건축

우리 사회에서 자가용을 소유하고 있는 사람의 수는 전체 국민이 숫자에 비해 볼 때 특권층과 소수의 부유층 밖에는 없다. 국민 소득이 급속히 증가하고 있는 것과 부(富)의 균등한 배분은 우리나라의 경우 해당되지 않고 있으며 또 그렇게 될 전망도 보이지 않는다. 이런 특권층과 부유층과 소수인을 위하여 교회에서 재산과 토지, 건물을 특별히 제공하면서 주차장을 만든다는 것은 다음과 같은 몇 가지 점을 생각해 볼 때 도저히 이해할 수 없는 처사이다. 교회의 구성인원의 대부분 대다수가 대중교통수단을 이용할 수밖에 없는 생활수준에 있는 데도 불구하고 여유가 있다고 해서 자가용을 사용하면서 교회 뜰을 밟는다는 것은 사회적인 양심을 의심케 하는 파렴치한 행동이다. 자가용 안에 비껴 앉아서 노인들, 어린이들이 걸어서 들어가고 나오는 복잡한 교회 뜰을 헤치고 출입하는 사람들의 마음속에는 부모도 안 보이고 형제도 안 보이기 때문일 것이다. 그러나 누가 부모가 아니며 형제가 아닌가? 한 교회의 울타리 안에서 이렇게 부모형제를 무시하고 자기의 여유 있는 것을 과시하는 교인들은 과연 누구인가? 이런 부류의 사람들이 교회 출입에 불편하다고 해서 버스 값을 아껴서라도 헌금하고 봉사하려는 이들의 교회를, 단지 자가용이 있는 부유한 사람들이라고 해서 비용 들여 주차장을 만들어 특별히 이용하게 하도록 방조하는 교역자와 당회원들의 태도는 무엇을 말해 주는가?

  자가용을 이용하는 사람들의 그 자동차는 사실 개인의 것이 아니고 회사나 기관과 같이 어느 한 사람의 것이라고 할 수 없는 성질의 것일 경우가 대부분이다. 단지 윗자리에 처해 있다고 해서 공적인 물건을 사적인 목적에 사용하는 것이 사회정의인가?

  자가용을 운전하는 기사의 경우도 그렇다. 개인이 고용한 사람이 아니고 공적인 고용인일 경우가 거의 대부분인데 이런 이들을 주일날에까지 일하게 하는 것이 정당한가?

  한 주일 내내 가정도 돌보지 못 하게 혹사하면서 교회에 출석하는 것이 신앙적인 양심에 거리낌이 없는 일인가?

  구체적으로 아직 결정되지 않았다고 하지만 주차장의 규모는 약 150여대의 자동차를 위한 것이라고 한다. 우리 교회의 전체 세대수에 비하면 극히 낮은 비율이다. 처음부터 이 계획은 대다수의 교인을 위한 것이 아니고 특정 층의 교인을 염두에 두고 시작한 것이 분명하다. 교회가 이런 일을 감행할 수는 없다.

  혹자는 우리나라의 형편상 큰 건물에는 대피소가 있어야 하고 우리 교회에도 그렇게 되는 것이 좋겠음으로 주차장을 대피소로도 겸용할 수 있을 것이라는 이론을 내세우지만 이것은 전적으로 잘못된 이론이다. 교회에 사람이 많을 때에는 주차장에도 자동차가 들어 차 있을 것으로써 자동차와 사람을 한 곳에 대피시킬 수가 없다. 대단히 위험한 일을 자초하는 결과가 될 것이다.

　자기 돈을 가지고 자기 마음대로 해도 된다고 생각하는 것은 황금만능주의요 이런 이들이 아무렇게나 행동해도 돈 있는 사람들이니까 모든 것이 용납된다고 생각하는 것은 바로 배금주의이다.

　주차장에 돈을 내고 주차시키고 5분이나 10분이면 교회 안에 걸어 들어올 수 있는데 이것조차 귀찮다고 주차장을 교회에 만든다면 교회가 누구를 위한 것인가? 물론 부유하다고 해서, 자동차를 소유했다고 해서 그 교인을 무시해서는 안 된다. 그러나 그렇다고 해서 그 교인에게 특별한 호의를 보이고 특별한 시설을 만들어 주어야 한다는 것은 성경의 가르침에 정면으로 도전하는 행위이다.

　주차장을 세우기로 결정한 당회의 회원과 교역자들이 승용차를 소유하고 있는 소수의 사람들과 대화를 하는 것 만치 대다수의 승용차가 없는 교우들과 대화를 했었더라면 감히 주차장 설치의 안을 내어 놓을 수 없었으리라 생각된다. 승용차가 아니라 버스조차 이용하기에 인색할 수밖에 없는 수많은 교인들을 접촉하고 사는 사람이라면 더욱 더 그럴 것이다. 교역자들이 업무용으로 제공되는 교회 소유 승용차를 사용하는 동안 교역자들이 모두 승용차를 가지고 있는 사람들과 같이만 생각하고 행동하게 되어서 승용차가 없는 교인들의 형편과 사정은 잊어버리게 되었다면 이것이야말로 크게 염려해야 할 일이라고 생각된다. 교회가 업무용으로 승용차를 보유하고 있는 것은 빈부를 가리지 않고 모든 교인을 봉사하기 위한 것이라고 생각하기 때문이다.

　(3) 사회에 기여하는 사업
　교회 확장과 그것에 수반하는 주차장 시설을 교회 자체를 위한 사업이라고 분류하면서 여기에 대응하는 사회적인 기여를 위한 사업 중에 우선 영락학원의 지원 문제가 거론되는 것은 잘 된 일이다. 이 이외에도 어떤 사업을 구상하고 있는 줄 생각한다. 그러나 35주년을 맞아 사업을 크게 두 가지로 분류해서 할 때 어느 것이 먼저인가를 다시 한 번 생각해 볼 필요가 있을 것이다. 교회 자체를 위한 사업을 우선할 것인가? 사회와 이웃을 위한 사업을 우선할 것인가?

사회를 위한 사업을 우선으로 생각하고 시행하는 것이 신앙적인 실천이라고 생각한다. 비록 예배 장소가 좁고 심지어는 노천에서 예배를 드릴지라도 이웃을 위해 당하는 불편과 어려움이라면 얼마든지 참을 수 있을 것이며 또 참아야 한다는 것이 신앙적인 교회의 태도라고 생각하기 때문이다. 교회가 그 자체에서 필요로 하는 것을 우선 충족시킨 다음에 이웃을 위해 힘을 쓴다면 교회가 교회다운 점이 어디에 있는가? 교회가 쓰고 남은 것으로 이웃을 돕고 구제한다면 그 것이 어떻게 희생과 봉사일 수 있단 말인가?

4. 기념사업

이북에서 지내는 우리들의 동포들, 믿음의 형제들을 생각한다면 이곳에서 예배를 드릴 수 있다고 하는 이 한 가지 사실 만으로도 모든 불편을 견딜 수 있을 것이다. 교회가 좁고 여러 가지로 불편한 점이 있다고 해도 사실은 아무렇지도 않은 것과 마찬가지이다. 노천에서 눈과 비를 맞으며 예배보는 것도 감사한 일임에 틀림없을 것이다. 무엇을 더 바랄 것인가?

그러나 신앙적인 면에서 생각해 볼 때 이북에서 믿음을 지키면서 온갖 핍박을 받고 있는 형제들 보다 오히려 깊은 의미로 볼 때 더욱 가련하고 불쌍한 형제가 우리 주위에 너무 많은 것을 깨달아야 하겠다. 어떤 역경 속에서 살건 예수를 믿는 이들은 삶을 얻겠거니와 아무리 자유세계에서 산다고 해도 예수를 모르는 이들은 결국 멸망하고 말 것인데 이런 이들이 우리 주위에는 너무나 많지 않은가? 예수를 통해 하나님을 알게 하는 전도 이외에 더 큰 교육이 없을 것이며 예수를 알아 삶을 얻게 하는 전도 이외에 더 큰 봉사가 없을 것이다. 영락교회가 35주년 기념사업으로 제일 먼저 유일하게 해야 할 것은 모든 정성과 힘과 재물을 들여 이 민족을 그리스도에게 인도하는 데에 인색하지 않아야 할 것이다. 기념사업비가 모두 10억 가까이라고 하자. 이 돈이 만일 앞으로 4년 동안 복음전도 사업에 직접적으로 쓰여진다면 이 사회에 말할 수 없이 큰 성령의 불이 붙을 것이며 이것이야 말로 영락교회의 부흥이요 영락교회의 확장일 것이다. 10억이라는 돈은 일 년에 2백만 원의 보수를 받는 전도자 500명을 활동시킬 수 있는 거대한 금액이다. 하나의 생명이라도 더 구원해야 할 일이 보다 더 시급하고 중대한 일이 있다고는 생각하지 않으며 건물의 확장과 시설의 보완보다 비교할 수 없으리만큼 긴급하다고 생각한다. 조금이라도 하늘나라의 영토가 넓어지고 그의 뜻이 이루어짐에 따라 그 외에 필요한 온갖 것들은 저절로 해결되고 주어질 것임을 믿기 때문이다. 5천만을 그리스도에게로 인도하는 일이 안이한 구상과 편안한 생활 환경에서 비롯될 수 있는 것이 아니라 인간적으로 개인이 먼저 희생하고 교회가 협조하는 데에서 성취될 수 있을 것이기 때문이다. 형제가 죽어 가는데 그냥 보고 있으면서 자기가 편할 수 있는 방도를 먼저 생각하고 있는 것이 오늘 우리 교회가 취하고 있는 태도가 아닐까?

5. 교회가 필요로 하는 시설과 평상적인 사업

기념사업의 하나로 위에 이미 언급했지만 여러 관점에서 볼 때 영락학원의 육성은 교회 경상비에서 감당하도록 해야 계속적일 수 있을 것이다. 교회 소유인 여러 대의 자동차의 안전 보관을 위해 차고를 만들 필요성은 기념사업과 관계없이 진행시켜야 할 사항이다. 교회에서 다목적으로 이용할 수 있는 창고도 필요하다. 그리고 교회 사찰을 위한 사택의 마련과 수리가 시급하다고 보인다.

영락교회 신앙 지도 원칙이 35주년 기념사업을 계획함에 있어 철저하게 적용되기를 바라는 것이 조금도 무리한 요구가 아니라고 생각한다. 그런데도 35주년 기념사업 내용은 신앙지도 원칙과 하등의 관계가 없는 것으로 보여지는 것을 솔직하게 시인할 수밖에 없다.

왜 35주년 사업을 수립하는 과정에서 여러 교인들의 의견을 듣는 기회를 만들지 않았는지 의아하게 생각한다.

기념사업의 원칙과 그 내용 및 구체적인 시행 방안에 대해 온 교우가 기도하며 하나님의 뜻을 기다릴 수 있는 기회를 마련하도록 조처해 줄 것을 강력히 요청하는 바이다.

1977년 2월

신 영 오

참고1

1. 사진으로 보는 감사의 70년 비전의 100년, 대한예수교장로회 영락교회, 2015.12.05. pp596

2. "왜! 이철신 목사는 영락교회 담임목사로서 부적격한가?" 영락 교회 서명(署名)한 장로 일동 2004년 7월 1일

3. 크리스천신문 2006년 4월 3일(월), 동 2006년 4월 17일(월) 전면광고

4. 서울중앙지방법원 공판조서 사건 2011고단456 명예훼손 등 기일 2011.10.20.10:00 공소기각

5. 서울고등법원 제25형사부 결정 사건 2015초제1963 재정신청 기각 2015. 7. 22. 결정

6. 서울중부경찰서 제 2014-01692 호 체포구속통지등 2014. 10. 5. 9:00 명예훼손 피의사건으로 체포

7. 서울중앙지방검찰청 사건번호 2014년 제 94313호 처분일 자 2015년 02월 17일 처분죄명 및 처분결과 모욕 공소권 없음 명예훼손 혐의없음(범죄인정안됨)

8. 서울지방법원 제50민사부 2010.11.11. 2010카합2766 명예훼손금지가처분

9. 서울영락교회 제 650 회 당회의록 2010년 5월 25일

10. 서울중앙지법(민사합의2과 제16민사부) 2010가합 105186 손 해배상(기) 2010 .10. 15 접수

11. 대한예수교장로회 서울노회 서울노회재판국 사건 제2013-4 호 예배방해행위등 등 2013년 9월 3일 판결

참고2: 영락교회 역대 담임 목사

한경직 1945 - 1973(1902.12.29 - 2000.04.19)
강신명 1947 - 1955(동사 목사)
박조준 1973 - 1984
김윤국 1985 - 1988
임영수 1988 - 1997
이철신 1997 - 2018

후 기

이철신 목사 원로 목사 추대 은퇴예식
2018년 2월 25일(주일)(저녁예배)
원로목사추대 : 찬성62.4%(926/1485) 반대36.2%(538/1485)
　　　　　　 기타 1.4%(21/1485)
퇴직금 : 5억 원, 위로금: 5억 원, 사택비:15억 원, 도합25억 원
기타 평생 매월 520만 원 지급